MICHEL FOURNIRET–MONIQUE OLIVIER : LES DIABOLIQUES FACE À LEURS JUGES

Alain Hamon
Avec la collaboration de Fabienne Ausserre
et d'Hervé Rouvira

MICHEL FOURNIRET–MONIQUE OLIVIER : LES DIABOLIQUES FACE À LEURS JUGES

document

éditions du
ROCHER

Ouvrages d'Alain Hamon :

Dossier P... comme Police, avec Jean-Charles Marchand, Éditions Alain Moreau, 1983.

Action Directe, avec Jean-Charles Marchand, Éditions du Seuil, 1986.

Les Seigneurs de l'ordre public, avec Xavier Périssé, Éditions Belfond, 1991.

Marcel Barbeault, un tueur dans l'ombre, J'ai Lu, 1993.

ISBN 978 2 268 06530 4

À toutes les victimes et à leurs familles.

Ouvrage publié sous la direction
de Françoise Samson

Avertissement

Cette enquête est fondée sur les nombreux témoignages recueillis par les journalistes de l'agence de presse CREDO, qui ont travaillé sur ce dossier et les différentes affaires criminelles qui le composent, durant près de cinq ans.

Elle repose aussi sur les aveux de Michel Fourniret et de Monique Olivier, aux polices belge et française, et sur les nombreux entretiens qu'ils ont eus avec des experts psychiatres et psychologues, dans ces deux pays, entre 2004 et 2006.

C'est de cette matière que sont notamment tirés les récits des crimes attribués à leurs deux auteurs présumés et les motivations de ceux-ci. Depuis, à plusieurs reprises, ils ont confirmé ces aveux, qui ont été rendus publics.

Pourtant, toute personne peut revenir sur ses déclarations, face au magistrat instructeur, comme lors de son procès. L'instruction de ce dossier est désormais close. Mais, tant qu'ils n'ont pas comparu face aux jurés de la cour d'assises devant laquelle ils ont été renvoyés, Michel Fourniret et Monique Olivier sont, d'un strict point de vue juridique, simplement mis en accusation. Ils sont donc présumés innocents, jusqu'à ce qu'ils soient jugés définitivement.

Les prénoms des enfants de Michel Fourniret et de Monique Olivier ont été changés. Pour d'autres personnes, nous n'avons mentionné, à leur demande, que leurs initiales ou leur seul prénom.

Introduction

Lorsque le 26 juin 2003, à Sart-Custinne, un bourg pas très éloigné de la frontière française, la police belge débarque au numéro 18 de la rue Vencimont et arrête le propriétaire des lieux, c'est un Français que les policiers interpellent. Il s'appelle Michel Fourniret, il a une soixantaine d'années et pas de profession bien définie. Certains le diront exploitant forestier, d'autres, journalier. Il est originaire de Sedan, dans les Ardennes, à quelques kilomètres de son domicile. La police l'accuse d'avoir enlevé quelques jours plus tôt une toute jeune fille dans sa fourgonnette. Sa victime a réussi à s'enfuir.

Très vite, les journalistes de l'agence de presse CREDO se sont intéressés à ce Fourniret. Son délit n'a pourtant pas eu un retentissement particulier. Tout simplement parce que ce n'était pas le premier du genre. Depuis longtemps, nous enquêtions en Belgique sur un autre personnage surnommé « le dépeceur de Mons », qui n'a d'ailleurs jamais été appréhendé. Mais surtout, depuis deux ans, nous suivions régulièrement les difficiles enquêtes françaises sur les mystérieuses disparitions de deux jeunes filles, à Sedan et Charleville-Mézières. Nous nous étions d'abord interrogés sur ce qu'elles avaient pu devenir. Au fil du temps, il avait fallu se rendre à l'évidence : elles avaient été enlevées. Puis, malheureusement, nous avons dû travailler sur leurs assassinats. En effet, longtemps après, leurs restes ont été retrouvés en forêt, du côté belge de la frontière. Régulièrement, nous revenions sur les « lieux des crimes ». À chaque fait divers, ressemblant de près ou de loin à ces deux-là, en France comme en Belgique, nous étions en alerte. Nous avons longuement accompagné les familles des deux victimes. Mais rien ne semblait devoir aboutir…

Jusqu'à l'arrestation de ce Michel Fourniret, le 26 juin 2003. Mais, là encore, l'épisode fit long feu. Dans un premier temps, les magistrats et les policiers français s'étaient transportés en Belgique, afin de vérifier si l'homme pouvait les aider à résoudre les meurtres de Mananya Thumpong et de Céline Saison. D'autant qu'il avait proféré de sérieuses menaces envers la fillette qui lui avait échappé : pour la terroriser, il lui avait dit qu'il était « bien pire que Dutroux ». Et en Belgique, dans la population mais aussi dans les palais de justice et les commissariats de police, on ne rigole pas avec le nom de Dutroux… Pourtant, les espoirs de chacun semblaient s'amenuiser. On finissait par en oublier Fourniret. Un an après son arrestation, seulement accusé d'une agression qui n'était pas allée à son terme, il allait se retrouver libérable, sous contrôle judiciaire des autorités belges, avant d'être jugé pour sa tentative.

Mais le 22 juin 2004 se mit en place l'amorce d'une « bombe judiciaire » qui, aujourd'hui encore et sans doute pour longtemps, fait trembler la France et la Belgique. Libre, Monique Olivier, la compagne de Michel Fourniret, s'était épanchée devant un commissaire de la police judiciaire belge en racontant les pires horreurs sur son mari. Un tueur en série hors du commun venait d'être démasqué, peut-être le pire de tous les criminels du genre. Nous allions donc nous aussi tenter de savoir ce qui se cachait derrière les accusations de la femme de Fourniret et les premiers aveux de celui-ci. Avait-il un lien avec les deux meurtres de Sedan et Charleville ? C'est une des premières questions qui nous intéressaient. Mais, il faut bien le dire, durant de longs mois, nous avons suivi le dossier comme tous nos autres confrères, au fil de ses différents rebondissements.

Les journalistes de l'agence CREDO, dont Fabienne Ausserre et Hervé Rovira, ont sans doute été parmi les plus présents sur le terrain, auprès de tous ceux qui pouvaient leur expliquer ce lourd dossier. Leur moisson a été incroyable tant en quantité qu'en qualité. Ils ont rencontré la plupart des protagonistes de l'affaire. En premier lieu, ils ont écouté les familles des victimes dont le nombre allait croissant au fur et à mesure des semaines. Mais ils sont aussi allés frapper aux portes des proches de Michel Fourniret. Ils ont croisé la plupart de ses anciennes épouses et de ses enfants, car sa vie matrimoniale aura été bien remplie et sa descendance nombreuse. Nos reporters ont également approché la famille et les enfants de Monique Olivier. Ils ont retrouvé les plus anciens amis de Fourniret, les copains de classe, de « colo », puis ses collègues de travail. Car il a eu un vrai métier dans lequel il excellait… Pour fournir à la presse les éléments les plus justes et les plus complets possible, notre enquête devait être minutieuse.

L'idée de ce livre tient à un détail, presque à un hasard. Un jour, l'un des avocats belges de l'assassin présumé, peut-être las des relances régulières de nos journalistes, lâcha à l'un d'entre eux : « Mais si vous voulez en savoir plus, écrivez donc à mon client, il vous répondra peut-être... » Ce n'était nullement une blague belge, même si nous apprécions depuis longtemps cet humour-là.

Compte tenu de la personnalité tourmentée du suspect et des rapports particuliers qu'il semblait entretenir avec les femmes c'est, bien entendu, l'une de nos journalistes qui se chargea de le contacter. À notre grande surprise, Michel Fourniret lui répondit. Un échange, régulier et important, s'institua alors. Ce que n'a jamais su Fourniret c'est que, s'il croyait correspondre avec une seule personne, c'est un collectif qui lui répondait... C'est au fil de cette correspondance que nous avons commencé à comprendre à qui nous avions affaire. Nous avons alors pu mesurer la dangerosité de cet homme, sa personnalité tout à fait différente de celle des autres tueurs de son acabit.

Si on le croit lorsqu'il se met en scène, ou que Monique Olivier le décrit dans certaines situations, Fourniret pourrait être un mélange d'Hannibal Lecter, qui revisiterait *Le Silence des agneaux*, un béret sur la tête, une baguette à la main, et de Landru. Hannibal d'abord, car on retrouve dans ses récits les moments d'effroi, l'épouvante qu'inspirait le personnage du film de Jonathan Demme. En prison, à un psychiatre qui regardait ses mains, Fourniret n'a-t-il pas déclaré froidement : « Ce sont mes mains que vous regardez ? Savez-vous que, si je voulais, avec ces mains, je vous étranglerais d'un geste ? »

De Landru, Fourniret aurait alors hérité cette haine mal recuite contre la société et ceux qui ne l'ont jamais reconnu à sa juste valeur, valeur qu'il estime, bien entendu, supérieure à celle de bon nombre de ses contemporains.

Mais ce qui nous a surtout intéressé chez Fourniret, c'est le profil du tueur en série français menant son existence d'assassin en même temps qu'une vie sociale tout à fait normale, limpide même, cas unique dans les annales du crime en France. Sauf qu'après vingt-neuf mois d'enquête, nous nous sommes aperçus que rien n'était jamais clair chez Michel Fourniret. On trouve beaucoup de zones noires dans son histoire, pas mal de gris, mais jamais rien de blanc depuis qu'il est enfant.

À l'école primaire, puis au collège et au lycée, Fourniret a été un élève plutôt moyen. Mais il était aussi un menteur, dissimulateur et voleur, déjà ! Puis il s'est découvert des talents de technicien et est devenu un excellent professionnel. Tous ont salué ses compétences, ses collègues comme ses chefs et ses patrons. Là encore, son caractère et la haute idée qu'il avait de lui-même, en rabaissant souvent les autres, lui firent fréquemment quitter un emploi pour un autre. Il s'est marié trois fois et a eu cinq enfants. Ses épouses n'ont pas eu à se plaindre de lui avant qu'il commence à déraper sur le plan sexuel et qu'il soit condamné. Ses enfants se souviennent d'un père dur et exigeant qui, longtemps, les aura impressionnés. Ses amis ont d'excellents souvenirs des différentes époques où ils le fréquentèrent mais, comme ses copains d'école, ils évoquent aussi ses travers… Bref, d'un côté, Michel Fourniret a été un Français, un ouvrier spécialisé, un mari, un père « presque » comme les autres, mais cette face de sa vie aura toujours été faite de zones d'ombre. De l'autre côté, son personnage comporte des noirceurs insondables, une seconde existence… Rien de tout cela chez Patrice Alègre, « le tueur de Toulouse », Guy Georges, « l'assassin de l'Est parisien », Francis Heaulmes, « le routard du crime », et autres prédateurs qui ont défrayé la chronique avant lui. Ils étaient tous des marginaux, sans famille, sans métier, sans amis, et survivaient en tentant de profiter des failles de la société à laquelle ils ne se sont jamais intégrés. La particularité de Fourniret, par rapport à eux, nous a définitivement déterminé à écrire cet ouvrage, en même temps que notre désir de comprendre qui il était vraiment.

La difficulté majeure de l'exercice, nous l'avons vite compris, c'est qu'il apprécie par-dessus tout que l'on parle de lui. Il aime surtout que l'on développe – le plus et le mieux possible – ses propres théories. Dès lors, il aurait été dangereux de les reproduire telles qu'il les énonce, au risque de lui offrir une tribune. D'autant que celles qui lui tiennent le plus à cœur ne sont qu'affabulations !

L'un des exemples les plus criants est sans doute sa volonté de faire croire qu'il obtient ce qu'il veut de ses victimes par sa seule force de persuasion, sans violence, sans menaces. Mensonges ! On sait maintenant qu'il a frappé l'une d'entre elles avant de l'attacher. Il s'est violemment battu avec une autre, il a menacé une troisième avec une arme, une quatrième de l'aveugler à vie avec de l'acide, pour obtenir d'elles qu'elles se laissent faire. Alors, Fourniret, roi de la persuasion mentale et de la suggestion psychologique ? Les informations que nous avons recueillies démontrent tout le contraire.

Il n'était pas non plus question d'écrire une biographie, autorisée ou non. Nous laissons cela à Michel Fourniret qui s'est, paraît-il, attelé à cette tâche dans ses différentes cellules. Aura-t-il autant de talent pour berner ses lecteurs qu'il en avait pour se jouer de ses victimes ?

Nous avons seulement voulu raconter l'histoire d'un homme, puis celle d'un couple, qui est allé, au-delà du crime, jusqu'à l'horreur et l'abjection. Et comme Fourniret se satisfait toujours qu'on décrive ses agissements dans les moindres détails, que l'on rapporte le plus justement possible la moindre de ses affirmations, nous avons essayé à chaque fois de démonter le mécanisme du discours récurrent qu'il tient sur lui-même et sur ses actes. Pour aller plus loin dans notre démarche, nous donnons aussi la parole à ceux qu'il a cru pouvoir persuader, et à ses proches qui ont compris combien il a toujours été un bonimenteur, un menteur, un dissimulateur. Ils comptent aussi parmi ses victimes…

Une chose est désormais certaine : tout au long de notre enquête, cet homme ne nous aura jamais fasciné. Il nous a d'abord intrigué puis, très vite, effrayé. Ce livre, dans sa première comme dans sa seconde édition, ne pouvait être ni une apologie ni un plaidoyer. Il n'est que la présentation de faits, de témoignages, de pièces d'un dossier, réunis durant une enquête longue et minutieuse sur une histoire hors du commun.

Un journaliste qui travaille sur l'information « à chaud » est obligé de faire des choix. Dès lors, les lecteurs, les auditeurs, les téléspectateurs peuvent se heurter à des incompréhensions, voire à des erreurs de jugement. Seul un livre était susceptible d'embrasser la totalité de l'histoire de ces Diaboliques, pour essayer de dépeindre leur personnalité et leurs crimes, comme le réclament les familles des victimes. Certains s'étonneront sans doute de notre démarche, en notant qu'il est de coutume d'attendre le procès d'un assassin présumé pour parcourir les pièces de son dossier, pour examiner sa vie, ses antécédents, puis les crimes qu'on lui attribue. Mais, dans le cas de Fourniret, l'audience qui se tiendra bientôt n'y suffira pas tant il y a de choses à dire, et même à découvrir. Un livre est aussi une façon d'informer plus complètement nos concitoyens que par les canaux habituels. C'est bien pour cela que nous avons décidé d'en publier une seconde édition, actualisée et surtout augmentée de nombreux témoignages inédits pour beaucoup, plus complets pour d'autres.

Une chose est en tout cas certaine : dans cette affaire, comme dans beaucoup d'autres, nous ne pouvons être que d'un seul côté, celui des victimes et de leurs familles.

Alain HAMON

I

Le violeur solitaire

1
Un crime dans l'Yonne

La silhouette juvénile de l'adolescente déambule au bord de la route, pas très loin d'Auxerre, dans l'Yonne. Ce 11 décembre 1987 vers 17 heures, il fait déjà sombre. La lycéenne qui trottine rentre chez elle après les cours. Elle a les cheveux clairs, un visage épanoui et l'insouciance de ses quatorze ans. Les petites bottines blanches qu'elle porte aux pieds dessinent des taches claires dans l'obscurité qui continue de tomber sur la campagne bourguignonne. Quelques centaines de mètres plus loin, à proximité d'un centre commercial, planté à la lisière de la ville dont Guy Roux et ses joueurs sont déjà les héros, une 304 verte s'arrête à la hauteur de la jeune fille. Une femme brune aux cheveux courts, bruns, au visage rugueux malgré le sourire, est installée derrière le volant. Elle entame la conversation avec la collégienne. Pour lui demander où elle va, d'abord, puis le nom d'un lieu-dit où elle se rend. Constatant alors que celui-ci se situe sur leurs chemins respectifs, la conductrice persuade la petite de monter à ses côtés. La femme habite Saint-Cyr-les-Colons, un petit village à une quinzaine de kilomètres de la demeure familiale de l'enfant. Elle va l'avancer un peu sur le chemin de son domicile. En redémarrant, l'inconnue explique à sa jeune passagère qu'elle vient de faire ses emplettes au magasin qu'elles ont dépassé l'une et l'autre, une poignée de minutes plus tôt. Quelques centaines de mètres plus loin, elles aperçoivent toutes les deux un homme sur le bord de la chaussée, un bidon à la main. Sans doute un automobiliste en panne sèche. D'ailleurs, il leur fait un signe, de sa main libre.

La berline s'immobilise à nouveau, à sa hauteur. L'inconnu s'explique. Peut-il être emmené jusqu'à la station-service la plus proche ? Il est en effet tombé en carafe pas très loin de là, plus d'essence. Le bon Samaritain accepte et voilà l'inconnu qui s'installe à l'arrière droit du véhicule, derrière la jeune fille. Elle est détendue, souriante. Aucune raison de s'inquiéter. Le trio entame la conversation, sur un ton plutôt convivial. Et tout à coup, à l'arrière, le type change de ton. Il saisit la jeune passagère par les cheveux et lui tire la tête violemment en arrière. Il n'est plus du tout aussi sympathique. Pas très grand, plutôt chétif, le visage émacié, apparemment pas tout jeune, il a cependant une poigne d'acier, des mains aussi larges que des battoirs de lavandières d'un autre siècle. Il s'adresse à la jeune femme qui conduit : « Vous allez faire comme je dis, sinon je m'occupe de votre fille ! » La gosse ne comprend pas car, à sa gauche, la conductrice ne répond même pas à l'homme qu'elle n'est pas son enfant. Sur la recommandation de l'inconnu, la voiture roule jusqu'à un endroit isolé. Là, il passe une cordelette autour du cou de la petite qui se met à rouler les yeux de terreur. À sa gauche, sa bienfaitrice semble elle aussi complètement effrayée, mais elle ne bouge pas. La petite victime ne comprend pas que la femme assise à côté d'elle n'esquisse pas un geste pour lui venir en aide. Tenant fermement la passagère, en lui serrant la gorge de son lien de chanvre, son agresseur s'adresse à nouveau à la conductrice : « Votre fille est-elle vierge ? » Et là, la prisonnière commence à se rebeller. Elle crie, elle hurle, elle tente de se dégager de l'étreinte de ce fou furieux. Elle est bien décidée à essayer de fuir. Alors, la femme va s'arrêter à nouveau. Et la lycéenne comprend tout. Elle est tombée dans un piège. Celle qui s'est arrêtée pour l'emmener s'empare de médicaments, dissimulés quelque part dans la 304. Le couple les lui fait avaler et son tourmenteur, qui est descendu, la fait passer à l'arrière, avant de prendre le volant, tout en lui parlant sans cesse. La jeune otage comprend vaguement que la Peugeot roule longtemps, jusqu'à une heure avancée de la soirée. Et les calmants finissent par faire leur effet. La voix de la jeune fille, que le couple fait compter de zéro jusqu'à cent, puis de cent à zéro, devient pâteuse. Les deux kidnappeurs traversent Avallon. Puis ils bifurquent et, par les petites routes de campagne, poussent jusqu'à Saint-Cyr-les-Colons. Arrivés là, ils se garent au milieu du village, à deux pas de l'église, devant une jolie petite maison d'un étage. L'homme prend sa victime presque inconsciente dans ses bras et monte avec elle directement au premier, où se trouvent deux chambres dont celle du couple. La femme est là quand son compagnon allonge l'adolescente sur le lit, dans la chambre du fond, la leur. Il commence à la dévêtir puis couche sa proie en chien de fusil, avant de la ligoter.

Au moment où son tourmenteur s'approche d'elle à la toucher, la lycéenne se met à nouveau à pleurer. Et, tout à coup, le type semble bloqué net dans son élan. Il se retourne vers la femme et lui demande de lui venir en aide, de « faire quelque chose » pour qu'il reprenne vigueur... physiquement et psychologiquement. Alors elle s'exécute, mais rien n'y fait. Dépité, il se détache de sa victime et commence à la rhabiller, tandis que sa compagne redescend l'escalier. Visiblement décontenancé par sa propre défaillance et le regain d'énergie de la jeune fille, il enserre sa gorge de ses deux larges mains et l'étrangle. Il roule alors le corps dans un tapis et le transporte jusqu'au rez-de-chaussée. Reprenant ses esprits, l'assassin transporte le cadavre jusqu'au coffre de sa voiture. Sa décision est prise et il sait déjà où il va l'abandonner.

À nouveau, la femme l'accompagne. Ils repartent en direction d'Auxerre. Ils vont rouler longtemps, dans la nuit désormais profonde. Une première fois, le couple s'arrête pour chercher une autre direction, sur l'étroite route départementale qu'ils ont empruntée. Ils s'engagent en direction d'un bois dont ils aperçoivent les formes sombres. Au niveau d'une clairière et d'une baraque de chasse, ils ralentissent enfin. À deux ou trois mètres de la route se profile l'ombre d'une petite bâtisse. C'est un transformateur électrique, enfermé sous un appentis, protégé par une sorte de tour de briques rouges. La voiture s'immobilise et le conducteur descend. Il se dirige vers le coffre, l'ouvre et s'empare de la morte qu'il dépose à terre. Revenant sur ses pas, il demande alors à la femme de prendre le volant : « Tu repars en arrière jusqu'à la route principale. Tu fais un aller-retour, pas trop vite, pleins phares, et tu viens me récupérer. » À l'époque, les concepteurs de ces relais avaient pour habitude de creuser des puits de dispersion, sous ce genre de bâtiments, pour faire masse, en cas de gros orage notamment. Celui-ci existe bien, mais le transformateur étant désaffecté, la cavité est dissimulée sous un entrelacs de barbelés qui ont remplacé la porte, arrachée depuis longtemps. L'assassin s'empare du corps, le traîne jusqu'au bord du trou noir et l'y fait basculer. Le puits semble si profond qu'il lui faut attendre plusieurs secondes pour entendre son macabre fardeau toucher le fond.

Le premier meurtre d'une longue série venait d'être commis par un homme qui allait défrayer la chronique, accompagné d'une femme qui sera rapidement présentée comme sa complice, faisant d'eux un couple diabolique…

Quelques minutes plus tard, la voiture réapparaissait. Celle qui la conduisait s'inquiétait alors de savoir si son comparse présumé avait trouvé une bonne cachette, si le tombeau qu'il avait choisi pour la malheureuse ne risquait pas d'être découvert trop vite.

« Ne t'inquiète pas, là où je l'ai mise, on ne pourra pas la retrouver », aurait alors répondu Michel Fourniret à Monique Olivier.

Il n'avait pas tout à fait raison, mais il faudra tout de même dix-neuf ans pour que les restes d'Isabelle Laville soient récupérés et rendus à ses parents…

2
Les incertitudes du dossier Estelle Mouzin

L'été 2006 se la coulait douce dans l'Yonne… Les recherches semblaient devoir ne jamais aboutir. Trois ans après avoir été interpellé en Belgique, arrivant à la fin d'une instruction marathon, Michel Fourniret faisait semblant de coopérer avec les magistrats, les enquêteurs et la famille d'Isabelle Laville pour – enfin ! – retrouver le peu qui restait d'elle. Sa comédie n'aidait en rien et ne trompait personne. Mais ce jour-là, Jean-Pierre Laville n'a pas fait le déplacement pour rien. Il repart de Bussy-en-Othe, un tout petit village de ce département où il n'habite plus, avec la certitude que – bientôt – il va pouvoir offrir une sépulture décente à Isabelle. La justice vient enfin de retrouver l'endroit où elle a été abandonnée par son tortionnaire, en décembre 1987. D'un puits profond, les gendarmes ont remonté quelques-uns de ses effets personnels et les restes de la pauvre enfant. *(cf. chapitre 22)*

Mais quelque temps plus tôt, alors que Fourniret donnait de vagues indications sur l'endroit où il avait pu jeter son corps, il aurait lâché une curieuse réflexion à ceux qui l'entouraient. Ni le procureur de la République de Charleville-Mézières, ni les deux juges d'instruction chargés des nombreux dossiers opposés à l'assassin présumé, ni les policiers présents ne s'en souviennent. Aucun d'entre eux ne confirme avoir entendu Fourniret prononcer cette phrase, mais personne ne la dément non plus. Seul un des acteurs de l'affaire la rapporte et s'y tient.

« Au fond du trou, vous trouverez un pull-over rouge »... aurait indiqué le prévenu. Le père d'Isabelle en était certain : le jour de sa disparition, sa fille ne portait pas de vêtement de cette couleur. Mieux, elle n'avait jamais eu de pull-over rouge dans sa garde-robe. Alors ? Le tueur ne s'est-il pas tout bonnement « emmêlé les pinceaux », dans la liste interminable de ses victimes connues ou pas encore répertoriées ? Laquelle parmi elles pouvait être habillée de la sorte ? Un nom venait à l'esprit de tous : Estelle Mouzin, qui portait effectivement un vêtement semblable le jour de sa disparition, quelques semaines avant que les policiers belges viennent taper à la porte de Fourniret...

Depuis la mise hors d'état de nuire du couple, on se demandait si Fourniret pouvait être impliqué dans cette histoire supplémentaire. Pourtant Monique Olivier qui, un beau jour de l'instruction, en avait dénoncé deux de plus, ne lui attribuait pas celui-ci.

Le service régional de police judiciaire de Versailles s'était intéressé rapidement à lui, dans le cadre de l'enquête sur la disparition de cette fillette de neuf ans qui, depuis le 9 janvier 2003, n'est jamais rentrée chez elle à Guermantes (Seine-et-Marne).

Fourniret venait assez souvent dans le département voisin des Yvelines, voir ses filles. La Seine-et-Marne est encore moins éloignée de l'Yonne, où il s'était installé avec Monique Olivier, à sa sortie de Fleury-Mérogis, au milieu des années 80, après sa condamnation pour plusieurs agressions sexuelles en Île-de-France. La police judiciaire versaillaise n'avait pas perdu de temps. Mais sa première approche allait se solder par un échec. Fourniret présentait un alibi pour le jour où la jeune Estelle avait disparu. C'est ce que laissaient apparaître les premières vérifications. Puis, apprenant que des cheveux et des poils n'appartenant pas à Fourniret avaient été découverts dans un fourgon avec lequel il aurait frappé à plusieurs reprises, les hommes du commissaire Bastide demandaient des expertises comparatives avec l'ADN d'Estelle Mouzin. En vain…

Le lundi 14 mars 2005, des officiers de la PJ de Versailles étaient encore venus entendre Michel Fourniret. Ils continuaient à travailler sur cette piste, dans l'affaire de Guermantes. Mais déjà, l'hypothèse Fourniret dans l'affaire Estelle, on n'y croyait pas chez ces policiers. Le jour suivant, Monique Olivier passait sur le gril pour la même affaire. Mais, très rapidement, elle allait refuser de collaborer à tout autre interrogatoire.

Cependant, à l'époque où les propos sur le « pull-over rouge » étaient attribués à Fourniret et nous étaient rapportés, une source très proche du dossier constatait, en parlant du dossier Mouzin : « L'étau se resserre autour de Fourniret, dans cette affaire. »

S'il a bien évoqué la présence d'un pull-over rouge, soit Michel Fourniret a commis une lourde maladresse, soit il s'agit d'une de ces tentatives de manipulation dont il a tant l'habitude.

À partir de là, les informations supplémentaires que l'une d'entre nous a recueillies à ce sujet posent question, même si un journaliste peut toujours être victime d'une manipulation. La source de notre enquêtrice a toujours été fiable et le reste encore aujourd'hui. Quel intérêt d'en rajouter ? Pourtant, un peu plus tard, non seulement les propos laconiques qu'aurait tenus Michel Fourniret, en évoquant ce que l'on trouverait à l'endroit où il avait dissimulé le corps d'Isabelle, étaient confirmés par cet informateur, mais celui-ci allait plus loin : des morceaux de pull rouge avaient bien été découverts dans le puits où reposait Isabelle Laville ! Aussitôt interrogés par nos soins, magistrats, policiers, avocats démentaient. D'autant que, si tel avait été le cas, ces indices auraient été placés sous scellé, et transmis à la juge d'instruction de Meaux chargée d'élucider la disparition d'Estelle Mouzin. Aucun acte de cet ordre n'a été effectué.

Fourniret a toujours refusé d'endosser la paternité de l'affaire Mouzin. À l'appui de ces dénégations, on a expliqué que le jour de la disparition de la fillette, à l'heure même où elle se volatilisait, il téléphonait depuis son domicile belge à son premier fils pour lui souhaiter son anniversaire.

Mais là, cette affirmation pose aussi problème. Non seulement Jean-Christophe, le tout premier enfant de Fourniret, ne se souvient pas de cet appel, mais il le dément formellement.

« Des enquêteurs de la police judiciaire de Versailles, appartenant à la cellule “Estelle Mouzin” sont venus m'interroger dans le cadre de ce dossier, explique-t-il. D'après un relevé des services de télécommunication belges, Fourniret *[son fils a changé d'identité mais il parle de son père en l'appelant par son patronyme. Ndr]* aurait appelé mon domicile, dans les jours qui ont suivi l'enlèvement de la jeune Estelle Mouzin, ou le jour même de sa disparition. Je n'ai jamais reçu cet appel ! Donc, je n'ai jamais répondu au téléphone. J'ai expliqué à ces policiers que Michel Fourniret ne m'a jamais appelé pour me fêter aucun de mes anniversaires, ni envoyé une carte de bon anniversaire ! »

Le témoignage de Sandrine V., l'épouse de Jean-Christophe, est tout aussi troublant. Elle a épousé Jean-Christophe Fourniret le 1er juin 1985 et lui a donné deux jolies petites filles, âgées de neuf et trois ans. Depuis qu'elle fréquente le fils de l'assassin présumé, elle n'a jamais rencontré son père. Elle ne connaît pas plus la famille de ce dernier. Elle, en revanche, se souvient bien d'appels téléphoniques de son beau-père, mais pas à la date avancée pour écarter toute possibilité de présence de celui-ci dans la région où a disparu Estelle Mouzin.

« À ma connaissance, il a téléphoné chez nous, trois ou cinq fois depuis 2001. Son dernier appel, c'était en janvier 2003. » Et là, elle ne peut préciser la date ! L'épouse de Jean-Christophe donne alors un détail important. « Lors de chaque appel, il téléphonait tard dans la soirée. » Or, Estelle Mouzin a disparu en fin d'après-midi. Sandrine V. poursuit : « Une fois, Jean-Christophe était de garde à l'hôpital, je me souviens avoir dit à Michel Fourniret de rappeler le lendemain, il ne l'a jamais fait. » Sandrine pense que Fourniret avait envie de renouer le contact avec son fils. Mais, très vite, pour ce qui la concerne, elle a compris qu'il n'avait pas envie de lui parler. « Il ne m'a jamais demandé qui j'étais, ni même si nous avions des enfants. Dès que je lui disais que Jean-Christophe était absent, il raccrochait. »

Elle ne se souvient donc pas d'un coup de téléphone de Fourniret, plus précisément le jour de la disparition d'Estelle Mouzin et explique que, si tel avait été le cas, comme les fois précédentes, il se serait situé tard le soir et Fourniret aurait raccroché si Jean-Christophe n'était pas présent. De quoi laisser perplexe... Quant aux constatations effectuées sur la ligne téléphonique de Michel Fourniret par les autorités belges, quand bien même un appel a-t-il été lancé à partir de ce numéro, si aucune conversation n'a eu lieu, il a pu être effectué par n'importe qui pour préparer un alibi à Fourniret. Et, en 2003, il y a longtemps que Monique Olivier n'accompagne plus son mari dans sa quête sanglante. Leur fils est grand, elle doit le garder...

On se pose encore plus de question quand on entend Me Castaigne, l'un des avocats belges de Fourniret, évoquer le procès-verbal d'interrogatoire de son client à ce sujet. Selon lui, les policiers dinantais y sont allés par petites touches. Quand ils ont demandé à Michel Fourniret s'il téléphonait à ses enfants, « il a répondu non », précise Me Castaigne. Pour un anniversaire ? « Pas plus » a répondu Fourniret selon son défenseur. Et le 9 janvier 2003 ? « Je ne me souviens pas » a ajouté Fourniret selon ce dernier, répondant la même chose lorsqu'on lui avait demandé où il se trouvait ce jour-là.

En juin 2007, un peu moins de un an après la découverte du cadavre d'Isabelle Laville, avant laquelle il se serait laissé aller à des confidences troublantes sur Estelle Mouzin, trois ans et demi après la disparition de cette dernière, Fourniret se rappelle au bon souvenir du père de l'écolière. À la maison d'arrêt de Châlons-en-Champagne, pas très loin de Reims et de Charleville-Mézières, Michel Fourniret ne peut accéder à aucun des travaux proposés aux prisonniers car il est à l'isolement total. Un assassin d'enfant doit y rester le plus strictement. Pour eux, la justice des détenus risque souvent d'être plus expéditive que la nôtre. Alors, Fourniret lit et écrit beaucoup. À la fin du printemps 2007, il prend donc sa plus belle plume. De son écriture tourmentée, avec des tournures de phrases qui n'appartiennent qu'à lui, faites d'emphase et d'un charabia parfois incompréhensible, il entreprend la rédaction d'une nouvelle lettre, destinée au président de la chambre d'instruction de Reims qui examine son prochain renvoi devant la cour d'assises des Ardennes. Il veut parler aux parents de trois enfants dont certains l'accusent d'être l'assassin : une jeune Anglaise, retrouvée morte dans l'Yonne, une handicapée disparue dans ce département et... Estelle Mouzin dont il veut rencontrer le père. Il avait déjà tenté ce genre de manœuvre durant la reconstitution de la mort d'Isabelle. Il avait en effet fait cette proposition surprenante : il était prêt à recevoir son père dans sa cellule. Jean-Pierre Laville lui avait alors répondu violemment : « Vous êtes pitoyable ! Pitoyable ! » D'ailleurs, dans sa lettre au magistrat rémois, Fourniret fait référence à ce terrible face-à-face :

« Je souhaite très vivement rencontrer les familles en tête à tête direct, frontal (tel que le dialogue direct avec M. Laville à Saint-Cyr-les-Colons le 21 avril 2006), à tout moment, soit à la faveur d'une extraction en présence d'auxiliaires de justice, soit lors de la visite du détenu que je suis par les familles, à la maison d'arrêt. » Voilà ! Fourniret fait du Hannibal Lecter ! Et il ajoute, cyniquement, en voulant sans doute évoquer la mort de deux de ses enfants, Marie-Hélène et Nicolas : « Un père "mort vivant" a ce que nul autre ne possède (si ce n'est tout malade en phase terminale) : les moyens de ne rien cacher à d'autres parents, dont la dignité s'efforce de taire une douleur, attisée par l'alternance successive des doutes et des incertitudes, et des espoirs ou attentes. » Ce qu'il réclame surtout ensuite, c'est la jonction avec ceux qui ont été instruits jusqu'ici, des trois dossiers qu'il évoque dans cette missive sibylline : celui du meurtre de Joanna Parrish, mais aussi des « autres cas de disparition non élucidés que sont les affaires Domèce et Mouzin ».

Pour ces deux dernières histoires, Monique Fourniret avait « balancé » son homme depuis longtemps. Le jour où elle avait évoqué la disparition de Marie-Angèle Domèce, elle avait même décrit un mode opératoire détaillé. Fourniret l'aurait repérée quand elle vivait dans un foyer d'accueil de la DDASS. Elle s'était volatilisée entre le foyer et la gare SNCF d'Auxerre, alors qu'elle devait rejoindre sa nourrice à Migennes. Il aurait pris la jeune fille en stop, avant qu'elle emprunte le train. Il l'a forcée à monter à l'arrière de sa camionnette. Monique était au volant, elle l'admet sans hésiter. En revanche, elle n'a donné aucune indication sur le lieu où le corps aurait été abandonné.

Pour ce qui concerne Joanna Parrish, jeune assistante d'anglais au lycée Jacques-Amyot d'Auxerre, enlevée le

17 mai 1990, Monique Olivier expliquait que ce coup-là n'avait pas été préparé. Selon elle, le couple était venu chercher des meubles dans la maison de Saint-Cyr-les-Colons. Fourniret, comme à son habitude, aurait abordé sa proie pour lui demander un renseignement. Il l'aurait persuadée de monter, avant de l'agresser à l'arrière de son fourgon, tandis que son épouse était assise à la place du conducteur. Le cadavre de la jeune fille avait été retrouvé au fil de l'Yonne, à Moneteau, le 17 mai 1990, vers 9 heures du matin.

Dans un premier temps, le scénario décrit par Monique Olivier semblait parfaitement coller, notamment au regard de l'autopsie alors pratiquée. « Elle a livré des détails déjà connus de la justice, et qui concordent », déclarait Yves Charpenel, procureur général de Reims. Francis Nachbar, le procureur de Charleville-Mézières qui assistait à toutes les auditions de Fourniret en Belgique, n'était pas surpris. Déjà, face aux enquêteurs de la PJ de Reims venus chez leurs collègues belges, Monique Olivier avait fait des allusions à « des jeunes filles auxquelles Fourniret s'était intéressé dans la région d'Auxerre ». Francis Nachbar ajoutait alors : « On s'attendait à ce qu'elle en dise plus. » Elle le fit, mais après une très longue réflexion…

Cependant, la brigade de recherche de gendarmerie d'Auxerre allait relever quatre contradictions, dans le récit que faisait Monique Olivier du rapt et de la mort de Marie-Angèle Domèce. D'abord, celle-ci ne s'était rendue qu'une fois à Saint-Cyr-les-Colons, le village de sa grand-mère et de sa tante. C'était le 11 mai 1988. Et pourtant, l'épouse de Fourniret a juré sur le Code pénal que son mari avait procédé à des repérages. Elle expliquait que le rapt avait eu lieu à la sortie du village. Or, depuis le début, et même si elle a été un peu bâclée, l'enquête a déterminé que Marie-Angèle avait disparu entre son foyer et la gare d'Auxerre. Elle n'avait même pas encore acheté de billet de train. Et puis la description physique que Monique Olivier en faisait ne correspondait pas. Elle parlait d'une jeune fille blonde, Marie-Angèle était le plus souvent brune, parfois châtaine. Enfin, la femme du tueur présumé expliquait que ce dernier avait eu peur que des inondations, toujours possibles dans la région, ne fassent réapparaître le corps. Les gendarmes étaient sceptiques : « Hypothèse fort peu probable en plein été. » Ou alors Fourniret se projetait dans le long terme...

Pour le meurtre de Joanna Parrish, c'est sa famille qui avait contesté la version livrée à la justice française par Monique Olivier. L'autopsie avait déterminé que le corps n'aurait séjourné dans l'eau que deux heures. L'examen du bol alimentaire avait fait ressortir l'ingestion, la veille, en début de soirée, d'aliments, d'alcool et de médicaments, dont un favorisant la somnolence. La mort pouvait être intervenue entre 22 heures et 2 heures du matin. Même si on est loin d'une science exacte...

Pour Monique Olivier, l'enlèvement avait été décidé spontanément, en fin d'après-midi ou au début de la soirée, devant la gare routière d'Auxerre. Le viol et le meurtre allaient être perpétrés peu après dans le véhicule, puis le corps avait été jeté à l'eau.

Du fond de sa retraite à Newnham on Severn, dans le Gloucestershire, l'ex-géomètre Roger Parrish (soixante-deux ans), son épouse, Pauline, et leur fils, Barnie, n'adhéraient pas à cette version : « Joanna avait passé des petites annonces dans des journaux gratuits de la région et chez les commerçants. Elle avait été contactée par un homme qui cherchait à faire donner des cours à son fils de onze ans. » Elle devait le rencontrer le 1er mai au soir, vers 19 heures, place des Cordeliers. L'homme n'a jamais été retrouvé.

La jeune Anglaise avait quitté une amie vers 18 h 30. Ce qui soulevait d'autres questions : aurait-elle accompagné un automobiliste inconnu, l'abordant pour lui demander un renseignement, trente minutes avant son rendez-vous ? De plus, à cette époque, Fourniret ne fréquentait la région que très irrégulièrement. Comment et quand aurait-il consulté la petite annonce de Joanna, si c'était lui qui lui avait fixé un rendez-vous ?

« La justice française a refusé l'aide de la police britannique, s'est plaint le père de la victime. Notamment pour travailler sur les ADN. En fait, il n'y a aucune preuve irréfutable contre Michel Fourniret. Une demande de comparaison de l'ADN récupéré sur le corps de ma fille a été déposée, il y a six mois. Rien n'a été fait. Aucune information officielle ne nous parvient des autorités françaises. Les autorités anglaises le regrettent, elles aussi, car elles sont obligées de passer par des contacts informels pour essayer d'obtenir quelques bribes. » Et Roger Parrish posait la question sans ambages : « Les magistrats français ne sont-ils pas allés trop vite, sans preuve ? Je m'étonne, par exemple, que Mme Olivier ne parle pas d'une jeune femme d'origine anglaise... »

Concernant les traces biologiques retrouvées sur le corps de Joanna, un premier comparatif a bien été réalisé, fin 2004, avec un prélèvement fait sur Fourniret : il était négatif. Un autre ADN inconnu avait été révélé sur Joanna. Mais début 2005, aucun examen de laboratoire n'avait encore été possible.

Les protocoles scientifiques employés dans les années 90 ayant changé, Me Didier Seban, l'avocat de la famille Parrish, se demandait si Fourniret n'était pas accompagné d'un complice… Monique Olivier n'aurait donc pas été la seule à partager les crimes de son homme ? Ce serait nouveau et extravagant, pense-t-on au parquet. Policiers et magistrats ont estimé que le dossier n'avait vraiment pas besoin de cela !

De son côté, la famille Domèce, en l'occurrence le père et la sœur, était bouleversée d'apprendre les aveux de Monique Olivier, si longtemps après la mort de Marie-Angèle. Une seule chose leur trottait dans la tête : s'assurer qu'il n'y avait pas prescription.

La justice y prit bien garde. Dans son arrêt n° 208 du 4 juin 2007, et après une requête écrite de Michel Fourniret qui – une fois encore – en avait écarté ses avocats, la chambre d'instruction de la cour d'appel de Reims tentait de joindre le cas Domèce à ceux retenus par l'accusation, pour traduire Fourniret et Monique Olivier aux assises le plus rapidement possible. Toutes les parties, y compris les magistrats instructeurs et le parquet de Charleville, voyaient là un coup dur qui risquait de repousser un peu plus la date du procès. La Cour de cassation rattrapa le coup et écarta cette affaire, même si la présence de Fourniret y était de plus en plus probable. C'est peut-être parce qu'il avait eu une première fois l'oreille d'un magistrat de

Reims dans cet épisode rocambolesque, qu'en juin 2007 Fourniret tentait à nouveau le coup en envoyant sa nouvelle demande. Ceux qui le suivaient régulièrement le disaient de plus en plus stressé, depuis que le procureur de Charleville-Mézières avait rendu les cent dix pages de son acte d'accusation en mai 2007. Fourniret semblait tout de même appréhender l'explication finale.

Cela dit, il avait tout de même eu l'aplomb de rédiger – sans demander l'aide de ses conseils – une contre-ordonnance de mise en accusation qu'il avait fait parvenir à la justice ! Sa lettre de juin 2007 était sans doute destinée à gagner du temps. Elle avait peut-être un autre but : se faire passer aux yeux de toutes les familles de victimes comme un homme soucieux de leurs souffrances. Certes, il ne s'adressait pas directement à elles, mais il s'exprimait en faisant preuve de commisération pour celles d'Estelle Mouzin, de Marie-Angèle Domèce et de Johanna Parrish…

Quel que soit le but de sa démarche, dans son courrier du 18 juin 2007, Fourniret propose même des réponses à tout ce qu'on va pouvoir opposer à ce qu'il réclame dans ces quatre feuillets.

« Peut me chaut que la présente requête de jonction des affaires Domèce, Mouzin et Parrish me valent d'être taxé de manipulateur par ceux qu'une curieuse habitude incite à juger autrui d'après soi-même. Peut me chaut, de même, que d'aucuns veuillent ne voir, en la présente, que la rouerie défensive d'un joueur d'échecs fidèle à l'obédience du CNTE : "échec à l'obstacle"… »

Et Fourniret ajoutait ce commentaire de son cru, comme s'il voulait mettre les magistrats face à leurs responsabilités : « Comme toute entreprise, la justice, au service d'une communauté constituée d'individus et de familles, est tenue à une obligation de résultat. Aux yeux des naïfs, dont je suis, seul le résultat compte. »

Enfin, dans un post-scriptum grandiloquent (il sait faire !), évoquant pêle-mêle sa possible fin prématurée, l'éventuelle altération de ses facultés mentales, il ajoutait une nouvelle tentative de pression, en écrivant : « Toutes ces raisons n'autorisent pas de laisser sur le bord de la route les trois affaires dont je sollicite la jonction. Indépendante de ma volonté, cette fin comblerait les vœux de qui y verrait la dérobade d'un coupable. Que nenni ! Le père que je suis entend bien épargner à ses descendants cette nouvelle blessure. Fin. »

Le père d'Estelle Mouzin, toujours prêt à tenter l'impossible pour faire avancer l'enquête sur la disparition de sa fille, se déclarait prêt à rencontrer Fourniret.

La police judiciaire de Versailles prit tout le monde de vitesse. Alors qu'à la fin du mois d'octobre 2007, cette nouvelle manœuvre de Fourniret était médiatisée, le lundi 12 novembre ses enquêteurs faisaient sortir Monique Olivier de sa prison pour l'entendre. N'ayant jamais accusé son compagnon dans l'affaire Mouzin, elle n'eut pas de mal à ne rien ajouter. Le lendemain, des officiers se transportaient jusqu'à la direction interrégionale de police judiciaire de Reims où avait été conduit Fourniret. Toute la journée, celui-ci leur présenta la « fameuse » argumentation qu'il promettait sur la disparition d'Estelle.

En fait, comme il n'avait jamais été question dans son courrier de son éventuelle culpabilité, il répéta ce qu'il avait dit dès le début à la PJ belge, peu de choses… À l'issue de cette audition, les policiers versaillais nous déclaraient : « Cette porte est définitivement fermée. Pour ce qui nous concerne, nous ne reparlerons plus de l'hypothèse Fourniret dans l'affaire Mouzin ! »

De son côté, la chambre de l'instruction de la cour d'appel de Reims examinait la jonction des dossiers Domèce et Parrish avec ceux dont l'instruction était close. « Avec ces magistrats, tout est possible ! » commentait-on au palais de justice de Charleville-Mézières.

Mais ce que n'avait pas prévu Fourniret, quand il avait écrit son pensum du 18 juin 2007, c'est qu'entre la rédaction de celui-ci et sa révélation dans la presse, l'arrêt les renvoyant lui et Monique devant la cour d'assises des Ardennes était tombé.

La date de l'audience était même fixée. Ce serait à partir du 27 mars 2008, pour une durée de huit semaines. Michel Fourniret tentait alors de reprendre le contrôle de la situation. Il récusait ses avocats, annonçait qu'il y avait « 96,96 % de chances qu'il ne se présente pas à son procès et exigeait que magistrats et jurés signent un document attestant qu'ils étaient… vierges jusqu'à leur mariage ! La justice se donnait deux mois pour se pencher sur les crimes reprochés à Michel Fourniret et sur la vie de celui-ci.

À neuf jours près, il serait jugé le jour de ses soixante-six ans.

3
Le premier de la classe

« J'ai volé du lait pasteurisé à dix-sept ans ; j'ai cambriolé chez Hody pour prendre des fraises ; j'ai volé un banc public. J'ai un côté chapardeur qui tient de maman. À la salle des ventes, elle pouvait enlever une aiguille à une horloge pour faire baisser les prix. »

C'est en ces termes que Michel Fourniret résume aujourd'hui ses premières entorses à la vie sociale. Mais celui qui a toujours voulu trouver à toute chose une explication à son avantage ajoute, comme pour excuser aussi sa mère : « C'est la complicité des gagne-petit. »

Fourniret a passé son enfance là où il est né, le 4 avril 1942, à Sedan. Une ville de garnison, défense avancée de la capitale durant la Première Guerre mondiale, aux portes des Ardennes, en bordure du quadrilatère France, Belgique, Luxembourg, Allemagne. De quoi jouer à saute-frontière aisément, ce qu'il fera, mais beaucoup plus tard… de longues années plus tard.

Gilles Louis Gaston Fourniret, son père, a vu le jour lui aussi ici, le 8 mai 1899. Il mourra en 1985 à l'âge de quatre-vingt-cinq ans. Atavisme social ? Avant le fils, le père, d'abord ouvrier métallurgiste, devint ajusteur. La mère de Fourniret, Lucienne, fut ouvrière du textile dans les filatures. Née Manfait, le 8 juillet 1906, elle rendra l'âme à quatre-vingt-six ans. Lucienne Fourniret était la fille d'un forestier belge, de passage, qui avait engrossé la grand-mère Fourniret. « Elle n'a pas connu son papa. Elle n'a pas connu sa mère non plus. Celle-ci est décédée lors de l'accouchement », a expliqué Fourniret ces deux dernières années, tout au long des différentes enquêtes qui ont tenté de reconstituer son existence et celle de sa famille. « Elle a été élevée par ma tante Alice. Ma mère, c'est une fille naturelle. Elle n'a pas de racines. Elle a toujours été à la recherche de quelque chose. Elle voulait trouver une réponse à une interrogation secrète... » Dans le village où elle a grandi, on la surnommait « la bâtarde ». Elle s'est mariée à vingt-cinq ans avec Gaston Fourniret, alors âgé de trente ans.

Michel Fourniret aimait sans aucun doute son père, d'une affection teintée d'admiration et de crainte. Les propos qu'il tient depuis sa prison en témoignent : « Issu d'un milieu modeste et rural, c'était un homme de la vieille école, soucieux des traditions professionnelles et sociopolitiques. Il était fasciné par le monde de la précision et rejetait la médiocrité, même s'il ne possédait pas un niveau intellectuel exceptionnel. Un jour, il m'a dit : “Mon gamin, tu pourras être contremaître, tu seras sur le toit du monde.” Il avait le sens de l'honneur, de la famille, des responsabilités familiales. Il m'a aussi imprégné de l'âme du stakhanovisme et du communisme. Je tiens jalousement à ce qu'il m'a laissé. Et cela donne ce que je crois être... »

Mais il semble bien que, dans ce foyer, on ne se parle pas. Comme on ne se parlera pas beaucoup entre père et enfants, quand Michel Fourniret fondera une famille à son tour…

Il aime évoquer une scène toute simple de son enfance qui prouve le besoin que cultivait son père de surpasser les autres.

Ce dernier traversait quotidiennement Sedan à vélo pour se rendre au potager familial, avec ses enfants dans une remorque. « Il aimait nous impressionner en dépassant dans les côtes d'autres cyclistes, pourtant seuls et sans charge. » Une chose est certaine, le père Fourniret était dévoué à ses enfants.

Michel Fourniret évoque sa mère avec autant d'amour, même si ses sentiments ont été sans doute d'une autre nature : « Elle était primesautière, malicieuse, une intelligence vive. Elle était enjouée ! Je m'entendais bien avec elle. »

Enfant, il est sujet au rachitisme. Ce qui, selon lui, explique sans doute qu'il se souvienne avoir été probablement plus gâté que ses frère et sœur.

Mais Lucienne Fourniret ne manifestait pas ouvertement sa tendresse : « Elle ne m'a jamais dit : je t'aime. Ses sentiments n'étaient pas visibles. Elle n'en parlait pas. Elle montrait une grande pudeur et beaucoup de retenue. » Il aurait pourtant aimé que les siens lui apportent plus, tout comme il aurait préféré lui-même « connaître l'immaculée beauté d'un sentiment. Mais j'étais surtout imprégné de gaucherie, de sauvage, de timidité et cultivant en cela le germe futur de mon immense orgueil ».

Dans ses souvenirs d'enfance, sa mère reste en tout cas une ouvrière gaie, une grande travailleuse qui avait la réputation d'être une belle femme. Elle avait aussi « le sens de la fidélité familiale. Elle possédait surtout une sorte de brillance intellectuelle, mais elle prenait un peu mon père pour un bœuf… ».

Une femme se rappelle très bien Lucienne Fourniret. Liliane M. habite une modeste maison, à Sedan. Elle a aujourd'hui soixante-quinze ans. C'est une petite femme rondouillarde, aux joues couperosées, qui porte des lunettes.

Liliane M., sans quitter son tablier, s'installe dans son minuscule salon pour ramasser ses souvenirs. Elle parle d'une voix traînante aux accents populaires : « J'ai connu les parents Fourniret lorsqu'ils habitaient cour Piot, avenue Marguerite. Gaston était un homme bien. Il travaillait comme mécano à Lorraine-Escaut. Mme Fourniret était employée comme tisseuse dans l'usine textile d'Ernest Gauchard, l'ancien maire de Sedan. »

Puis Liliane M. hausse tout à coup la voix et regarde par-dessus ses lunettes pour assener : « C'était une drôlesse ! Il se disait des choses sur elle et le contremaître, le père Charrue. Et il y en avait peut-être d'autres… » Liliane M. reprend alors un ton plus calme, la bouche arrondie, les yeux écarquillés : « C'était une femme grande, assez corpulente, pas déplaisante, non, pas déplaisante… »

Nicole F. a aussi connu les parents de Michel Fourniret, à la même époque. Elle occupe un petit appartement de la tour Marcillet à Sedan. Son logement est surchargé de beaux meubles ardennais. Nicole F. a les cheveux blancs coupés très court, elle porte des lunettes. Elle sourit peu, son regard est méfiant : « J'ai connu Lucienne Fourniret quand j'avais quatorze ans. J'habitais cour Piot où elle travaillait. C'était une vraie cour des Miracles où l'on fabriquait des chaussons. Je ne vais pas médire sur la mère de Michel Fourniret. Mais elle ne m'était pas sympathique du tout. Elle tentait sans cesse de s'intégrer dans des groupes plus jeunes qu'elle. » Sur une photo de Lucienne et Gaston Fourniret, on aperçoit d'ailleurs à leurs côtés la sœur de Nicole F. et des jeunes gens. « Et certains disaient qu'elle trompait son mari… » Facile à dire, si longtemps après…

Quoi qu'il en soit, les enfants Fourniret ont été éduqués selon des principes rigoureux. Michel Fourniret ne se souvient pas de punitions corporelles : « L'autorité était diffuse, sans même avoir à s'exprimer. » Il n'a pas le souvenir de s'être jamais fait gronder.

La famille n'est pas très riche. Pour sa mère, qu'il cite volontiers : « Le premier argent gagné, c'est celui qu'on ne dépense pas. » Alors, le jeune Fourniret, la honte au front, allait à l'école, habillé de vêtements confectionnés par sa mère. Celle-ci pouvait parfois même apparaître comme une mendiante sur le marché.

Entre la rigidité de cette éducation familiale et les préceptes religieux qui l'entouraient, il n'a pas eu non plus l'occasion de se forger une quelconque idée de la sexualité. Dans ces années-là, ce n'était pas à ses parents que l'on pouvait demander quoi que ce soit à ce sujet : « On savait qu'il y avait la chambre parentale mais mes parents ne se sont jamais donnés en spectacle. La nudité, c'était tabou. Je n'ai jamais vu le sexe de papa. Pour maman, c'était pareil. »

Le couple a commencé à battre de l'aile alors qu'il avait trois ans, lorsque son père est rentré du service du travail obligatoire en Allemagne. « De ce jour, mon père a sombré dans l'alcool, tout en restant toujours très amoureux de sa femme. Il rentrait toujours ivre du travail. Des fois, on le ramassait quand il tombait de son vélo sur le chemin du retour. Un jour, après avoir fait la tournée des bistrots avec ses copains, il est rentré sans sa paye. On la lui avait volée. Il roulait par terre sous l'emprise de la boisson. »

Ses parents traversent alors de graves conflits. Michel Fourniret, son frère et sa sœur assistent à des scènes de ménage, à des disputes d'une certaine violence. Il n'y a pas de coups, ni de gifles, mais les enfants voient parfois le tranchet traverser la cuisine. Ces problèmes seraient apparus à la suite des reproches adressés par son père à sa mère, alors femme de ménage à la kommandantur. Michel Fourniret admet là son caractère volage : « Ma mère s'était peut-être un peu relâchée avec les Allemands... » Elle vivra mal que son mari la délaisse, du jour au lendemain, à partir de 1954 : « C'était le 4 avril, le jour de mes douze ans. J'ai juste constaté l'événement. En fait, mon père n'a plus assumé sa mission d'époux et de père. »

Les enfants vont suivre leur mère en condamnant implicitement la conduite de leur père. Après la séparation, Lucienne Fourniret quitte donc le domicile conjugal. Le déménagement est brutal et elle commence à faire des petits travaux. Mais aucun des deux époux ne refera vraiment sa vie. Une fois seul de son côté, Gaston Fourniret a retrouvé son équilibre. Il s'est sorti de l'alcool et s'est fait à la solitude. C'est seulement les enfants devenus adultes que Lucienne rencontrera un nouveau compagnon, en maison de retraite, et qu'elle se remariera dans la région parisienne.

Gilles Louis Gaston Fourniret est décédé à quatre-vingt-cinq ans d'une congestion cérébrale, dans une maison de repos de son pays, à Donchery. Quelque vingt ans plus tard, le fils dit être allé sur sa tombe… Longtemps, il aura essayé de renouer avec son père.

Michel Fourniret est le benjamin de trois enfants. L'aîné, André, a douze ans de plus que lui, il habite Vrigne-aux-Bois. Michel dit le tenir en haute estime : « Il a travaillé comme commercial pendant douze ans au Nigeria. Il s'est marié. Il a quatre enfants. C'est une forte personnalité. Il n'y a jamais eu de frictions entre nous. Nous sommes très forts, très proches. Nous faisons des rencontres bimensuelles. Il fait des traductions. »

Huguette, son aînée de trois ans, est née le 7 septembre 1939. Elle aussi a apparemment beaucoup compté : « Nous sommes comme les maillons d'une chaîne. » Cette sœur est morte le 31 juillet 2002 d'éthylisme et d'anorexie. Diplômée d'un brevet de technicienne de secrétariat, elle a travaillé pour des entreprises de Charleville-Mézières, la Société Générale ou Camion Frères. Après son mariage, elle a quitté son emploi. Huguette n'a pas eu d'enfants. Michel et elle prenaient souvent leurs vacances ensemble. « Elle était émue en voyant ses neveux et nièces », dit-il.

À Fleury-Mérogis – sa plus longue incarcération avant ce qui lui est reproché aujourd'hui –, elle lui rendait visite. Elle a mené longtemps une vie de couple sans histoire avant de sombrer : « Son mari s'est mis à boire, alors elle a essayé de l'aider. Mais elle s'y est mise à son tour. Ils vivaient à Ville-sur-Lumes. Puis ils se sont séparés. Elle s'est trouvé un exutoire romantique : elle fréquentait des gens de la cloche. »

Enfant, Fourniret est souvent seul dans les cours de récréation : « On disait de moi : ce gamin peut jouer toute une journée seul, sans qu'on l'entende, avec une boîte de conserve. Il est vrai que j'avais de l'imagination ! »

Mais le petit Michel peut tout de même se trouver des camarades et des souvenirs d'enfance. « À la cour, on se chamaillait et on se prêtait des lectures, jusqu'à l'âge de douze ans. Mais maintenant, il n'y a plus personne… » Et le voilà même en gros bras lors de certaines récréations : « J'étais toujours en concurrence avec un autre premier de la classe, costaud », raconte-t-il, très fier d'avoir battu physiquement son rival en le faisant rouler à terre. « Ce jour-là, c'était le prestige ! »

Pendant les congés scolaires, il va plusieurs années de suite en colonie de vacances. Son père travaille alors aux forges de Lorraine-Escaut. Le service social de l'entreprise est actif. Les Fourniret, comme les autres, en profitent.

Marc Simon y était avec lui. Fier d'avoir compté – plus tard – parmi les plus jeunes sous-officiers de l'armée française en Algérie, Marc Simon l'est aujourd'hui tout autant d'être leur porte-drapeau. Il habite toujours l'appartement voisin de celui que Michel Fourniret occupait quand ils étaient enfants, avenue Philippoteaux, au premier étage. Depuis que l'affaire a éclaté, l'ancien combattant se dit « tout tracassé ».

C'est un homme de soixante-quatre ans, de forte carrure, au visage large et à la calvitie naissante. Il fréquente assidûment les cafés où il boit des ballons de vin rouge. Le comptoir du bar où il accepte volontiers d'évoquer Michel Fourniret, après la fermeture, occupe toute la première salle : « En 1949 ou 1950, pour les vacances, je partais à la colonie des Aciéries de Longwy. Le départ du car s'effectuait à l'intérieur de l'usine. La mère de Michel Fourniret est venue me dire : "Comme vous êtes grand, costaud – Michel Fourniret était frêle –, pouvez-vous le protéger ?" Ces vacances à Villers-lès-Moivrons, en Meurthe-et-Moselle, ont été l'occasion de ma première rencontre avec Michel Fourniret. Durant tous ces congés scolaires, il m'a paru timide. »

En colo, Fourniret fera une importante rencontre qu'il a parfaitement gardée en mémoire : « De huit à douze ans, je suis allé quatre fois en colonie. La dernière année, j'ai fait la connaissance de Joseph Finck qui était séminariste. J'ai toujours correspondu avec lui. Il a été prêtre et missionnaire. Plus tard, je recevais une lettre tous les dix ans. C'est mon mentor, Joseph ! Quand j'étais en prison, il m'a écrit. Il devenait aveugle. »

Dans son petit appartement de la région parisienne, diabétique et hémiplégique, indifférent au tic-tac bruyant de l'horloge rococo qui compte les heures dans la salle de séjour, Joseph Finck s'en souvient lui aussi très bien : « J'ai connu Michel Fourniret en 1955, alors que j'étais moniteur de colonies au Mans, dans la Sarthe. Il avait donc treize ans et moi vingt. Nous habitions tous deux les Ardennes. À l'époque, j'étais en effet séminariste. Je me souviens d'un enfant plutôt à l'écart du groupe. Dans le train du retour, en pleine nuit, il m'avait rejoint sur ma banquette et m'avait confié son souhait de devenir curé. J'étais resté interdit et j'avais tout simplement pensé qu'il voulait faire comme moi. C'est courant, chez les adolescents, de prendre leurs aînés pour modèle. »

Si l'on en croit ses déclarations, enfant et adolescent, Michel Fourniret a été très proche de la religion et de sa liturgie : « Quand j'étais plus jeune, j'aimais bien être éloigné des autres. Je grandissais au centre d'une éducation chrétienne. Je me souviens que, au fond de la chapelle, il y avait la Sainte Vierge et quelques statues qui regardent les paroissiens. Cela intimide et forge le respect. » Mais Joseph Finck n'a peut-être pas mesuré alors l'impression faite au gamin. Les vacances achevées, ce dernier entamait une relation épistolaire avec son ancien moniteur.

« Au fil des ans, ses missives prirent une connotation pseudo-philosophique » sourit ironiquement le vieil homme.

« Je croyais tous ses écrits, tous leurs écrits. Mon épouse m'avait pourtant mis en garde. D'instinct et sans jamais le rencontrer, elle estimait que Fourniret, était quelqu'un de dangereux. »

Michel Fourniret a une très haute estime de lui-même, y compris pour sa scolarité. Il explique volontiers qu'il a été un très bon élève, malgré quelques échecs : « Je suis allé à l'école primaire du Centre où je n'ai pas redoublé. » Il regrette encore que ses parents n'aient pu être présents à chaque distribution de prix : « Ils auraient été fiers de moi ! »

Il fréquente ensuite le collège Turenne durant une année. Ce sera apparemment une expérience négative. Les professeurs de sciences et de mathématiques lui font peur. Mais il rencontre surtout des difficultés d'intégration parmi des élèves issus de milieux plus favorisés que lui : « La rupture sociale a été violente en arrivant au collège. J'étais gêné par l'assurance et la morgue de mes camarades de classe. » Il retourne alors à l'école de Torcy. Il y retrouve un des enseignants qui s'était déjà occupé de lui, M. Trichot : « Un homme merveilleux ! Il a fait de moi le premier de la classe. J'ai pris mon envol. J'ai eu le certificat d'études primaires avec mention. »

Fourniret se rappelle sa fierté quand, dans la cour de récré, l'instituteur lisait son cahier aux autres maîtres, comme gage de son excellence.

Il va ensuite entrer au lycée Bazin. Son frère André est déjà parti en Afrique. Sa mère vit désormais seule. Interne, il rentre parfois au domicile maternel en auto-stop. Il en garde quelques souvenirs précis : « L'archiprêtre qui passe en voiture et qui ne s'arrête jamais ! Moi, j'ai toujours pris les auto-stoppeurs. » Déjà, il se situe comme moralement supérieur aux hommes d'Église, lui qui voulait pourtant intégrer leurs rangs.

De cette époque, il reste encore aujourd'hui des témoins. Dans le bas d'Aiglemont, une commune qui jouxte Charleville-Mézières, se dresse un imposant pavillon. C'est là qu'habite Christian L.

Ce cadre technico-commercial retraité est né en 1942. Il reçoit, assis à sa table de salle à manger. C'est un homme souriant au visage ouvert. Au lycée François-Bazin de Charleville, il a été interne avec Michel Fourniret en quatrième, troisième, jusqu'à la seconde. Leurs lits se faisaient face et, dans la travée suivante, se dressaient les armoires de la chambrée tout entière.

« Les élèves externes et internes au lycée technique, les Ch'techniques comme on le dit ici avec l'accent, étaient issus des milieux les plus modestes. Mon père était employé SNCF. On se regroupait plutôt par région d'origine. Du coup, je ne fréquentais pas Michel Fourniret plus que ça. » Cet ancien condisciple confirme les propos de bien d'autres compagnons d'études : « C'était un très bon élève en technique. Il excellait en travaux pratiques, à l'atelier. Il était moins performant dans les matières classiques, le français, les mathématiques. »

Mais les études secondaires de Michel Fourniret ont tourné court : « J'étais boursier, explique l'intéressé, mais j'ai dû cesser après la classe de seconde, en raison des difficultés financières de ma mère. » Il abandonne sa scolarité après avoir obtenu son CAP d'ajusteur à l'âge de dix-sept ans.

S'il en est un qui se souvient parfaitement de cette époque d'internat, c'est bien Claude Nihotte. Il demeure dans une ancienne ferme modestement restaurée. C'est un petit homme au visage doux, le nez légèrement courbé. Il porte un collier de barbe très fin, soigneusement taillé. De ses lèvres minces s'échappe un discours cultivé et méthodique.

Le portrait qu'il dresse de Fourniret interne est intéressant et précis : « Fin 1956, j'ai passé le concours d'entrée en quatrième au lycée technique François-Bazin à Charleville, après le certificat d'études. J'avais donc quatorze ans. Comme mes parents habitaient Wadelincourt, je suis entré à l'internat. Le lycée était très strict, presque militaire. C'était aussi comme cela parce que c'était une autre époque. La rentrée, pour les internes, s'est effectuée le dimanche qui a précédé le 1er octobre. »

À soixante-trois ans, Claude Nihotte a une excellente mémoire et le souci du détail. « Mon voisin de dortoir était Michel Fourniret. » Sur la toile cirée, il décrit exactement la disposition des lieux, afin de montrer que leurs lits étaient très proches : « J'allais d'ailleurs le retrouver dans ma classe de quarante-deux élèves. Nous étions voués à être des compagnons de solitude. Quelque chose chez Michel avait retenu mon attention : il n'aimait pas avoir un oreiller chiffonné. Alors, pour dormir, il le retournait. Il était assez maniaque. »

L'ancien camarade de Fourniret fronce les sourcils et poursuit : « Nous étions tous deux passionnés d'aviation. Mon père m'avait abonné à *Sciences et Vie*, à *Mécanique populaire*, et nous les consultions ensemble. Michel Fourniret connaissait bien les avions. Il découpait les photos qu'il collait sur des cahiers. Il en avait des dizaines ! » Claude Nihotte écarquille ses petits yeux marron et lève les bras. « Cette passion commune a été le point de départ de notre amitié. Contrairement à moi, il avait fait de l'allemand. C'était un bon élément, un élève modèle. Son sérieux séduisait les professeurs. Je me souviens qu'il avait un tic, il roulait des épaules en marchant. »

Les deux pensionnaires ne pouvant rentrer chez eux qu'un week-end sur deux, le règlement leur permettait de sortir le jeudi après-midi, à condition d'être accompagnés par un adulte. Huguette, la sœur de Michel Fourniret, venait donc chercher son frère assez régulièrement ces après-midi-là. Ils vivaient à l'époque avec leur mère, au milieu de la rue du Mesnil, au premier étage. « Leurs parents étaient divorcés. Huguette était un peu spéciale », ajoute Claude Nihotte. « Pour tout dire, je ne l'aimais pas, leur mère non plus… Huguette et Michel Fourniret m'ont souvent proposé de sortir le jeudi. J'ai toujours répondu non. Je ne sais pas pourquoi… Mais Michel est venu me voir chez mes parents. »

Voilà donc le jeune Fourniret décrit comme un bon élément, meilleur dans certaines matières que dans d'autres, apprécié de ses camarades. Certains nuancent pourtant ce portrait…

4
Le voleur en culottes courtes

« Pour moi, une femme, ça ne défèque pas. C'est dégradant, ce n'est pas à la hauteur de l'image de la Sainte Vierge. » Le souvenir de sa sœur faisant ses besoins dans un seau semble avoir marqué les jeunes années de Fourniret. C'est en tout cas ce qu'il explique aujourd'hui.

Sans être heureuse, son enfance a pourtant été assez douce, sans faille, sans fêlure... jusqu'à la défection de son père et le départ de sa mère du domicile conjugal avec les enfants. En fait, ses premières blessures, c'est lui qui les a provoquées dans son esprit déjà fertile. Sans tenter de trouver la moindre explication aux agissements dont on l'accusera bien plus tard, son adolescence a été tout de même traversée par des écarts. On le sait au travers de ses confidences, mais aussi grâce aux témoignages de ses anciens copains qui, eux, ne recoupent pas forcément son propre récit. Loin s'en faut ! Et bien qu'il se plaise à évoquer le plus souvent l'image de sa mère tant aimée, il garde également en mémoire des scènes douloureuses qui trahissent des failles chez cette femme pourtant admirée : « Malgré la rigueur dont elle pouvait faire preuve, elle pouvait se révéler ordurière dans ses propos et même voler, par besoin de transgression... pour jouer. »

Il en va de même lorsqu'il se remémore ses souvenirs d'enfant, partagés avec sa sœur Huguette. Telle cette inoubliable scène du seau hygiénique : « Avant douze ans, il n'y avait pas de sanitaires à la maison, juste un seau et des journaux. Un jour, ma sœur qui était sur le seau m'a demandé de lui donner du papier journal parce qu'il n'y en avait plus au clou. Par pudeur, je lui en ai tendu à l'aide d'un manche à balai. On a bien ri et on en a fait une chanson. » Mais s'apercevant ce jour-là que sa sœur pouvait déféquer, il ajoute : « Je ne l'ai plus considérée dès lors comme une femme. »

Michel Fourniret peut aussi se lancer avec moult détails dans le récit de ses fréquentes et longues séances de contemplation d'une statue de la Vierge Marie à Sedan, quand il était gosse. Il se rappelle aussi que, quelques années plus tard, un de ses amis lui avait dit : « Quand tu verras ta sœur, tu l'embrasseras sur la fesse droite. » Cette plaisanterie douteuse lui aurait fait prendre conscience que sa sœur n'était pas asexuée, qu'on pouvait la désirer. Et cela lui aurait été extrêmement pénible. Il en tire donc aujourd'hui une conclusion qu'il veut définitive : « À quoi bon se maquiller le visage quand, à l'autre extrémité, c'est loin d'être si beau ? »

Il raconte encore la communion solennelle d'Huguette : « Elle était en petite robe bleue. Un ivrogne invité lui demande grassement de chanter. Elle ne connaissait pas de chansons, mais elle n'a pas supporté d'être invectivée aussi crûment, devant tous ces gens. Maman lui a alors dit de réciter une poésie. Huguette a commencé à réciter du

Victor Hugo et ils se sont tous mis à rire, ces cons ! Ce jour-là, ils ont bousillé ma sœur… »

Parmi les autres souvenirs douloureux de Michel Fourniret figurent les quolibets que lui valait son allure chétive. Il n'aurait pas supporté que certains de ses camarades puissent avoir décidé un jour de lui donner du « petit Fourniret ».

Ainsi, rapporte-t-il l'interpellation oiseuse d'un de ses cousins, un certain Hollerich. Ce dernier l'avait ainsi hélé alors qu'il se présentait à la porte d'un bal, en compagnie de sa sœur : « Ils vont bien les petits Fourniret ! » La blessure provoquée par cette moquerie souvent répétée est restée vive si longtemps que, le jour de l'enterrement de son père, il aurait déposé sur sa tombe la plus belle croix du cimetière, pour « redorer les lettres de noblesse de son nom ». Puis il se serait vengé en apostrophant son cousin : « Ça va, mon petit Hollerich ? »

Mais il serait trop aléatoire de ne se fier qu'aux « souvenirs » et à la parole de cet homme. Après avoir décrit l'enfance sage et studieuse de Fourniret, Marc Simon, le plus prolixe de ses amis d'enfance, aborde aussi des sujets qui le gênaient déjà à l'époque où ils usaient leurs culottes courtes sur les mêmes bancs : « En 1953, j'étais à l'école primaire de Torcy et je l'ai revu. En fait, il aurait dû être à l'école de Floing. Mais notre directeur à Torcy, M. Trichot, en venait, et Fourniret l'avait suivi. M. Trichot était un homme qui en imposait. D'ailleurs, il avait la Légion d'honneur ! Michel Fourniret avait tendance à s'accrocher à des personnes qu'il connaissait. Il disait : "J'ai suivi mon directeur parce que j'ai confiance en lui"… »

Anecdotique ou fondamentale pour la suite de sa vie, une question se pose : pendant sa scolarité, Fourniret était-il taquin ou sournois ? Marc Simon cherche le mot approprié pour décrire le malaise qu'il ressent à l'énoncé de cette question : « C'est vrai que, s'il faisait des blagues gentilles, il en commettait aussi pour emmerder les gens. Après cela, il était content. » Marc Simon se lève de la table de bistrot. Il se met à singer Fourniret enfant, qui trépigne en grimaçant et en bafouillant des gna-gna-gna…

« Il était heureux, il avait fait sa petite connerie un peu sadique. »

Quand Fourniret raconte son passage au lycée François-Bazin, c'est parce qu'il garde de bons souvenirs de l'internat, particulièrement de son rôle de chef de table au réfectoire. La brèche que Claude Nihotte ouvre dans le personnage lisse de « premier de la classe », qui, à l'époque, semble si bien lui coller, est intéressante : « Un jour, durant notre internat, il m'a proposé d'aller voir ses cahiers d'avions chez lui. J'y suis donc allé pour les vacances de Noël 1956. » Ce jour-là, il avait sur lui le porte-monnaie de sa mère. « Je suis resté avec Fourniret une demi-heure, trois quarts d'heure au plus. Quand je suis rentré chez moi, ma mère n'a plus trouvé mon porte-monnaie ! On m'avait fait les poches ! Je savais pourtant bien où je l'avais mis : dans ma poche intérieure gauche. »

Non seulement il finit par se poser des questions sur son copain, mais aussi sur la maman de celui-ci. Les mêmes que celles de Fourniret quand il parle des « dérapages » de sa mère.

« J'ai eu comme un déclic dans la tête, poursuit Claude Nihotte, encore blessé aujourd'hui. Je me suis dit : “Attention, danger !" Michel Fourniret n'est pas quelqu'un d'honnête, ni sa mère, ni sa sœur. Car j'ai eu l'impression qu'ils étaient de mèche. Il y avait quelque chose de pas clair chez eux. »

Lorsque Claude Nihotte présente l'autre face du portrait – plus flatteuse – de Fourniret, on est loin de l'image du « chapardeur ». D'autres faits ont néanmoins confirmé ses soupçons.

Durant l'année scolaire 1957-1958, un jeudi, il se rend à l'étude pour réviser une composition de dessin prévue le lendemain : « Je laisse mon cartable dans le couloir, comme nous le faisions tous. » Sa mémoire ne faiblit pas. Le soir, quand il reprend son cartable, on lui a volé sa boîte de compas ! « Comme nous n'étions pas riches, j'en avais gros sur la patate ! » À la place de sa boîte... il y en avait une autre ! Rapidement, il apprendra qu'elle avait été elle-même dérobée à un autre interne.

« Le vendredi, j'ai eu beau expliquer au professeur qu'on m'avait piqué mes instruments de dessin, il ne m'a pas cru... Et j'ai loupé ma composition et mon année scolaire ! »

Claude Nihotte en a toujours gros sur le cœur, il est si fâché qu'il n'hésite pas à élargir le dommage. Il pointe son doigt devant lui, énervé : « Et, comme par hasard, je me souviens que, justement, quand je rentrais au dortoir le soir, il arrivait souvent que l'oreiller de Michel Fourniret soit à la place du mien ! Je peux m'en souvenir, mon oreiller était en plumes d'oie ! Voilà qui ressemblait curieusement à l'histoire des boîtes de compas. » Il n'arrive pas à sourire aujourd'hui de cet échange d'oreillers... Il s'adosse à sa chaise et reprend, soupçonneux : « Moi, j'avais eu la puce à l'oreille et je me méfiais de Michel Fourniret. Toujours est-il que, dans le collège, il y a eu énormément de choses volées. »

Dans sa belle demeure d'Aiglemont, Christian L. se rappelle lui aussi avoir eu un problème avec Fourniret, une histoire de menu larcin : « Un jour, j'ai dans ma poche un billet de 5 francs, à moins que ce ne soit 500 francs, je ne me souviens plus. Cet argent était destiné au cadeau de fête des Mères. Il était dans ma veste pendue dans mon armoire. La nuit, elle n'était pas fermée. » Le lendemain, le billet avait disparu. Pour lui, cela ne faisait aucun doute, on le lui avait fauché.

« Il y avait déjà eu l'histoire des livres dérobés. Après ce coup-là, dans l'armoire de Michel Fourniret, on a retrouvé plein de choses volées… dont mon billet. Il a pris une de ces tannées ! »

Une fois son argent récupéré, Christian L. sut que Fourniret ne valait pas le coup qu'il s'intéresse à lui plus que cela… En fait, il ne lui avait jamais fait confiance : « C'était un gars arrogant. On le voit bien sur la photo de classe. Il ricane, les mains dans les poches. » Le jeune Fourniret ne rit pas tant que cela sur le cliché en noir et blanc. La chevelure sombre et abondante, il est sobrement mais proprement habillé. Il porte une chemise à larges rayures, un gilet dont le col ouvert laisse bien apparaître la cravate à motifs discrets, une veste et un pantalon gris. Les oreilles bien droites, les pommettes hautes, les yeux légèrement bridés, il fixe l'objectif. Provocation déjà, ou coquetterie ? Pour Christian L., l'explication est plus simple : « Son visage ne reflétait rien de ce qu'il pouvait penser. Il était froid. »

C'est Claude Nihotte qui poursuit, en imitant de la main la couleuvre qui louvoie : « Fourniret faisait ses coups en douce. » Au cours de ses années en pensionnat, il aurait véritablement dévalisé l'établissement : « En 1958, Arnould M., un garçon de la classe, s'est fait dérober son Graphos à plumes interchangeables. Comme il n'était pas du genre à se laisser faire, il a lancé à la cantonade : "Je vais lui bourrer la gueule à Fourniret !" Il a surpris celui-ci en salle d'étude. Fourniret s'est fait rosser. Mais il a juré que c'était son Graphos, malgré les initiales d'Arnould gravées dessus ! Et les surveillants l'ont cru ! Moi, j'ai coupé les ponts avec Michel Fourniret. En représailles, il a monté des gars contre moi. »

Fourniret battu comme plâtre par un garçon de sa classe… On est loin de la façon dont il relate aujourd'hui une de ses bagarres avec un autre « caïd » de cour de récré. Un épisode qu'il a tourné à son avantage.

À compter de ce jour, Claude Nihotte n'a plus jamais changé d'avis sur Fourniret : « Durant l'année scolaire 1959-1960, un jeudi, les internes, dont je faisais partie, sont arrivés au dortoir l'après-midi, comme ça se faisait, en rangs, accompagnés des surveillants. Il y en avait déjà un, présent dans le dortoir. » Ce qui, précise cet ex-compagnon de chambrée, n'était pas la coutume : « Un des pions crie : "Tout le monde au pied des lits !" Puis : "X… ouvrez votre armoire !" » Arrive le moment de la fouille de l'armoire de Michel Fourniret. Le surveillant en sort un sac de sport, semblable à celui d'un marin. Il renfermait de beaux livres, épais, à couverture cartonnée blanche, sans doute des bouquins de cours. Or, un des surveillants, M. B., était arrivé dans le dortoir la veille au soir, à la sortie de l'étude, avec ces ouvrages sous le bras. Il ne les avait, bien sûr, pas retrouvés le lendemain.

« Eh bien, M. B. a filé à Michel Fourniret une trempe, mais une trempe ! Fourniret n'a pas bougé d'un poil, il est resté muet malgré le sang qui pissait de son nez. Il y avait une flaque par terre. Deux surveillants l'ont alors emmené dans leur bureau et là, retoise. Puis, direction le bureau du surveillant général, qui a dû lui en remettre une aussi... Michel Fourniret a été immédiatement viré. On était aux environs du printemps. Il est revenu le samedi après-midi suivant chercher ses affaires au dortoir. Il m'a croisé et m'a dit : "Je te casserai la figure !" Mon père, qui était présent, lui a répondu : "Si tu touches à mon fils, t'auras affaire à moi !" Le concierge, M. L., qui assistait à la scène lâcha : "Foutez-lui-en une tout de suite !" »

Claude Nihotte esquisse enfin un sourire, avant de conclure : « Je n'ai plus jamais entendu parler de Michel Fourniret... jusqu'à ce que j'écoute RTL Infos. Je me suis alors dit : "C'était déjà une crapule au lycée !" »

Au travers du comportement de Fourniret lycéen, Christian L. retrouve lui aussi le personnage qui défraie désormais la chronique : « Quand l'affaire Fourniret a éclaté, j'ai tendu l'oreille à cause de trois choses : ce Fourniret avait mon âge, il était de Sedan, et il avait une personnalité froide qui collait à ce dont je me souvenais. C'est l'éclatement de cette affaire qui m'a fait reprendre contact avec Claude Nihotte, que j'avais perdu de vue. Ce n'était pas un intime, mais nous avions besoin tous les deux d'en parler. »

5
Le meilleur d'entre nous

« Dans ma vie professionnelle, je suis assez vite apparu comme un ouvrier qui n'a pas la mentalité d'un ouvrier ordinaire et qui deviendrait leader dans sa partie. D'ailleurs, un de mes patrons me l'a dit. »

Pas plus que pour sa vie scolaire, Michel Fourniret ne songe un instant à remettre en question son excellence, dès le début de sa vie active.

Sans abandonner les livres pour autant, il commence à travailler chez Renault, à Cons-la-Granville. Il rejoint les ateliers du constructeur comme apprenti fraiseur. Il a dix-sept ans. Durant trois mois, il y est chargé de l'outillage. Ce premier essai terminé, son patron lui propose de l'envoyer au centre de formation pour adultes, qui peut l'amener au CAP de fraiseur sur matrice. « J'ai passé l'examen dont je suis sorti premier. Mais, à cette époque, j'ai sympathisé avec un Témoin de Jéhovah et j'ai été mis à pied. » Il préfère alors démissionner plutôt que d'être écarté de son travail : « Déjà, à l'époque, j'étais orgueilleux comme un pou ! Je me suis dit : je n'irai plus au travail et ils s'en souviendront ! »

Fourniret étudie ensuite le dessin industriel. Il n'obtient aucun diplôme, mais trouve plus facilement un autre emploi. Il est embauché dans une usine de la région, à Vrigne-aux-Bois, spécialisée dans les presses hydrauliques. « Chez Hody, j'ai tout de suite atteint le sommet ! L'entreprise cultivait un élitisme incessant et j'ai eu ma photo dans le catalogue ! » Il devient tourneur-fraiseur. C'est à cette époque, si l'on en croit ses dires, qu'il réalise qu'un destin professionnel exceptionnel s'ouvre à lui. Son patron semble lui aussi saisir qu'il compte parmi ses employés un jeune homme hors du commun.

Fourniret veut alors aller vivre en région parisienne pour gagner plus. Pour chercher un emploi, il passe par l'intermédiaire des petites annonces. À dix-neuf ans, il intègre les établissements Catoire, à Sartrouville dans les Yvelines, où il va travailler jusqu'à son service militaire. Il vit alors seul dans des pensions de famille. Dans le même temps, il tente de renouer progressivement des relations avec son père, redevenu « droit » : « Il vivait seul et attendait toujours le retour de ma mère. Il l'a toujours attendue, jusqu'au bout. Je l'ai vu pleurer à plusieurs reprises sur lui-même. Ma sœur m'a rejoint pour le voir. Nous avons tout fait pour que la famille se recompose. Mon frère a veillé sur les vieux jours de notre père. »

À dix-neuf ans et demi vient l'heure du service national. Dans ces années-là, il dure dix-huit mois. Fourniret fait ses classes en Allemagne. Il part ensuite en Algérie, avant de revenir outre-Rhin. Il est d'abord affecté comme dessinateur, mais il aurait refusé ce premier poste et se serait présenté comme volontaire pour les commandos. Il prétend aujourd'hui avoir été reçu douzième sur cinq cents : « C'est à cette époque que j'ai découvert la beauté de la valeur militaire. J'ai rencontré des hommes qui se tenaient droit. J'ai connu le surpassement de soi-même. On était loin de la médiocrité et de la vulgarité que j'avais connues dans les premiers mois, avec les hommes de troupe. »

Michel Fourniret fête ses vingt ans dans le djebel et se souvient parfaitement de cette journée aussi comique que tragique. « N'ayant jamais envisagé de chevaucher Pégase, j'étais moi-même la monture involontaire du froid d'une nuit d'Algérie, celle de ma vingtième année, écrit-il depuis la prison, en octobre 2004. J'étais assigné à la garde de la soute à munitions. Sous le champ des étoiles, parmi les ombres mouvantes des hautes herbes hochant tristement la tête, navrées de commisération (pensez, un vingtième anniversaire !), une autre ombre encore, confuse, compacte, inquiétante peut-être... Allez savoir, quand vous êtes une sentinelle de vingt piges, un fellagha ne s'embusque-t-il pas, haineux, les dents luisantes de cruauté, dans un repli de terrain ?

« Cette ombre est en mouvement, elle s'avance... Profond soupir... Pas d'inquiétude, c'est le bourricot de l'adjudant Bir, inoubliable pour chacun des pauvres types coupables de caractère, hébergés dans le quartier de discipline du trop célèbre adjudant, là-bas, dans l'enclos d'Oued Smar... J'avais posé ma MAT 49[1] (chut ! abandon d'arme, ça va loin !) contre la porte de la soute. Même si je ne suis toujours pas revenu de cette témérité, j'ai bondi hardiment,

1. Pistolet-mitrailleur.

je le jure. À l'assaut pour une épopée glorieuse (Alexandre le Grand, j'arrive !) ! Mieux que Wagner et Berlioz réunis, penchés sur leurs partitions de papier, j'allais devenir la walkyrie, le cow-boy endiablé, le Lucky Luke de l'Algérois, bondissant et… ruant ! Mais non. Pas moi, hélas ! les deux sabots arrière de la bête, plus brutalement rétive et sauvagement batailleuse que bucolique et rêveuse.

« Bien qu'il fît trop sombre pour distinguer ce qui se passait à l'avant du fauve, un détail dénonça que la bourrique ne tenait pas une marguerite poétique entre ses lèvres. Nenni ! Elles s'étaient retroussées dans un braiment infernal, pétrifiant dans le silence de la nuit. Retenez ce conseil : n'approchez jamais, même en temps de guerre, un âne d'adjudant ! »

Aujourd'hui, Michel Fourniret affirme que son service militaire s'est très bien passé. Il aurait terminé avec le grade de caporal-chef. « J'étais secrétaire désigné pour faire des étiquettes, puis balancé en section, dans la médiocrité soldatique [*sic*]. » On est donc loin du dépassement humain qu'il se plaît à évoquer lorsqu'il décrit cette période.

Dans une de ses lettres, il se remémore un copain de régiment fauché par une rafale : « Elle t'a cisaillé le buste, mon pote Mathon, toi qui m'as prêté un pull, ou qui es allé me dégotter une couverture, un soir où nous étions sur une piste, dans un half-track de cons, à garder le vide de la nuit. » Là encore, on est loin de la « grandeur militaire » dont il parlera plus tard… Du reste, quelques années après avoir été libéré de ses obligations militaires, il ne prendra qu'un plaisir très mitigé à fréquenter des anciens d'Algérie.

Depuis sa cellule, il consigne qu'il en veut à « ces secrétaires, ces fourriers, ces cuistots et autres planqués, de quelques mois mes aînés, [qui] se sont réunis à Chooz, lors d'un repas de la FNACA[1] où je les ai rencontrés. Ces "braves" ont été reconnus comme anciens combattants, eux… De quoi faire gerber ceux qui redressaient le buste, fiers de servir leur pays sans s'interroger. Remontez dans vos belles limousines, s'il vous plaît, Messieurs les pauvres types, navré de vous avoir connus ! » Ses années d'école, de lycée et d'apprentissage ayant, soi-disant, été exceptionnelles, il n'y a aucune raison à ses yeux que son service militaire ne l'ait pas été non plus ! Les autres, eux, n'étaient forcément pas à la hauteur de son engagement…

Fourniret explique que c'est au cours de son service national, lors d'une visite à sa mère, hospitalisée à Charleville-Mézières, qu'il a fait la connaissance d'Annette R. qui exerce là son métier d'infirmière. Née le 17 janvier 1935, elle est de sept ans son aînée. Durant ses mois d'armée, Michel Fourniret et la jeune femme se sont échangé des courriers enflammés : « Je lui envoyais environ une lettre par jour. Nous nous sommes presque fiancés par correspondance. Je suis le roi des rencontres par correspondance ! » Un temps, il oubliera Annette.

À vingt-deux ans, de retour à la vie civile, il revient en région parisienne, et travaille à nouveau chez Catoire, à Sartrouville. Peu après, il revoit par hasard Annette R. à Sedan. Un mois plus tard, les deux jeunes gens s'unissent. Fourniret indique aujourd'hui que, depuis son enfance, il rêvait

1. Fédération nationale des anciens combattants en Algérie, Maroc et Tunisie.

de se marier « mais pas avec n'importe qui, soit une infirmière, soit une assistante sociale ».

Pour lui, Annette R. était « étroite, exigeante sur le plan des qualités morales. Elle était plus petite que moi, c'était une personne qu'on avait envie de protéger. Et pourtant, avec sa distinction, son maintien, elle m'intimidait. » Il rapporte que la jeune femme le dominait : « Elle aimait la littérature, elle avait une bonne mentalité ; ses allures de petite-bourgeoise citadine lui conféraient sur moi de l'autorité. Ça a peut-être été la seule. » À l'en croire, quarante ans plus tard (!), tout était donc réuni pour qu'ils vivent un grand et bel amour. Certes, Annette R. « n'était pas très portée sur la sexualité », mais cela semblait convenir à Fourniret : « Il n'y avait pas de manque, ça correspondait à mes besoins ; d'ailleurs, si elle en avait voulu davantage, elle n'aurait pas trouvé chez moi de quoi grimper l'Everest. »

Afin de se rapprocher de son aimée, Fourniret a quitté la région parisienne pour revenir dans les Ardennes où il réintègre la société Hody. Il y reste un an. « Ils étaient contents de me retrouver », commente-t-il. Le 9 juillet 1964, le couple donne le jour à un enfant, Jean-Christophe.

À vingt-cinq ans, Michel Fourniret se met en tête d'entreprendre une formation de dessinateur en construction mécanique, par correspondance. C'est en fait au lycée Bazin, qu'il avait déjà fréquenté plus jeune, au Centre national de télé-enseignement intégré dans l'établissement, qu'il va passer le CAP. L'entreprise Flicoteaux l'embauche ensuite comme dessinateur. Michel, Annette et leur fils quittent alors Vrigne-aux-Bois pour Sedan.

Assis à la table de la salle à manger de sa maison de Vrigne-aux-Bois, Jacques D., soixante-neuf ans, se souvient de ces années-là. À l'époque, il ne s'était pas aperçu des maux qui rongeaient Fourniret : « C'était mon frère, mon copain ! Pourtant, aujourd'hui, il faudrait me couper en deux pour que je puisse encore le considérer comme mon ami. Nous nous sommes rencontrés en 1963, lorsqu'il est rentré de son service militaire dans les commandos. Il portait des parties de son uniforme pour travailler dans la fonderie où j'étais tourneur, et lui fraiseur. J'étais surpris par ses connaissances, sa façon de parler, de se tenir, alors qu'il n'avait qu'un CAP. »

Michel Fourniret vit alors à Sedan avec Annette R., qu'il vient d'épouser. Il n'est pas rare de le voir promener son fils dans un landau... Quand il rend visite à Jacques D., il ne se déplace pas en « costume de pékin », comme le souligne son ami : « Lorsqu'il venait nous voir, c'était toujours pour rendre service, comme le jour où il est venu nous aider à monter un escalier en béton dans une maison que nous faisions construire à Auvers. Pour lui, il n'y avait pas de problème sans solution. S'il ne savait pas quelque chose, il allait faire des recherches avant d'apporter la réponse. Il aurait été capable de faire rentrer un éléphant dans une boîte d'allumettes. Et il ne demandait rien en retour. Une fois, il a voulu m'emprunter un poste de soudure. Je venais juste d'acheter mon premier véhicule, une camionnette. Il est pourtant venu chercher l'engin à vélo, avec une remorque derrière ! »

En revanche, Fourniret ne supporte pas les questions idiotes et n'aime pas blaguer. De l'avis de Jacques D. il valait mieux réfléchir avant de lui demander quelque chose : « Autrement, vous aviez droit à un regard qui vous faisait savoir qu'il ne fallait pas insister. Il était fort en dessin, fort en tout. Des capacités physiques et psychiques extraordinaires. »

Fourniret ne parle jamais de lui, ne se plaint jamais. « Ce n'était pas un type à avoir la tête dans l'oreiller. Il passait son temps à réfléchir ou à travailler, avec une grande imagination. Par contre, je ne l'ai jamais vu prendre du plaisir pour lui-même, il détestait perdre son temps. S'il avait un quart d'heure de trajet en bus, il l'occupait à apprendre une langue, comme le russe. Il parlait déjà l'allemand. »

En 1966, Fourniret achète un terrain à Floing, une commune limitrophe de Sedan. Il revend ce qui est constructible et entreprend des travaux sur la partie inconstructible. Durant tout ce temps, il vit dans une caravane. Il s'est construit un atelier et y a installé quelques machines. Dans une autre partie, il aménage une pièce avec quatre fenêtres, un coin cuisine, des sanitaires, un lit, une table et une armoire. « Je pense qu'il avait déjà l'idée de quitter sa condition de salarié et de créer un bureau d'études », en déduit Jacques D.

Le terrain de Floing, quelqu'un d'autre s'en souvient, pour son verger, surtout : « Michel était si gentil… Quand j'avais treize ans, je vivais au village avec mes parents. Ils entretenaient les arbres fruitiers de Michel. Moi, j'attendais les week-ends, car quand Annette R., la première épouse de Michel Fourniret, était de garde à l'hôpital, c'est moi qui gardais Jean-Christophe, leur fils. » Christine T. habite aujourd'hui une haute et vaste maison cossue au centre du village d'Asfeld, près de l'église. C'est une grande et forte femme, très perturbée par les décès successifs de deux de ses enfants. Elle garde ses petits-enfants à domicile.

Christine T. pose un regard embué de larmes sur les clichés de l'époque qu'elle est allée chercher sous une soupière, sur le solide buffet rustique de la pièce : « C'est Michel qui m'a donné ces photos... Je jouais avec Jean-Christophe et le chien de Michel, un boxer. » Sur un autre cliché, on voit bien les arbres fruitiers qui semblent donner de belles pommes. Sur la photo passablement défraîchie, Fourniret hisse son fils jusqu'aux branches les moins accessibles. L'enfant, vêtu d'une barboteuse de couleur claire, rit de bon cœur. Et le père semble ravi. Tout comme sur cet autre cliché où, assis sous un pommier, il arbore une chevelure et une moustache taillées à la serpe, tel que cela se faisait dans ces années 60. Il fait beau ce jour-là. Fourniret a revêtu un maillot de corps blanc sous une chemise claire à manches courtes, et un pantalon de toile. Il est accroupi dans la belle herbe grasse de son immense terrain, un genou à terre, l'autre tendu en avant afin que son petit Jean-Christophe puisse s'y asseoir. Le gamin, deux grands yeux d'un noir profond, l'air concentré, les joues rebondies, est lui aussi habillé de clair, chemisette, short, socquettes. Seul son col marin apporte une tache de couleur à l'ensemble. À son côté un garçonnet, de quelques années son aîné, croque une pomme à belles dents en fixant l'objectif du photographe inconnu.

Une scène de vie familiale, de bonheur paternel, comme on en trouve dans des millions d'albums de photos perdus au fond des tiroirs des familles françaises. Il en existe peut-être moins chez les Fourniret, mais tout de même plus que celles qui ont été publiées jusque-là. Il faut dire que ses souvenirs lui auraient été « confisqués par les policiers belges ».

Dans plusieurs courriers, il demandera à certains de ses enfants les photos qu'ils auraient encore en leur possession… En vain.

6
La virginité perdue d'Annette

« Pour coucher avec une femme, il faut l'aimer beaucoup, m'avait déclaré Annette durant les toutes premières semaines de notre liaison. À partir de ce moment-là, pour moi, le message était clair, elle était forcément vierge. »

Michel Fourniret pensait que sa première conquête n'avait jamais rencontré personne auparavant. Ce qui va expliquer le reste de sa vie, et plus particulièrement son parcours criminel, qui commencerait donc avec et à cause d'Annette R. « Moi, j'étais intact. Lorsque Annette et moi nous avons eu notre première relation, c'est vrai nous n'étions que fiancés. Je m'étais pourtant juré de rester vierge jusqu'à mon mariage. Je rêvais d'une cérémonie religieuse en blanc, même si passer devant le maire, c'est une formalité. Le mariage, c'est avant tout l'union de deux êtres. Pour moi, après la fusion, c'est comme si nous avions déjà été mariés ! Pourtant, de son côté, Annette a pleuré. Elle regrettait… »

Peu avant leur mariage, la jeune femme lui révèle cependant qu'elle a eu une liaison avec un jeune interne de l'hôpital de Sedan. « Elle m'a dit un jour : "J'ai déjà fait dodo." Je m'en souviens, nous écoutions un quatuor pour cordes de Brahms. » La surprise est violente : « Quand elle m'a avoué qu'elle avait déjà eu une relation, le monde s'est écroulé, il devenait un tas de merde. Mon orgueil était frappé de plein fouet. D'ailleurs cette plaie ne se refermera jamais ! »

Fourniret apprend un peu plus tard qu'Annette en avait déjà parlé à sa mère. Elle lui avait justement demandé si elle pourrait tout de même se marier en blanc. « Honnête comme elle l'était, ma femme ne le pouvait pas. Tout cela se bousculait dans ma tête… » Annette R. et Michel Fourniret se marient donc à la mairie. « Le mariage avec elle, c'était presque mon rêve d'enfance, mais il manquait la pierre angulaire, elle avait perdu sa virginité avant. »

La vie sexuelle des deux jeunes époux a pris ensuite une tournure plus complice que torride. Le couple aurait surtout vécu des moments de grande tendresse, selon lui. Mais Annette aurait commis une erreur, une seule, néanmoins de taille aux yeux de son mari : « Elle m'a expliqué un jour, peut-être parce qu'elle avait compris ce que la virginité représentait pour moi : "Si j'avais voulu, j'aurais pu te faire croire que c'était la première fois." » Et Fourniret s'emporte presque : « Bon sang, si elle l'avait fait ! » Comme si ce mensonge aurait pu empêcher les siens, ses turpitudes, ses délits, puis ses crimes… Et donc que, si son épouse ne lui avait pas fait cet aveu, il n'aurait jamais été ainsi obsédé… Aujourd'hui encore, il prétend en être toujours très perturbé. « Pour beaucoup, la recherche de la virginité semble incompréhensible. Pour ce qui me concerne, c'est banal. La nature n'a pas inventé cette membrane par hasard. On se moque de la nature ! C'est de l'injustice ! Quant à la religion, ses rituels, cela n'a rien de commun avec l'hymen. »

Mais ces « pensées » de Michel Fourniret, on n'en trouve trace nulle part. Il ne se serait fait ces réflexions que plusieurs dizaines d'années plus tard, lorsqu'il est pris au piège de la justice. Il est cependant très troublant de constater qu'il n'hésite pas aujourd'hui à rapprocher ce qu'il décrit comme le tournant de sa vie, de ses « premières pulsions », de ses premières envies d'enlèvement de jeunes filles et d'attouchements.

Sa première impulsion, il l'aurait eue juste après son mariage : « Lors d'un déplacement, j'ai emmené une fillette. Je voulais voir ce qu'était cette foutue virginité. » Historiquement, ce serait sa première victime.

Michel Fourniret, bon père, travailleur acharné et sûr de son avenir florissant, excellent camarade avec ses rares amis... L'image s'est en effet écornée un dimanche de 1967. Ce jour-là, il conduit une 2 CV dont, aujourd'hui encore, il peut donner le numéro d'immatriculation : 255 DG 08. À hauteur de la Vierge de Floing, il croise une enfant d'une dizaine d'années. Appelons-la Louisette. Les faits remontent à presque quarante ans et pourtant elle s'en souvient encore. Louisette, petite fille blonde de douze ans, se rend à l'épicerie de Floing. En partant de chez elle, l'enfant ignore qu'elle va croiser sur sa route un jeune homme à la moustache bien taillée, « présentant bien »...

Louisette habite aujourd'hui une luxueuse villa sur les hauteurs d'un village au confluent des frontières française, belge et luxembourgeoise, à deux pas de la frontière allemande.

Assise au milieu du salon de cuir noir, Louisette, la cinquantaine élégante, n'a rien oublié de ce dimanche de 1967, quand son aplomb d'enfant l'a sauvée sans doute du pire…

« Avant d'aller à la messe, comme chaque semaine, maman m'a demandé d'aller faire une course à l'épicerie. En rentrant à la maison, une 2 CV verte s'est arrêtée à ma hauteur. » Elle aussi se souvient bien de la voiture, un peu nerveuse à l'évocation des faits : « Je vois encore sa plaque d'immatriculation : 255 DG 08. » Le conducteur était habillé simplement, mais soigneusement. Il lui a parlé doucement : « Peux-tu m'indiquer comment me rendre au lieu-dit L'Algérie ? » Trente-huit ans plus tard, Louisette raconte. « Il y avait deux kilomètres pour se rendre au lieu-dit en question. C'était facile. » Mais le conducteur prend alors la blondinette par la main : « Monte, ce sera plus simple que tu me conduises… » Louisette se rappelle qu'elle n'a pas pensé à mal. L'homme parlait si délicatement qu'elle n'a manifesté aucune méfiance. « Je me suis donc retrouvée côté passager. Je n'avais toujours pas peur. L'inconnu a roulé jusqu'à L'Algérie. » L'homme et la gamine parviennent à la lisière d'un bois de châtaigniers. « Subitement, il m'a dit : "Tu es pâle, tu dois être malade, enlève ta petite culotte." Là, j'ai eu très peur ! Tout d'un coup, j'ai repensé qu'on avait récemment retrouvé le corps d'un enfant assassiné, justement où nous étions. » La petite fille rétorque alors « instinctivement et tout en priant la Sainte Vierge : "De toute façon, mon papa sait mieux que vous : il travaille à l'hôpital !" » Le père de Louisette est effectivement médecin au centre hospitalier de Sedan.

« Le conducteur n'a rien dit, mais il m'a ramenée aussitôt en haut de ma rue ! » s'étonne encore la quinquagénaire.

Une fois chez elle, l'enfant s'est jetée en pleurs dans les bras de son père et lui a tout raconté. Celui-ci a immédiatement porté plainte auprès des gendarmes. Louisette les accompagnera à plusieurs reprises pour tenter d'identifier son agresseur.

« Mon père, lui, ne cessait de répéter : “une 2 CV verte, j'ai déjà vu ça quelque part…” » reprend-elle. Son père se rend aussi chez des voisins, les C. Il avait entendu dire qu'une de leurs petites filles avait déjà été importunée par un homme. C'était déjà à Floing. Mais eux n'avaient pas porté plainte.

Quelques semaines s'écoulent jusqu'à ce que la chance tourne. Ce jour-là, Louisette et sa mère, qui viennent de sortir de l'hôpital de Sedan, attendent l'autobus pour Floing. Soudain, l'enfant aperçoit la voiture que tout le monde cherche. « J'ai tout d'un coup crié à maman : “Regarde, c'est la 2 CV verte du monsieur !” » Alertés, les gendarmes apprennent que l'automobile en question appartient à une infirmière employée à l'hôpital : Annette R., épouse Fourniret ! Le père de Louisette ne s'était pas trompé : il connaissait effectivement cette voiture ! Qui plus est, il avait même eu comme patient Gaston Fourniret, le père de Michel. Celui-ci lui avait confié combien il était fier du mariage de son fils avec une infirmière.

Pour l'agression de la fille du médecin hospitalier, le tribunal de Charleville-Mézières condamne Michel Fourniret à huit mois de prison avec sursis, assortis d'une obligation de soins.

« Il y a quelque chose qui me fait toujours froid dans le dos… » lâche Louisette, dont l'émotion reste palpable. « Quand nous sommes sortis du tribunal avec mon père,

Michel Fourniret m'a regardée avec des yeux perçants, mais perçants… Pendant au moins deux ans, ce regard pénétrant m'a poursuivie. J'avais peur de me retrouver seule, d'aller à la cave par exemple. Je craignais que Fourniret ne m'attaque pour se venger. » Louisette sourit, un peu embarrassée de « faire cas » de son traumatisme d'enfant.

De son côté, l'agresseur, lui non plus, n'a rien oublié de ce dimanche. « Avais-je l'idée de partir à la recherche de quelqu'un en particulier ? Elle n'avait pas de particularité vestimentaire ou autre chose. N'importe quelle personne porteuse de ce que je cherchais pouvait être la bonne, avoue Fourniret. Je lui avais demandé le chemin. Quand elle s'est mise à pleurer, j'ai été pris de panique. J'ai essayé de la calmer. Je n'ai, en effet, pas le souvenir d'avoir réussi à baisser son collant et à l'examiner. »

Aussitôt après l'interpellation de son mari, Annette Fourniret a demandé le divorce. Tandis qu'il aurait tenté de parler avec elle de ses interrogations sur la virginité, elle lui aurait répondu d'un rire nerveux. « Ou c'était de la moquerie, ou de la pitié, en déduit Michel Fourniret. En tout cas, comme infirmière, elle n'a jamais voulu me donner d'explications anatomiques. » Après sa condamnation par le tribunal correctionnel de Charleville pour ce qui restera son premier délit sexuel, il aurait cependant vécu une année encore avec Annette : « Pour réparer, mais cela ne pouvait se ressouder. Elle m'a foutu dehors. »

Dès lors, Michel Fourniret envoie régulièrement de l'argent à son ex-femme et son fils. Il dépose quotidiennement, devant la porte, un panier de victuailles. À l'instar de son père séparé de sa mère, il ne pouvait imaginer une rupture définitive. Chaque jour, il espérait la voir revenir. « Ma femme est restée avec le gamin. Je suis allé chez mon père. J'ai fait des tentatives de retour au domicile, sans issue. J'avais mon terrain de 6 390 m^2 à Floing, j'y ai jardiné des légumes. Je désherbais, je travaillais la nuit. Annette m'y conduisait Jean-Christophe. » Il n'a pas cessé alors de voir ce premier enfant.

« Si Michel ne s'était pas rendu coupable de ces faits, je vivrais sans doute encore avec lui », confie aujourd'hui Annette R.

Après sa séparation, Fourniret avait juste dit à Jacques D. : « C'est bizarre… » Des propos aussi laconiques qu'incompréhensibles. Une idée l'obsède : « J'ai été harcelé par cette foutue virginité à partir du moment où Annette m'a mis dehors. Il fallait que j'aille voir. » Il s'investit pourtant frénétiquement dans son métier : « Je m'y enfouissais, mais ça ne me quittait pas ! Quand j'étais au travail, c'était l'enfer ! J'ai une certitude absolue : la suite de ma vie aurait été différente si je n'avais pas été hanté. J'ai souffert moralement de cette chose. »

Il est si malheureux qu'il a voulu se venger. Violent, le malingre Fourniret ? Annette R. avait eu sa première relation avec un interne. « La voilà bien la mentalité du corps médical ! Manque de respect, dépravation… » Il a tout fait pour retrouver le premier amant de sa femme. Il finit par apprendre que celui-ci officie dans son cabinet, à Poix-Terron, et s'y rend en voiture. Il rencontre d'abord des collègues du médecin, pour tenter de savoir qui il était : « Je voulais le tuer pour ce qu'il m'avait volé. Il a reconnu les faits. Je suis sorti de son bureau en larmes. »

Après le corps ecclésiastique, Michel Fourniret s'était donc trouver un nouvel ennemi : les médecins. Sur ce point Jacques D. ajoute d'ailleurs : « Bien plus tard, il m'a raconté avoir dit à son fils qui travaillait comme préparateur en radiologie à l'hôpital de Sedan : “Tu ne vas pas passer ta vie à regarder les poumons des autres !” »

Une autre jeune femme a croisé la route de Fourniret pratiquement à la même époque. Tous les deux se sont vus régulièrement. Aujourd'hui, Marie-Thérèse R. se demande si elle ne fait pas figure de rescapée.

Elle vit dans un pavillon rutilant, au fin fond de l'Orne. Pour cette petite femme aux cheveux courts, à la fois énergique et timide, évoquer Michel Fourniret, c'est se plonger dans ses souvenirs de jeune fille. Mal à l'aise, comme tous ceux qui ont croisé le « monstre des Ardennes », elle accepte pourtant gentiment de se confier : « Vous savez, je veux bien vous raconter, mais cette histoire m'embête… »

Attablée dans sa cuisine devant une tasse de café, elle se livre. Entre 1966 et 1967, elle travaillait à la perception de Neufchâtel-sur-Aisne. Un jour, alors qu'elle sortait du cinéma où elle venait de voir *Le Docteur Jivago*, avec Omar Sharif, elle s'est réfugiée dans la gare de Reims, tant la pluie était drue : « Il tombait des cordes. J'avais décidé d'attendre une éclaircie. Un homme m'a abordée. C'était Michel Fourniret. Il est venu me parler et, comme des jeunes gens désœuvrés, nous avons pris un café. »

Marie-Thérèse R., embarrassée, sourit nerveusement puis reprend péniblement : « Michel Fourniret avait une DS. J'avais dix-neuf ou vingt ans, je ne sais pas s'il travaillait. Il était très secret. Cinq ou six fois peut-être, il est venu à Neufchâtel. Il se débrouillait toujours pour me rencontrer. Il me disait que, justement, il passait par là. »

Une façon d'aborder ses proies que le futur tueur en série rodait peut-être. En tout cas, on la retrouvera souvent... Marie-Thérèse poursuit. Elle suivait une formation continue. Un jour, on lui a donné un sujet de français auquel elle ne comprenait pas grand-chose : « C'était sur la morale, je crois, enfin, c'était un peu philosophique. J'ai dit à Michel Fourniret que je ne comprenais même pas le sujet. Il a proposé de faire mon devoir... et j'ai eu 16 sur 20. Jamais je n'ai atteint seule cette note de ma vie ! »

Michel Fourniret l'a invitée une fois au restaurant, à Asfeld.

Ils se sont également promenés ensemble, le long du canal de Neufchâtel. Il lui a expliqué qu'il aimait beaucoup la nature.

« Il parlait peu de lui. Je ne le sentais pas prétentieux, et je le trouvais intelligent. Mais quelque chose me gênait en lui : son regard fuyant. Oui, il n'avait pas le regard franc. Instinctivement, je gardais mes distances. D'autant qu'il avait des mains impressionnantes », explique Marie-Thérèse, manifestement encore stupéfaite.

Fourniret ne lui donnait pas non plus l'impression de rouler sur l'or. Dans son souvenir, il était habillé très simplement sans être négligé, « on sentait simplement qu'il manquait d'argent ». À l'époque, Jean-Christophe était né. Marie-Thérèse le savait-elle ? « Oui, Michel Fourniret avait un fils, mais il en parlait peu. Il parlait plus volontiers de son chien, un boxer. »

Si, à cette époque, Marie-Thérèse semble avoir été assez proche de Fourniret, d'autres ne souhaiteront pas le côtoyer.

Les parents de Christine T. qui, en échange de l'entretien de son verger, récupéraient des fruits, coings, pommes et poires ont coupé les ponts. « Il y a eu des rumeurs à Floing sur ce que Michel avait fait alors, paraît regretter Christine. Un jour qu'il venait récupérer un livre à lui, ils lui ont dit de ne plus jamais mettre les pieds chez eux. » Entre deux sanglots, elle souffle : « Moi, je n'ai jamais connu qu'un seul Michel… » Pour elle, l'ombre n'avait pas encore recouvert la lumière…

7
Un ouvrier modèle

« Marcel Desbordes avait été meilleur ouvrier de France. À cette époque, je lui ai dit : “Tu travailles comme un dieu, mais je ferai mieux que toi !” » Exilé loin de chez lui, dans le Berry, Michel Fourniret n'a pas abandonné ses idées d'excellence. Il a vingt-six ans. Annette R., sa première épouse, ne l'a pas repris auprès d'elle, malgré les espoirs et les tentatives de rapprochement du jeune homme. Ses premiers égarements pour de toutes jeunes filles l'ont – semble-t-il – dégoûtée…

Lorsqu'il a décidé de quitter les Ardennes, Fourniret est revenu, dans un premier temps, en région parisienne. Il est allé voir son ancien patron, au siège social de l'usine Catoire, dans les Yvelines. Ce dernier va alors lui proposer une mission dans l'Indre, du côté de Châteauroux. Il s'agit d'intégrer une nouvelle unité que le groupe vient de créer, préférant la province à la région parisienne.

Jacques D., l'ami de toujours, a perdu de vue Fourniret à compter de ce moment-là : « Très rapidement, je n'ai plus eu de nouvelles de Michel. J'ai juste reçu une lettre de sa part. Il me proposait d'acheter les deux ou trois bécanes qui étaient toujours dans son atelier. Je ne me suis pas fait prier. La porte de la maison était ouverte, je n'ai rien eu à demander à personne. »

La société Catoire a donc réembauché Michel Fourniret. À ceux qui l'interrogent, après son interpellation, il parle de cette époque comme d'une victoire personnelle : « Avec Georges, le patron, ça a été une histoire d'amour professionnel. Dans le Berry, il a pris des parts de la société pour mettre au monde une usine de quatre-vingts personnes, à Martizay. Il a même eu la Légion d'honneur pour la création de cette société ! Mais, en fait, cette unité, c'est mon bébé. Je travaillais soixante à soixante-dix heures par semaine ! Là-bas, je vivais seul avec mon chien. »

Un cliché de l'époque, une de ces photos en noir et blanc, devenue sépia par l'usure du temps et tirée sur du papier glacé aux bords crénelés, comme on n'en développe plus de nos jours, montre Fourniret assis sur le pas de la porte de sa maison de briques mal crépies. Le cheveu court et noir, pull sombre et pantalon clair, de lourds brodequins aux pieds, il semble absorbé dans ses pensées. Sur ses genoux, il a posé un bloc de papier, comme s'il s'apprêtait à écrire une lettre. Douchka, la chienne boxer, les oreilles taillées en pointe, la queue coupée à ras, est sagement allongée à son côté.

Cette solitude dans laquelle Fourniret se complaisait a marqué Pierre I., l'un de ses anciens collègues : « Le Fourniret, il causait pas. Il déc… pas non plus avec nous. Non, cela jamais ! »

Au 19, rue de la Poste, à Martizay, on pénètre chez l'ex-employé des établissements Catoire après avoir traversé une vaste cour.

Le logement d'habitation, lui, est modeste. Pierre I., soixante-deux ans, est un homme robuste, aux cheveux blancs, frisés sur les tempes, au front dégarni, au visage rond et tanné par le grand air, aux yeux cerclés de grosses lunettes, sans coquetterie. Le Berrichon parle volontiers de Michel Fourniret : « C'est vrai, j'ai travaillé avec lui. Ils étaient trois gars qui venaient de l'usine parisienne : lui, Roger Petitbon et Jean Brichet. De notre côté, nous étions trois de Martizay : Roger Tangue, qui est mort, Joël Guérin et moi. »

Sur une autre photo, l'équipe de chez Catoire pose en compagnie d'un autre chien, un berger joueur qui bondit sur les uns et les autres. Les hommes sont en bleu de travail, certains en blouse grise. Une Vespa, d'une époque aujourd'hui révolue, est béquillée derrière le groupe. Il émane de cette image surannée une ambiance de compagnonnage et de virilité tranquille.

Un troisième cliché, agrandi, tiré sur du papier ordinaire ou bien photocopié, attire notre attention. Une main anonyme y a glissé une légende. Rien qu'au style, on devine facilement l'auteur de ce texte dactylographié. La phrase, bien centrée sous le cadre, ne peut échapper à quiconque : « Les deux piliers sans qui le temple ne serait pas. » Mais quels sont donc ces deux piliers d'un monument entièrement dédié, selon l'auteur de cette ode, à la réussite des as de la machine-outil ?

Au-dessus des cinq hommes figés par l'objectif, on peut lire, en quelques mots, la présentation de chacun : « Camille H., à qui nous avons fait apprécier du pâté en réclame » ; « Michel Fourniret, le "môme" ardennais, bien encadré » ; « Marcel Desbordes au sommet de l'équipe » ; « Dupré de

Viroflay, actif sur sa Deckel » ; « le chien du bureau de tabac, privé de sa pâtée le jour où Camille oublia ses tartines ». Le dernier personnage n'a pas de nom, il est simplement signalé comme « ajusteur gratteur en glissière, en renfort le samedi ». Visiblement, celui-là ne faisait pas partie de la confrérie…

Le « temple », on le devine, c'est la toute nouvelle unité des établissements Catoire créée dans le Berry. Le premier « pilier » du temple – Fourniret en a assez vanté les mérites professionnels – est sans aucun doute Marcel Desbordes, un quinquagénaire solide. Son visage et son allure générale attestent que la tête pensante, le chef d'équipe qui assume parfaitement sa responsabilité, c'est bien lui. Mais alors, qui est le second « pilier » ? Quand on connaît la prose de Michel Fourniret, lorsqu'on sait la haute idée qu'il a toujours eue de sa personne – à cette époque plus encore sans doute –, on comprend qu'il s'agit de lui. D'ailleurs, si sur la photo il a écrit « le môme » – surnom que lui donnaient sans doute ses collègues –, il n'a pas oublié les guillemets, comme pour indiquer au lecteur de passage qu'il n'en pensait pas moins… Car ce n'est pas un enfant mais bien un jeune adulte qui pose ce jour-là, à la gauche de Marcel Desbordes (et non à sa droite !), engoncé dans une blouse passée par-dessus un polo boutonné jusqu'au cou, un timide sourire figé sur les lèvres, une casquette informe posée sur ses cheveux de jais, les mains croisées derrière le dos. Une photo de premier de la classe encadré par ses professeurs…

Pierre I. rit de bon cœur : « À cette époque, Fourniret habitait à La Mardelle. Je logeais à deux cents mètres de chez lui. C'est moi qui le réveillais. En tout cas, s'il avait une pièce à faire, même s'il l'avait commencée à 8 heures le matin, il pouvait y passer la nuit ! Il n'avait pas d'heure pour travailler. Il s'entendait bien avec Catoire. Il était loin d'être bête. C'était un ouvrier sérieux, ça, je peux vous le dire ! » Pierre I. s'esclaffe de plus belle, faisant saillir ses joues rondes comme des balles : « Je me souviens aussi qu'il avait un tic », poursuit-il en haussant l'épaule gauche de mouvements saccadés successifs.

Aujourd'hui retraitée, Louisette Prouteau était épicière dans ce petit bourg de l'Indre. Fourniret figurait au nombre de ses clients. Avec son mari et ses deux grandes filles, elle habite un très modeste logement, tout près du centre. Louisette Prouteau est une forte femme qui se déplace avec difficulté. Son visage est vif, à l'image de son esprit. Ses yeux noirs au regard perçant toisent les inconnus. Elle se présente comme la mal-aimée de Martizay. Les habitants du village l'auraient mal considérée « parce qu'[elle] s'intéressait aux étrangers de Martizay, aux gens qui n'y étaient pas nés ». Mais l'épicière retraitée n'a pas la langue dans sa poche : « Eux, en tout cas, ils avaient de la conversation. »

Assise à la longue table de sa salle à manger, elle parle aujourd'hui avec assurance, avec aplomb même, des moments passés avec Fourniret.

D'un ton gouailleur qui, par moments, frise la vulgarité, elle évoque le Fourniret jeune ouvrier. « C'est vrai que je me faisais des idées quand je pensais à lui... Je n'ai pas peur de dire cela devant mon mari puisque c'est la vérité. Mais Michel, il courait après Solange I. Je ne sais pas ce qu'il pouvait lui trouver ! Elle était nunuche. Elle faisait que rinocher[1]. Fourniret lui avait même écrit un poème… »

L'époux de Louisette a pour jeu favori de faire des blagues douteuses. Au beau milieu des confidences de sa compagne, il s'exclame : « Alors, madame Fourniret, ça va ? » Agacée, Louisette le remet à sa place : « Suffit ! » Puis elle reprend : « Tout le temps que Michel a été à Martizay, il a gardé les filles Petitbon et il véhiculait leurs parents, Roger et Nadine, pour qu'ils fassent leurs courses. Michel est même allé chercher une fois Mme Petitbon en Bretagne : son mari lui avait fait un drôle… »

Louisette enchaîne sur Fourniret l'accompagnant réclamer l'argent que Nadine Petitbon lui devait, pour ses achats à l'épicerie : « Fourniret n'avait imaginé qu'une seule façon de faire : il arrêtait sa voiture deux cents mètres avant chez Petitbon et il se dirigeait le premier chez eux, à pied. Ensuite, j'arrivais de la même façon. Comme ça, Nadine ne savait pas que c'était Michel qui m'avait conduite, et, du coup, il était présent au moment où je réclamais mon dû. » L'épicière a très vite pressenti qu'elle avait affaire à quelqu'un d'intelligent : « Et, comme ils ne sont pas légion dans la région, j'ai rapidement sympathisé avec lui. » Sûre de son fait, elle balaie de la main la toile cirée et poursuit : « Michel Fourniret était très cultivé. En particulier, il parlait le russe et l'allemand couramment. C'est vrai, nous nous sommes liés d'amitié. » Louisette dodeline de la tête, elle avait trouvé en lui quelqu'un de sa trempe intellectuelle. « Il m'aidait à faire mon courrier. Il venait chaque jour à l'épicerie, mais il parlait très peu. Quand j'avais

1. Ronchonner.

besoin de me déplacer en campagne, il me conduisait en voiture. Attention ! il n'a jamais eu le moindre geste déplacé à mon égard ! Moi, je n'ai rien à lui reprocher ! »

Louisette Prouteau appuie ses coudes sur ses cannes : « Il devait m'apprécier aussi puisque après son départ de Martizay, il est revenu me voir avec sa seconde épouse et leur fils. Il faut dire que, lorsqu'il était seul, je l'avais régulièrement invité aux repas de fêtes. Ah ! il savait vivre ! Il ne serait jamais arrivé les mains vides. Le plus souvent, il m'apportait un bouquet de fleurs. Une fois, il m'a apporté un bateau en bois qui fait lampe. Je l'ai toujours, au grenier. »

Roger Petitbon est un ancien collègue de Fourniret, à Martizay, il a aussi été son ami. Il habite un modeste pavillon au numéro 21 du lieu-dit le Chambon, à cinquante mètres de l'usine Catoire où il a travaillé plus de trente ans. Il s'assoit sur l'un des sièges d'un salon de jardin qui semble avoir subi bien des intempéries. C'est un homme de taille moyenne, tout en muscles. Nadine, son épouse, regarde la télévision. Au mur sont soigneusement accrochées les photos des dix petits-enfants du couple.

Timide, Roger Petitbon se frotte les mains l'une contre l'autre et se masse un bras. « Michel est mon ami et restera toujours mon ami ! » murmure-t-il. Son épouse, d'une voix aiguë, pousse alors des cris d'orfraie. Roger baisse la tête : « C'était un vrai copain, toujours prêt à rendre service. J'avais besoin de quelque chose ? J'allais le voir ! » Il cesse là son récit, tout à coup mal à l'aise, et ajoute : « Cette histoire m'a foutu un coup... C'est terrible ce qui arrive... Je l'aimais tellement. Je n'ai même pas de haine… Et puis il n'était pas violent. Une fois, Jean Brichet a voulu se battre avec lui. Eh bien, Michel était allongé par terre et ne répliquait pas. C'est moi qui me suis interposé. »

De toute évidence, Roger est très affecté par l'affaire Fourniret, il a de la peine.

Comme Michel Fourniret, Roger Petitbon venait du site Catoire de Sartrouville. D'un bras las, il désigne l'usine de Martizay qui se dresse à portée de vue de chez lui. Il y a travaillé de 1967 à 1969. Roger se souvient que le premier domicile de Fourniret était une modeste fermette non loin de là : « La maison de Michel était aussi là-bas. Ils l'ont rasée. » Quant à sa seconde résidence au lieu-dit de La Mardelle, elle est aujourd'hui la propriété d'un avocat.

Roger Petitbon ne peut réprimer un sourire en évoquant les bons moments : « On s'est pourtant démolis à faire Catoire. Michel Fourniret travaillait sur la fraise, moi, j'ajustais, et Jean Brichet travaillait sur les machines à reproduire… » Aujourd'hui encore, il nourrit une admiration non feinte pour Fourniret : « Michel m'aidait en trigonométrie pour dessiner les pièces. Moi, j'avais pas la formation. » Après un silence, il ajoute : « Michel était chagriné de la séparation d'avec sa femme. Il voulait la reconquérir. » Puis il revient sur « l'affaire » : « Oui, c'est moche ce qu'il a fait… C'était vraiment un bon ami. Et intelligent avec ça… C'était un drôlement bon ouvrier. Quand il est parti, Catoire a dit : "Ah ! quel drôle de type !" Cela ne m'a pas étonné qu'en quittant l'entreprise, il se mette à son compte. Il le méritait. On s'entendait aussi bien au boulot que durant nos heures de loisir. Tenez, il m'a appris à jouer aux échecs. On en a fait des parties ! »

À la même époque, Fourniret a travaillé aussi à Châteauroux. Puis il s'est réinstallé pour trois ans à Martizay. Il semble se trouver alors dans un état de grande solitude et d'isolement. Il se réfugie dans la lecture. Il se plonge à nouveau dans les livres de cours, pour préparer le brevet professionnel de dessinateur, ainsi que le BTS, par correspondance. Selon ses propres confidences, il a raté ce dernier examen, une fois encore à cause d'un problème de date... Lycéen ou apprenti, Michel Fourniret aura eu un sérieux problème avec le calendrier scolaire !

Loin de l'est de la France, Michel Fourniret n'avait plus de contact avec son ex-femme, Annette. En 2005, il a raconté cet épisode de sa vie aux policiers. Il leur a expliqué qu'à cette époque, il avait envisagé un temps de s'isoler de façon plus définitive. Il songeait à devenir gardien de phare. Il pensait aussi à s'exiler au Canada. Il avait même cherché du travail en Amérique du Sud et au Québec. Aujourd'hui, il présente cette fuite sociale et morale comme une « idée suicidaire », sans s'expliquer davantage... Si on le croit, il a tué son chien... avant de « partir ».

8
Chasses nocturnes

« Un soir, j'étais allé au cinéma, au Blanc, voir *La Guerre des boutons*. En sortant, je remarque une fille au visage clair qui gagne une voiture et s'en va. Au volant de mon propre véhicule, une ID 19, je la suis. Elle prend une petite route. Il est tard, il fait sombre. Je la dépasse, je me rabats. Elle veut me dépasser. Je reste au milieu de la route, elle se retrouve dans les champs. Je me suis affolé, je l'ai laissée là, sans lui porter secours… »

Une personne, au moins, était au courant de ses virées nocturnes, Roger Petitbon, à qui il avait notamment rapporté cet incident. Roger hausse les épaules à l'évocation de cette histoire : « Un matin, il m'emmenait à la banque, au Blanc. Il m'a en effet raconté : “Ah ! tu sais pas…” Dans la nuit, selon lui, une femme avait essayé de le doubler en voiture et il s'était mis en travers de la route pour l'en empêcher. Quand on est rentrés, les gendarmes l'attendaient. À 13 heures, ils lui passaient les menottes. »

La victime avait noté le numéro d'immatriculation de la voiture qui l'avait précipitée dans le fossé.

Fourniret a dû répondre de son acte : « J'ai été interpellé et interrogé à la gendarmerie et par le substitut du procureur de la République. J'étais dans un état psychologique particulier, causé par la démesure de mon mode de vie, le travail, la musique, la lecture. Je n'étais pas aidé par mon premier fils, Jean-Christophe, ni par sa mère, Annette. Ou je me faisais suivre psychologiquement, ou je me foutais en l'air… »

En exhumant aujourd'hui d'anciennes idées suicidaires, Fourniret tente-t-il d'influer sur le portrait qu'on dressera de lui, le jour où il devra répondre de ses crimes ? Il en est parfaitement capable.

Lorsque l'on parcourt son dossier médical, on trouve la trace de son hospitalisation à la clinique du Haut-Cluzeau, dans l'Indre, dans la commune du Pont-Chrétien-Chabenet. Il y a séjourné plusieurs semaines en 1968, l'année qui a suivi son installation dans le Berry, à Martizay. Il a été dirigé vers cet établissement psychiatrique après l'accident de la route où il avait laissé une jeune automobiliste sans assistance. « À la clinique, on m'a énormément aidé. J'ai eu un traitement à l'insuline, je transpirais beaucoup. Mais en sortant, je n'ai eu aucun suivi médical. »

Roger Petitbon ne semble pas se souvenir de Fourniret en « maison de repos » : « Je crois qu'il a fait un peu de prison. Ma femme et moi, nous avons gardé sa chienne. C'est d'ailleurs en prison que Michel a appris à jouer aux échecs. En revenant, il m'a montré. » Nadine s'exclame avec force : « La nuit, il jouait pas aux échecs ! »

Sans doute Roger aurait-il pu déceler la « part d'ombre » qui animait à l'époque son « grand ami ». Cette double vie de Fourniret dans le Berry, passé le coucher du soleil, Roger Petitbon s'en souvient bien : « Michel faisait ses c… la nuit. Il me racontait qu'il avait repéré telle ou telle maison et qu'il était allé y faire un tour… » D'autres fois encore, Michel Fourniret a confié à son ami que, la nuit venue, il s'amusait à pourchasser en voiture des femmes seules. « Il l'a fait à plusieurs reprises… Je lui avais dit de faire attention… C'est sûr, il doit être puni pour ce qu'il a fait. » Nadine agite la tête en criant : « Attention, s'il s'échappe, il va te faire ta fête ! Va pas dire des c… ! » Roger poursuit : « Catoire, qui devait être au courant de deux ou trois trucs, disait : "C'est le boulot qui m'intéresse, le reste, je m'en fous !" »

Le dossier médical établi à l'époque au nom de Michel Fourniret, et qui le suivra, n'indique pas d'autre antécédent psychiatrique, sinon au moment où il a eu envie de partir au Canada. Ce serait pour rompre tous liens avec cette période de sa vie, avant de traverser l'Atlantique, qu'il tue alors sa chienne. Une chienne que, pourtant, il aimait bien. Nadine Petitbon elle, donne une version plus violente de la mort du boxer. Fourniret aurait abattu la pauvre bête dans un accès de colère, parce qu'elle ne lui obéissait pas assez vite : « J'ai vu Michel Fourniret tuer sa chienne à coups de carabine. » Nadine désigne alors de la main un champ voisin : « D'un coup sec, comme ça, dans le champ derrière ! » Et Roger, tout à coup secoué d'un rire nerveux, précise : « Mais Michel ne nous en a jamais parlé, jamais… »

Une autre personne à Martizay aurait pu découvrir la face cachée de Fourniret : Louisette Prouteau, sa copine l'épicière.

« Michel Fourniret, c'est vrai, a toujours voyagé la nuit. Il n'aimait pas dormir. Il me disait : “Cette nuit, j'ai roulé deux heures.” Ou bien : “Cette nuit, j'ai fait tant de kilomètres.” Je ne sais pas ce qu'il faisait... » Et comme elle et Roger Petitbon ne se parlaient guère, il leur aurait été bien difficile d'échanger d'éventuels soupçons. Maintenant que la presse a révélé l'interminable quête de chair fraîche de son gentil client (et ami) de l'époque, on peut se demander si Louisette Prouteau n'en rajoute pas, quand elle susurre à mi-voix : « Michel s'était confié à moi. Il m'avait dit : “Moi, il me faut une jeune femme vierge, qui m'appartienne tout entière. Je veux la façonner à mon idée.” À l'époque, je lui avais répondu que pour moi... c'était déjà parti... » Mais la commerçante retraitée a eu dans son entourage quelqu'un qui, vraisemblablement, a vu clair plus tôt qu'elle : « Ma défunte mère avait peut-être mieux compris, elle ne l'appréciait pas. Si elle acceptait de lui donner une part des plats qu'elle avait préparés, c'était pour me faire plaisir. Je les remettais à Michel, quand il passait à l'épicerie... »

Lorsque Louisette parle de la « période Martizay », elle oublie très rapidement ce qu'elle sait aujourd'hui de Michel Fourniret. Mais lorsqu'elle pense à celui que, désormais, toute l'Europe connaît pour ses crimes, elle est catégorique : « Michel était un ami. Mais avec ce qu'il a fait, c'est fini. » De son regard sombre et interrogateur, elle cherche l'assentiment de son compagnon. « Je suis témoin ! s'esclaffe-t-il en hochant vivement la tête. Oui... C'était vraiment un gars bien élevé. On n'aurait jamais cru ça de lui... » Et Louisette de s'écrier : « Si je le voyais, il passerait un sale quart d'heure. Je lui casserais la g... avec mes cannes ! »

Pierre I. avait également eu vent des sorties nocturnes de son collègue : « La nuit, ça le prenait de tourner dans la région avec sa Citroën. À Châteauroux, à l'époque, il y a même un gamin qui aurait disparu… Mais je vais pas dire ce que j'ai pas vu ! » Avant de laisser repartir son visiteur, Pierre I. revient à l'actualité de Fourniret : « Ils ont qu'à le pendre ! Il n'y a plus de peine de mort ? Ils ont qu'à faire un référendum, pour voir si elle ne serait pas rétablie ! »

Depuis les aveux de Michel Fourniret, il est parfois difficile de ne pas faire l'amalgame entre ce que l'on a vécu tant d'années plus tôt et ce qu'on a lu dans les journaux et vu à la télévision.

Robert C., quatre-vingt-cinq ans, tient le Café des Sports de Martizay depuis 1953. C'est dans ce vieil établissement à la façade de bois que courent les bruits les plus fous du village. Le cafetier est un petit homme soigné. Les cheveux blancs, les traits doux et l'expression malicieuse, ses yeux noisette pétillent. Robert, d'un air entendu, déclare : « Michel Fourniret ne venait pas ici. Je ne l'ai donc pas directement connu. Par contre, quand il était à Martizay, je sais qu'il a tué la fille d'un de ses collègues de travail… » Puis il poursuit, sur le ton de la confidence : « Il y avait aussi une petite jeune fille bien mignonne quand Michel Fourniret habitait Martizay, une petite Jacob… On ne l'a jamais retrouvée… » Invérifiable…

Arrive au comptoir France A., un ancien voisin de Fourniret à La Mardelle. C'est justement un oncle de l'enfant en question, et lui aussi, bien entendu, attribue sa disparition à Fourniret. Il se souvient très bien de Michel Fourniret : « Il était collègue de mon fils Serge. Il habitait chez Blanchet, au fond de la cour. En principe, il ne se déplaçait qu'après la tombée du jour. Ma femme et moi, on l'entendait rentrer en pleine nuit. Un jour, il avait voulu suivre en voiture Solange, la fille de Pierre I., qu'il allait voir souvent. Heureusement que Solange était avec Jeanne Clément. Elle l'a protégée ! »

Philippe B. est menuisier à Martizay. C'est le fils de Claude B., un ancien voisin de Fourniret, au Chambon. Il habite à la sortie du village, sur la route du Blanc. Très brun, moustachu, vêtu d'une cotte bleue, c'est un homme réservé. Pourtant, il se confie : « Michel Fourniret aidait ma sœur Claudine à faire ses devoirs. Elle avait douze ans, six de plus que moi. Je ne me souviens plus si elle allait chez lui ou si Michel Fourniret venait chez mes parents. Leur maison et la sienne étaient en vis-à-vis. Nous nous voyions facilement d'une fenêtre à l'autre. » Philippe B. baisse alors la voix et révèle, tout à trac : « Michel Fourniret allait voir les jeunes filles. »

Le père de Philippe B., Claude, est encore en vie. Avec son épouse, il habite lui aussi au Chambon. Mme B. est vêtue d'une blouse bleue et d'un gilet turquoise. C'est une petite femme blonde au regard azur, dont les oreilles sont ornées de boucles en or. Ses mains, comme celles de son mari, ont souffert de longues années de travaux en extérieur. Claude B., lunettes dorées sur son nez carré, pull vert bouteille, est moins timide que son épouse. Il se montre cependant discret. Ils parlent tour à tour ou ensemble : « Michel Fourniret garait sa DS dans la grange qui reste, en face, à côté de sa maison démolie, là. C'est vrai, il a donné deux ou trois fois des leçons à nos filles. Il était très gentil.

Une fois qu'il était malade, la mère de mon mari lui avait apporté de la soupe. Apparemment, il était instruit. » Claude poursuit seul : « D'ailleurs, il avait été proposé comme chef d'atelier chez Catoire, mais il avait refusé. Il avait tué la fille d'un de ses copains des Ardennes, Jean B. » La chose est dite sur un ton convaincu, comme s'il s'agissait d'un fait avéré. Sa femme reprend : « Il causait juste en voisin… Je ne sais même pas comment il se chauffait… » Claude B. confirme, un sourire ironique aux lèvres : « Les voisins, on sait jamais… Sa chienne, il l'avait tuée sans doute parce qu'elle jappait et qu'elle fuguait… Il l'avait laissée sur place. Les gendarmes étaient venus, mais Catoire avait tout arrangé. »

Martizay jase. Martizay bruit de mille rumeurs, se réveille du long sommeil des villages oubliés par la « grande » actualité… Alors Martizay en rajoute. Mais Martizay connaissait-il réellement le véritable Fourniret ? Et surtout, jusqu'à quel point ?

9

Notre père, ce tyran domestique

« Un jour, Nicole était dans la cuisine. Elle découpait des œufs en rondelles. À ce moment-là, je lui ai dit : “Je t’aime bien.” Là, elle me répond qu’elle aussi, elle m’aime. »

Pour Michel Fourniret, le bonheur avec Nicole C., sa deuxième femme, peut passer par des images dans sa cuisine, à l’instar de Claude Nougaro qui chante les mains de femmes pétrissant la farine. Voilà le genre de souvenir susceptible de le mettre dans tous ses états, jusqu’à le faire fondre en larmes…

Fourniret a quitté le Berry, la tête pleine de rêves de voyages et de désirs d’oublier la France qui l’a vu naître. Il est tout simplement revenu s’installer en région parisienne. Il y a trouvé un emploi de dessinateur-projeteur dans l’aéronautique, dans une entreprise de Clichy. Il y est resté un an environ. C’est au cours de cette nouvelle vie qu’il va rencontrer celle qui deviendra sa deuxième épouse. « J’ai appris que Nicole avait des racines ardennaises. À partir de là, on ne s’est plus quittés ».

Nicole C. est en effet née le 12 mars 1942 à Thin-le-Moutier. Elle était dessinatrice, ce qui la rapprochait encore un peu plus de lui. Fourniret a été séduit par sa formation aux arts appliqués : « C'était une femme exceptionnelle. En plus, elle avait une âme d'artiste… » Le 29 septembre 1970, ils se mariaient. Cette fois, la cérémonie est passée par l'église, après de longues semaines de fréquentations platoniques. « Nous avons eu des mois de relations. Mais les relations sexuelles, c'était peu avant le mariage », précise-t-il. Selon lui, il ne connaîtra pas non plus, cette fois-là, la découverte de la virginité. Il s'en explique d'ailleurs ouvertement aujourd'hui, sans cacher toute sa tendresse pour celle qui lui fera trois beaux enfants : « Je lui ai exposé les raisons pour lesquelles, avec Annette, j'avais eu une déchirure. Cela a tout de même tenu quelques années ainsi. Elle non plus n'était pas vierge, et elle me l'a dit. Il faut dire qu'elle était peu portée sur la chose. Je l'ai épousée quand même, parce que c'est une personnalité singulière. On aurait dit Yvonne, du *Grand Meaulnes*. Nous avons construit une bulle bien étanche. Nous vivions une belle harmonie. Pour les autres, vu de l'extérieur, cela pouvait représenter l'image du bonheur. »

Jacques D., l'ami fidèle, a retrouvé Fourniret à cette époque : « En août 1971, alors qu'il était de passage dans les Ardennes, il m'a présenté Nicole qu'il venait d'épouser. Elle avait une forte personnalité. Lors de cette visite, il m'a dit qu'il pensait partir pour travailler dans l'humanitaire. Je ne lui ai pas posé de questions, je n'aurais jamais osé. » Michel Fourniret jouait-il là un personnage, le même que celui qui voulait mourir dans l'Indre ou quitter la France ? Ou était-il encore sur le départ ?

Dans un premier temps, il a de nouveau occupé son terrain de Floing, dans les Ardennes. Christine T., qui a gardé Jean-Christophe, le premier enfant de Fourniret, a fréquenté l'endroit : « À l'époque, Michel avait aménagé un bâtiment en maison, pour y habiter avec Nicole C. Un de ses sujets de conversation privilégié était la construction de la maison et son installation dedans. » En fait de maison, il s'agit plutôt d'un vaste atelier. Il a laissé les murs bruts, en parpaings gris. Seuls quelques bardeaux de pin sombre égaient un peu la construction percée de rares ouvertures. « Il y avait le strict minimum, ajoute Christine T.

Un grand salon-cuisine où il y avait le lit de Michel et de Nicole, une salle de bains, un W-C, et une autre chambre avec des lits superposés. Je me souviens d'avoir taillé et installé les rideaux, là-bas… »

Elle qui a connu Annette, la première épouse de Fourniret, est plus émue lorsqu'elle parle de Nicole : « C'était une femme différente, plus cool, plus femme d'intérieur. Elle avait les cheveux châtain clair. Elle était plus costaude que Fourniret. En tout cas, il m'est apparu plus détendu, plus heureux avec Nicole C. qu'avec Annette R. » Le deuxième couple Fourniret menait une vie plus familiale. Ils invitaient Christine et d'autres amis à des repas, à prendre le café. Ils avaient des sujets de conversation. « Michel Fourniret n'était ni un pitre, ni quelqu'un de trop réservé. Les dernières fois où j'ai vu Fourniret, Nicole C. était enceinte. »

Le premier enfant du couple est un garçon, Nicolas, né le 23 août 1971. Un peu plus de un an plus tard, le 17 novembre 1972, des jumelles, Chantal[1] et Marie-Hélène, voient le jour.

1. Le prénom a été changé.

En 1972, Fourniret s'est trouvé un nouvel emploi dans la région de Rambouillet. Cette fois-ci, il a intégré le groupe GEG comme dessinateur, avant de passer chef d'équipe. Et comme toujours à l'évocation de cette promotion, il ne se mouche pas du pied. Pour lui, le voilà bien parti, comme propulsé par ce que l'on appellerait aujourd'hui l'ascenseur social : « Je commençais à être reconnu. J'avais de la notoriété. Professionnellement, certains avaient entendu parler de moi jusqu'à Lille. On disait de moi : "Chapeau !" J'avais une intense satisfaction professionnelle. » Il aurait quitté la GEG pour une promotion de chef de bureau plastique, l'équivalent d'un poste de directeur technique, à EMNO-Plastique, à Rambouillet : « J'ai remplacé le patron après sa retraite. Mais l'entreprise a été rachetée par le groupe Empain. »

Cette même année 1972, Fourniret se retrouve au chômage. Après quelques stages de reconversion, le voilà chef de département chez Polymont, à Coignières. Il y reste jusqu'en 1976. Michel Fourniret s'inscrit alors à la chambre des métiers comme travailleur indépendant, pour l'étude et la réalisation de machines spéciales. Il aurait vécu alors une grande période d'exaltation : « J'ai créé un bâtiment de 270 m^2 sur trois niveaux, à moi tout seul. J'en porte encore des cicatrices. » Il prétend aussi être devenu le numéro un de sa spécialité, fournisseur exclusif de l'importante entreprise de travaux publics, Colas. Mais, pour des raisons de concurrence, il a préféré travailler le tournage sur bois et le petit mobilier.

« Je l'ai encore revu à cette époque, ajoute Jacques D., lorsque nous sommes passés à Clairefontaine avec ma petite fille. Ils vivaient dans la maison que Nicole, son épouse, avait héritée de sa grand-mère. Une belle demeure avec une verrière. Je crois bien qu'il avait démarré son bureau d'études. Il travaillait pour des clients qui lui demandaient des "moutons à cinq pattes", des prototypes. Et lui se passionnait pour tout ce qui était en train de se développer, à l'époque, en mécanique : l'hydraulique, la pneumatique, l'électronique. C'était visiblement un travail très dur, car il fallait démarcher les clients, résoudre les problèmes et, surtout, se faire payer ensuite. Et puis, il faut des capitaux derrière soi. Fourniret travaillait tout seul. »

Le bonheur apparent du nouveau couple Fourniret n'a eu d'égal que les problèmes que lui rencontrait dans sa nouvelle vie professionnelle indépendante. Jacques D. a été le premier à partager les soucis qui assaillaient son ami à cette époque :

« Un beau jour de 1979, j'ai reçu un coup de téléphone de Michel. Il était 10 heures du soir. Il ne s'en sortait pas tout seul et il voulait discuter d'une possible collaboration avec moi. »

L'été suivant, en partant en congés pour la Bretagne, Jacques fait étape chez son ami. « Il voulait que nous travaillions ensemble. J'ai été tenté. Mais, à l'époque, il n'y avait pas tous les outils qui existent maintenant. Il n'était pas possible de travailler depuis chez moi sur l'automatisme. Surtout, je pensais que le projet contenait trop d'incertitudes. »

Pendant ces quelques heures de halte chez Fourniret, dans les Yvelines, Jacques et sa femme ont dû se mettre aux fourneaux dans leur caravane : « Michel nous avait, en effet, expliqué qu'il ne faisait les courses que le lundi, et qu'il n'avait rien à nous offrir. » Et lorsque son copain lui a dit qu'en tout état de cause, il ne pouvait s'associer avec lui, Fourniret n'a pas insisté. « Mais je crois qu'il se serait bien vu avec un titre de directeur. »

Fourniret a continué néanmoins à faire travailler son esprit inventif pour le compte de sa propre entreprise, « Les ateliers de la Jonquière », du nom de la propriété de son épouse. Il existe peu de photos pour raconter la vie de Fourniret et de ceux qui l'ont partagée. « Michel Fourniret n'aimait pas les photos, confirme Chantal, l'une de ses deux filles. Il disait, en désignant sa tempe : “Les photos, elles sont là.” » Cependant, parmi celles qu'il a conservées, on trouve le cliché d'une machine à la carcasse bien connue de nos jours des clients des cordonneries rapides. Mais, dans les années 80, elles ne fleurissaient pas encore à tous les coins de rue. Fourniret dit avoir été à la pointe du modernisme. Selon lui, il a dessiné et mis au point le prototype d'un banc d'appoint pour cordonniers. Il s'agissait en fait d'un tour dont la courroie principale entraînait plusieurs axes supportant différents outils indispensables à la réparation des chaussures usagées.

L'inventeur a surchargé la photo de quelques phrases de commentaire : « Présenté en 1982 à la Semaine du cuir, Porte de Versailles, en présence de Jean-Pierre Chevènement, alors ministre de l'Industrie. Offert en mai 2003 à mon ami Roger et son sens de l'exigence technique et du travail bien fait. » Et c'est signé d'un élégant « Michel », excellemment calligraphié…

Les jumelles Fourniret ont longtemps gardé le silence sur cette époque. Marie-Hélène et Chantal avaient chacune une vie sociale, des collègues de travail, des amis, un compagnon. Pas question de révéler au grand public de qui elles étaient les descendantes, avant d'avoir réussi à changer de patronyme. Sans doute plus confiantes au fil des rendez-vous, elles ont fini, malgré tout, par accepter de nous parler. Depuis sa cellule, Michel Fourniret venait alors de tenter un ultime rapprochement avec ses filles. Elles l'ont ressenti comme une nouvelle tentative pour les retourner en sa faveur. Un trait de caractère qu'elles ont bien connu, du temps où, enfants, elles vivaient à ses côtés. « Papa était prétentieux, écrasant, manipulateur, nous a révélé Chantal. Il fallait toujours mériter son estime. Parce que, à la maison, la règle voulait que Michel Fourniret se sente naturellement supérieur. » D'un tempérament plus instinctif que sa sœur, Marie-Hélène ne mâche pas non plus ses mots, ses propos sont à la hauteur de sa déception. Parmi les reproches que Chantal et Marie-Hélène formulent toutes deux contre leur père, il y a surtout le mépris qu'il affichait pour leur frère, son propre fils, Nicolas : « Notre frère aîné était tyrannisé. »

Chantal est une jeune femme aux cheveux courts et aux traits fins parsemés de taches de rousseur. Pour désigner son géniteur, elle dit « Michel Fourniret », comme si, dans sa tête, elle n'avait plus de père. Avec son compagnon, elle a eu une petite fille aux boucles blondes. Au bord des larmes, elle lâche : « C'est quand elle est née que j'ai vu Michel Fourniret pour la dernière fois. J'étais si fière de lui montrer mon premier bébé ! »

Très posée, réfléchie, d'une intelligence vive, Chantal est dans le déni vis-à-vis de son père. Elle se fait appeler par son seul prénom et reproche à la législation qu'il soit si compliqué de changer de nom. Lors de notre deuxième rencontre, elle nous avait donné « le dernier cadeau » que lui avait fait Fourniret, une sorte de bande dessinée de son cru. Sans doute voyait-elle là un moyen de s'en débarrasser… En revanche, elle a conservé des relations étroites avec sa mère, Nicole C.

Ses souvenirs sont moins précis que ceux de sa sœur, Marie-Hélène, peut-être à dessein. Chantal semble en effet moins spontanée que sa jumelle, plus écorchée vive. Elle ne parle que pour donner des informations précises. La forme de son discours est incroyablement formaté. Une manière d'être sans doute héritée de l'époque Fourniret : « À la maison, il ne fallait jamais parler pour ne rien dire. C'était comme si les mots, les actes qui ne produisaient rien, étaient interdits. » D'après Chantal, il voulait toujours se démarquer des autres. « Il contestait les connaissances de l'un de ses voisins qui était ingénieur, tout comme il contestait les dires de son beau-père. » De ce fait, les disputes n'étaient pas rares avec ce dernier. Michel Fourniret ne souffrait pas la contestation. Pourtant, il avait parfois des moments de « folie » où il jouait avec ses enfants, « mais rarement » ; ajoute Chantal. Il se laissait aller aussi à quelques plaisanteries sur certains habitants du quartier résidentiel où il vivait en famille. « Avec les poignées qu'ont leurs sacs-poubelle, ils doivent être riches », disait-il.

Chantal nous a confié autre chose, lors de l'une de nos entrevues. Et cette confidence prend toute son importance quand on la compare au portrait qu'il fait de lui-même, celui d'un être « supérieur ». Selon la jeune femme, vingt ans plus tôt, à l'époque où il vivait dans les Yvelines,

Fourniret s'attachait à se montrer déjà plus intelligent qu'il ne l'était réellement : « Il n'était pas russophone, il avait quelques notions. De même, s'il en avait plus en allemand, il n'était pas germanophone du tout. Il voulait toujours faire croire qu'il était plus érudit qu'il ne l'était en réalité. » L'élocution de son père ne ressemblait en rien à son expression écrite. Ses lettres sont en effet truffées de paraphrases, d'ellipses… Chantal se rappelle qu'il ne lisait rien de bien instructif. Ses « vraies » lectures remonteraient sans doute à sa jeunesse. Il possédait d'ailleurs peu d'ouvrages : « Il lisait régulièrement, mais pas énormément, des romans ou des policiers. » Une autre réflexion vient à l'esprit de la jeune femme : « Michel Fourniret était à la fois distrait et soucieux du détail. » Une caractéristique qui expliquera bien des faits, bien des comportements, par la suite.

Seule avec un jeune chat, Marie-Hélène, la sœur jumelle de Chantal, occupait un studio raffiné, aménagé sous les toits d'un immeuble rénové, quand elle a commencé à bien vouloir nous recevoir. On sentait la jeune femme fébrile, écorchée vive, fragile. Elle allumait les cigarettes les unes après les autres et consacrait ses journées à l'aménagement de son intérieur pour se vider la tête, pour fuir sa détresse. Ils étaient loin les jours où Nicole, leur mère, protégeait les trois enfants : « Maman était aussi sereine que papa savait s'emporter quand on le contredisait », s'accordaient à dire les jumelles. Lorsqu'il était « contrarié », Michel Fourniret pouvait entrer dans des rages folles, et même casser de la vaisselle. « Impassible, maman lui tendait alors une pile d'assiettes et disait : “Tiens, casse ! si ça peut te soulager." » Et l'épouse désamorçait la « crise » de son époux. « Bien avant leur divorce, en 1986, je sentais bien que ce n'était pas le grand amour entre papa et maman. Maman était malheureuse », nous a confié Marie-Hélène.

Pour Fourniret, son travail et sa rigueur familiale l'avaient emporté depuis longtemps sur sa vie personnelle : « J'imposais à Nicole un rythme de vie qu'elle n'attendait pas. Dans les premières années, j'étais resté salarié. Après, je me suis mis à mon compte. Et, dès cette époque, je me suis enfermé dans ma tour d'ivoire et j'ai travaillé comme un fou. » Chantal se souvient très bien de la passion de son père pour son travail : « Il sortait de son atelier vers 16 heures, c'était sa pause, pour boire un café au lait qu'il fallait qu'on lui prépare. » Il ne l'aurait en effet jamais fait lui-même…

Les colères du chef de famille n'étaient rien, comparées à la tyrannie qu'il exerçait sur Nicolas, son fils, à qui il reprochait sans cesse d'être « le portrait tout craché de son grand-père maternel », de n'être « bon qu'à faire le jardin avec sa mère ». Il n'avait pas le droit non plus de pénétrer dans l'atelier de son père. « Michel Fourniret ne voulait rien lui transmettre de son savoir-faire », tempête Chantal. Pourtant, « Nicolas était éperdument à la recherche d'un papa ». Fourniret ne partage pas le point de vue de ses filles sur son comportement, que ce soit elles ou leur frère qui l'ait subi : « J'adorais leur transmettre ce que mon père m'avait transmis, mais je n'étais pas à l'écoute. À table, je n'étais pas disponible, je pensais toujours à mes machines. Mon souhait a toujours été d'être parfait. C'est ce qui me dénature. » Nicolas a écrit de longues lettres à son père, pendant qu'il effectuait son service militaire. Selon sa sœur, Marie-Hélène, « Michel Fourniret n'a même pas pris la peine de les ouvrir ». Et la jeune femme avait ajouté : « Ça, je ne lui pardonnerai jamais ! » Ces lettres, Fourniret les a trouvées « très belles ». C'est en tout cas ce qu'il aurait froidement concédé à Marie-Hélène, qui ne l'avait pas cru : « Je lui avais posé une question taboue et j'ai bien vu que papa était hors de lui parce que j'avais osé le faire. » C'est la dernière fois qu'elle le rencontrera. « Je suis la dernière de la famille à l'avoir vu », nous avait-elle précisé lors d'un de nos rendez-vous, avant qu'elle ne se donne la mort.

C'est sans doute parce qu'elles ont le souvenir des continuelles brimades infligées à leur frère que les jumelles se taisaient sur leur propre souffrance. Elles se souvenaient pourtant aisément de certaines « blagues » douteuses de leur père. Par exemple, il était capable, sous un nom d'emprunt, de menacer au téléphone des voisins qui l'avaient contrarié. « Une nuit, nous avions recueilli le chat d'une vieille dame. Elle était venue le récupérer le lendemain. Michel Fourniret a estimé qu'elle ne l'avait pas assez remercié alors il l'a appelée. Il s'est fait passer pour un livreur qui arrivait lui livrer un tas de purin devant sa porte », nous avait raconté Marie-Hélène. Elle nous a aussi rapporté des agissements beaucoup plus graves : « Un jour, nous rentrions de l'école en voiture avec papa. Ma sœur a pris un bonbon dans le vide-poches de la voiture. Papa l'a vue faire dans le rétroviseur. Il n'a rien dit, jusqu'à ce qu'on arrive à la maison. Là, il a attaché Chantal à la niche du chien, à la chaîne. Maman est intervenue car, pour elle, c'était trop ! » Interrogée là-dessus, Nicole C., la mère des jumelles va plus loin. « Il avait dissimulé les friandises sciemment. Chantal est tout de même restée une heure prisonnière avant que je fasse cesser cela… »

Et que dire de ce quotidien où, si « les gifles étaient rares », elles « passaient par une cruelle mise en scène et étaient très fortes ». Ces séances terrorisaient la fratrie. Au point que, le jour où, déjà couchés, les trois enfants sont « convoqués » par leur père dans le salon, ils anticipent un sale quart d'heure : « Comme à chaque fois que nous subissions une séance de gifles, papa nous a priés de nous aligner en rang d'oignons, les mains dans le dos. Nous attendions la claque, mais cette fois papa nous a offert un cadeau à chacun, une bande dessinée. C'était tellement rare que, ce jour-là, nous n'en avons pas cru nos yeux. »

Aujourd'hui, Michel Fourniret semble regretter ses excès. Mais, comme pour toute chose qui le concerne, il tente une explication, à défaut d'excuse : « Oui, à l'époque, j'étais un père autoritaire. Mais c'était de peur de les décevoir. C'est vrai, j'effrayais certainement mes enfants. » Indéniablement, ce père-là ne s'est pas comporté de façon très normale… « Il nous répétait pourtant à l'envi qu'il aurait voulu être curé », se souvenaient les deux sœurs.

10
En quête de femmes vierges

« Le rythme de ma vie professionnelle et le déséquilibre croissant de mon existence familiale m'ont été préjudiciables. Cela a fait émerger la résurgence de blessures anciennes, et je suis revenu au point de départ. »

Quand il évoque ce retour en arrière, Michel Fourniret parle d'un nombre important d'enlèvements de jeunes femmes auxquelles il a fait subir des attouchements, voire des violences sexuelles. De lui-même, il en a dressé la liste pour ceux qui l'ont questionné en 2004 et 2005 : « En trois ans, il y a eu treize rencontres mais… je les relâchais toutes ! »

Nicole C., sa deuxième épouse, et ses enfants ignoraient que leur époux et père menait désormais une double vie, celle qu'il avait commencée dans l'Indre, durant les nuits froides, quand il vivait seul à Martizay. Au volant de sa voiture, il hantait maintenant les routes d'Île-de-France pour trouver des jeunes femmes à son goût, de jeunes vierges.

« La première victime, c'est D… Je lui ai fait croire que j'étais poursuivi. Pour inciter cet otage à suivre mes instructions, je lui ai dit que je lui verserais de l'acide au visage, ce qui risquerait de la rendre aveugle. Je lui ai ensuite indiqué que j'allais l'attacher, m'éloigner, puis la délivrer. Je lui ai baissé son pantalon. Avait-elle déjà eu une relation ? Elle m'a dit qu'elle avait eu un copain. Je l'ai examinée. Elle était vierge. Il y a eu un excès d'émotion de ma part. Elle était très grande, elle avait environ quinze ans. »

Sandrine S., la deuxième victime de Fourniret dans la région parisienne, faisait du stop. « Ai-je improvisé ? se demandera-t-il face aux policiers qui finiront par l'interpeller à cette époque. Je l'ai prise puis je lui ai attaché une main, comme un chien. Elle était vierge. Elle fut la seule à me l'expliquer. Elle s'est dévêtue à ma demande. On est restés calmes, mais ça n'aurait pas été différent si j'avais obtenu sa défloration. Je l'avais menacée avec un pistolet en plastique. Elle était terrorisée. J'ai assuré ma domination sur elle. Elle n'en a pas parlé à son père. Je lui avais dit que, si elle portait plainte, je la retrouverais. »

La troisième vivait en concubinage. Fourniret a été surpris par son jeune âge : « Pourtant, elle pilotait sa voiture. Je lui ai demandé de me déposer, elle a accepté. C'était comme la Sainte Vierge devant le pare-brise. » Aussitôt portée cette appréciation, Fourniret a ajouté, comme pour bien faire comprendre qu'il n'était pas dupe du niveau de certains de ses jugements : « C'est du primaire de bas étage. » Il a décrit une fois encore l'agression dans le moindre détail : « J'ai pris mon pistolet, je l'ai contrainte à conduire sur une route secondaire. Je lui ai dit : “Déshabillez-vous !” Elle a obtempéré et, au début, elle a enlevé son pull-over. Mais elle a réussi à s'échapper. »

Rattrapé par la police le 23 mars 1984, et interpellé en flagrant délit de violence sur l'amie d'un fonctionnaire de police, Michel Fourniret a été emprisonné le 26, en attendant son jugement par la cour d'assises de l'Essonne.

Lorsque Fourniret s'est retrouvé en prison, la déception de Chantal, l'une de ses filles, a été à la hauteur de ce que l'on reprochait à son père : « À aucun moment, je n'ai soupçonné Michel Fourniret. Je lui vouais une confiance totale, et son autorité de père était incontestable ; j'avais appris à le respecter », nous a-t-elle confié. Au début de son incarcération, il a entretenu une correspondance abondante avec sa femme, Nicole. Elle venait le voir au parloir avec les enfants. Mais, très vite, elle lui aurait signifié que, s'il reprenait ses activités en sortant, elle le quitterait.

Jacques D. confirme : « En 1986, j'ai reçu l'appel d'un gendarme qui voulait savoir si je voulais témoigner au procès de Michel Fourniret. Je lui ai demandé pourquoi : il m'a répondu qu'il était détenu pour une affaire de mœurs. J'ai tout de suite appelé Nicole. Elle m'a dit qu'il avait agressé une gamine, et qu'elle ne voulait plus entendre parler de lui. Elle avait demandé le divorce. »

Dans les Ardennes, du côté de la famille Fourniret, on avait bien trop souffert des premières frasques de Michel, vingt ans plus tôt, pour étaler cette nouvelle déconvenue. Annette R. s'était depuis longtemps éloignée de lui, tant moralement que physiquement. Son fils Jean-Christophe essayait d'oublier l'opprobre que son père avait jeté sur la famille, et André, le frère de Fourniret, se gardait bien de toute publicité.

Marc Simon, l'un des anciens compagnons de lycée de Michel Fourniret, en sait quelque chose. Au milieu des années 80, copropriétaire d'un immeuble qu'il habite toujours, il rencontre un beau jour un Fourniret qui n'était pas Michel : « Je lui demande : “Vous ne seriez pas le frère à Michel ? Alors ? Qu'est-ce qu'il devient ?” André me répond : “C'est moi qui gère son appartement.” Comme je ne savais pas que Michel Fourniret était emprisonné, je poursuis : “Comment ça se fait ?” Il me répond : “Tu sais, fais pas attention, mon frère, c'est un marginal.” » Et Marc Simon, témoignant vingt ans après ces faits, insiste pour que « marginal » soit écrit avec une majuscule, avant d'ajouter : « Sur le coup, ça m'a frappé. Qu'est-ce que c'est un marginal ? » Marc Simon semble longuement s'interroger sans trouver de réponse qui le satisfasse : « Moi, j'ai fait semblant de rien ! »

En attendant de passer en jugement, Fourniret n'a eu qu'une idée : sortir, obtenir la liberté provisoire. Il a donc essayé d'influencer le juge chargé de l'instruction de son dossier. Sa manœuvre était simple : faire croire que les faits qu'on lui reprochait ne s'étaient pas déroulés avec autant de violence qu'il y paraissait. En somme, quand il agressait une jeune femme, une jeune fille, voire une adolescente, « tout n'était qu'amour, joie et volupté ». Il a nié les contraintes, les menaces physiques, les cordelettes, les armes pour impressionner…

Et Fourniret ne s'est pas contenté d'expliquer cela au magistrat instructeur au cours de ses interrogatoires. Dix jours après le début de sa détention, de sa petite écriture de comptable, il envoyait sept pages d'un rapport circonstancié sur ses activités criminelles en région parisienne, entre 1977 et 1984. Non content de cette prose, il dressait un tableau synoptique des agressions qu'il avouait avoir commises : date, lieu, nom ou prénom ou bien qualité de la victime, domicile quand il le connaissait, âge, véhicule, moyens employés pour contraindre, manière d'opérer, et en prime quelques observations sur chacun de ses forfaits. Treize colonnes dessinées sur une feuille de papier à carreaux comme il en utilisait quand il usait ses fonds de culotte sur les bancs du lycée de Charleville-Mézières.

C'est bien entendu dans la dernière de ces colonnes, celle des « observations », qu'il a tenté d'adoucir ce qui pourrait lui être reproché. Il décrit l'émotion d'une écolière embrassée sans qu'il soit allé plus loin, comment il a ramené chez elle une jeune fille sans l'avoir touchée, simplement parce qu'elle lui a demandé de rentrer... Dans la case réservée à l'adolescente de quatorze ans qu'il a abusée, il nie le viol en notant : « M'apprend sa non-virginité », une expression qu'il a soulignée et complétée par : « Mon intention de possession ne peut s'accomplir. » Pour Fathia, une Marocaine de dix-neuf ans, il précise que l'entretien avait été « courtois et libre ». Il raconte en quelques mots qu'il l'a emmenée faire ses courses avant de la ramener chez elle, et conclut, encore en soulignant : « Nous nous disons un au revoir sympathique. » Pour une lycéenne qui lui a dit être vierge, il observe qu'elle s'est dénudée elle-même. Et il commente : « Délit visuel. »

Fourniret s'ingénie à faire une seule et unique démonstration : jamais il n'a violé aucune de ses quinze victimes avérées de l'époque. L'enquête démontrera que pour certaines il y a eu au moins violences, attouchements, le moins grave étant un voyeurisme libidineux. À l'une des pages de la lettre qui accompagne le tableau, Fourniret se décrit à la troisième personne, comme il le faisait vingt ans plus tôt en légendant la photo du groupe d'ouvriers auquel il appartenait à Martizay, dans l'Indre. Et en dressant ainsi son portrait, il va couper l'herbe sous le pied des experts psychiatres qui l'examineront à l'époque. Selon lui, il est donc un « type humain, cérébral, penseur, nerveux. [...] Idéal d'existence placé dans la fiancée et l'épouse, sa blancheur [...], la réalisation de cet idéal sublimant étant imparfaite a pu engendrer la fixation et la cristallisation du mental sur le sujet de la virginité. »

Pour faire fléchir l'institution judiciaire, face à un cas comme le sien, il l'a même placée devant ses propres responsabilités. Selon lui, la justice devrait « protéger la société, prévenir les rechutes, sanctionner les fautes », mais en les comprenant. La manœuvre était habile car elle lui permet, vingt ans plus tard, de reprocher à la société et aux différents rouages chargés de la réguler, de n'avoir pu le soigner, le contrôler, l'empêcher de nuire. Et à la fin du long devoir qu'il a rendu au juge d'Évry – qui demandera tout de même son renvoi devant des jurés populaires –, il a même joué la carte de l'apitoiement social. Il expliquait qu'il avait beaucoup réfléchi, que, s'il ne se méprisait pas, il ne se sentait pas fier. Mais surtout, il posait la question de savoir s'il était bien raisonnable de priver sa famille et son affaire d'un père et dirigeant. Eh oui, qui ferait tourner la boutique alors que les fins de mois étaient difficiles, les traites impayées, le compte bancaire dans le rouge, et les meilleurs clients envolés ?

Face au silence et à l'intransigeance de son interlocuteur qui se dit peut-être que, une fois mis en liberté provisoire en attendant son jugement, ce client-là disparaîtrait à jamais, Fourniret a aussi écrit à ses victimes. Il a imploré leur pardon : « Je n'avais pas conscience de la gravité de cette entreprise et, déconcerté par ma propre audace, je réalisais trop tard la folie de mes intentions, constatant que, terrifiées, vous ne pouviez deviner ni mon pacifisme, ni le caractère inoffensif de mon intimidation, [...] vous avez pu croire en un abject et méprisable motif, là où mon attitude incarnait une impossible recherche de l'absolu. » Il n'a pas obtenu de mise en liberté provisoire. Alors, il a écrit à Dieu... aux bons soins du juge chargé du dossier. Fourniret a confondu ce jour-là la justice divine et celle des hommes. Mais même si certains juges le croyaient, tous ne se sont pas pris pour Dieu. Fourniret enregistrait son dernier échec et restait en prison.

De sa cellule, il écrit à Nicole C. pour lui raconter certaines de ses agressions. Le 26 juin 1987, après une dernière salve de repentirs, d'explications calquées sur celles qu'il a déjà couchées sur le papier, de demandes de pardon à ses victimes depuis son box, Michel Fourniret va emporter la partie. Le viol de D... est requalifié en « attentat à la pudeur avec violence ». La cour n'a retenu que sept affaires de violences et voies de fait et, pour toutes, lui a accordé des circonstances atténuantes. Il est condamné à sept ans de prison. « J'étais content que ça se passe comme ça. Je trouve que le jugement était correct », commente-t-il vingt ans après.

Entre la détention provisoire et la peine qu'il va purger, Michel Fourniret restera quarante-trois mois en prison. Durant sa détention à Fleury-Mérogis, dans la cour de promenade, il a fait la connaissance d'un certain Jean-Pierre Hellegouarch. Des années plus tôt, l'homme a été cité dans le dossier d'Action directe, un groupe terroriste « à la française », composé d'une poignée de fanatiques d'extrême gauche, proche de la Fraction Armée rouge (RAF) allemande, des Cellules communistes combattantes belges et d'extrémistes franco-espagnols des Groupes de résistance antifasciste du premier octobre (GRAPO). Pour la police, Hellegouarch avait fourni aux membres d'Action directe des chèques de voyage volés, facilement négociables. Une façon comme une autre de participer « à la lutte armée ». Pas de quoi, selon certains, même dans les rangs des policiers chargés de la lutte antiterroriste, faire de Jean-Pierre Hellegouarch l'un des théoriciens de la révolution prolétarienne…

« Nous avons sympathisé. C'était un homme brillant, intelligent, expose Michel Fourniret. Il possédait une culture ahurissante. J'ai su qu'il avait été impliqué dans des affaires de grand banditisme. J'ai aussi appris qu'il faisait partie de certaines organisations idéologiques. Il me l'avait laissé entendre », conclut-il, lors de son premier interrogatoire devant la police judiciaire de Dinant, en Belgique, en juin 2004.

« Je l'ai connu en 1984 quand j'étais incarcéré à Fleury-Mérogis, se souvient très bien Hellegouarch. J'ai été mis dans une cellule qu'on appelle une "triplée" car la pénitentiaire y enfermait une personne équilibrée et deux autres un peu plus instables. Je suis resté avec lui environ un mois. Je me souviens qu'il lisait beaucoup et écrivait. Il ne se confiait pas beaucoup. Je savais juste qu'il était là pour une affaire de mœurs, un problème d'attentat à la pudeur, sur la région de Versailles. »

Pour Hellegouarch, Fourniret est un personnage fallot, assez plat, même lorsqu'il se renfrognait dans un coin de cellule en se disant ingénieur. « C'était plutôt un autodidacte qu'un intellectuel, poursuit son ancien compagnon de détention. Il disait avoir mis au point une machine pour la cordonnerie, avoir fait l'Algérie. Comme parachutiste. Il ne m'a jamais parlé d'armes. Fourniret a été transféré au magasin général et c'est de là que j'ai reçu une lettre de lui disant des banalités. J'ai répondu. Nous avons eu un échange de courriers. On s'ennuie alors on évoque le quotidien du milieu carcéral. Il lui arrivait de parler de sa femme et de ses enfants. Il disait qu'elle l'avait abandonné. Je crois qu'il n'avait pas de parloir. »

C'est à cause de ce qu'il a commis que Fourniret va se rapprocher un peu plus du Breton. Il se heurtait à d'autres détenus parce qu'il était là pour des affaires de mœurs. « J'ai discuté avec deux ou trois personnes et les menaces ont cessé. À partir de là, il m'a marqué une sorte de reconnaissance un peu servile. Ensuite, il a collé à mes talons. » Plus tard, Jean-Pierre Hellegouarch change de cellule et croise encore une ou deux fois Fourniret qui lui écrit.

« J'ai répondu. L'échange a continué. À l'époque, je fréquentais Sélim Zéguiri, un Albanais. Fourniret est venu avec nous deux fois. Il s'est pris d'amitié pour Sélim, qui ne parlait pas très bien le français. » À la mort de ce dernier, après que l'homme a été élargi, Fourniret donnera son prénom à son plus jeune enfant…

Deux ans durant, Hellegouarch restera sans nouvelles. « Je crois que j'en ai eu à nouveau après son jugement. Il m'écrivait qu'il faisait des projets de sortir, c'était peut-être en 1986-1987. Il me disait avoir connu une femme qui le visitait. Il ne m'a pas dit son nom ou alors, je ne m'en souviens plus. Ensuite, il a été libéré. »

Compte tenu des remises de peine pour bonne conduite, Fourniret sort en effet en octobre 1987. Il va passer la vitesse supérieure du crime…

Jusqu'à ce que la perversion de Fourniret éclate au grand jour, les jumelles qu'il a eues avec Nicole C. n'avaient rien su de l'autre Michel Fourniret, celui qui avait déjà eu des problèmes avec la justice. Elles auraient été protégées par leurs parents : « Il n'en a pas été question à la maison. » D'ailleurs, lors de l'incarcération de leur père, leur mère leur a expliqué que leur papa avait fait de l'exhibitionnisme sur une jeune femme. Selon les jumelles, la séparation du couple ne se profilait pas, du moins pas avant l'emprisonnement de Fourniret.

« Marie-Hélène et moi avons été mises en pension, jusqu'à la sortie de Michel Fourniret ; pas Nicolas, qui travaillait mieux que nous à l'école », précise Chantal. Marie-Hélène croyait que leur mère voulait les « protéger d'éventuels gestes abusifs de [leur] père, quand il serait libéré ». Chantal, elle, préfère peut-être aller au plus simple : « C'était pour que nous vivions une scolarité plus épanouie. »

À sa sortie de prison, Fourniret a réuni ses trois enfants et son épouse, afin de leur donner une explication sur les raisons de son incarcération : « À peine avais-je commencé que ma femme m'a interrompu et a emmené les enfants. » Nicole l'a quitté. Vingt ans plus tard, il dit la comprendre :

« Elle souhaitait un père plus présent. Cette décision lui a coûté beaucoup. Et elle avait aussi l'appréhension de la récidive. »

C'est sans doute cette mise à l'écart de leur père qui explique que, malgré les souvenirs douloureux et son indifférence – jamais, il ne demandera de leurs nouvelles –, ses deux filles continueront pourtant à rester en contact avec lui : « J'avais besoin d'un père qui me rassure pour entrer dans ma vie d'adulte », confie Chantal. « J'admirais sa culture et sa rigueur, je savais qu'il était autodidacte », reconnaissait Marie-Hélène. Comme toutes les victimes de Michel Fourniret, les jumelles ont été, en quelque sorte, elles aussi, prises au piège.

II
Un couple diabolique

11
La nouvelle vie du violeur solitaire

« Ma rencontre avec Monique Olivier, c'était le rendez-vous entre deux épaves pour improviser un radeau... » Cette rencontre s'est faite à distance, alors qu'il purgeait sa peine de prison pour les agressions sexuelles commises en région parisienne.

Condamné par la cour d'assises de l'Essonne à sept années d'emprisonnement dont deux avec sursis, le 25 mars 1984, Michel Fourniret, durant son incarcération, « préfère passer son temps à penser plutôt que de se plaindre... ». C'est ce qu'il confie en 2004, après avoir été de nouveau interpellé un an plus tôt en Belgique. « Je correspondais [*depuis Fleury Mérogis. Ndr*] notamment avec Radio 3. Je leur avais dit que je pouvais aller vers les autres. » Il prétend refuser de plonger dans le nombrilisme habituel des détenus. « Je rédigeais des courriers de soutien ou d'encouragement, et je les faisais signer, en différentes langues, par des détenus de nationalités diverses. On m'appelait le petit curé... »

Mais Michel Fourniret n'a pas fait qu'écrire, il lisait aussi beaucoup, y compris les petites annonces destinées aux « taulards », dans certains journaux. C'est ainsi, en survolant une rubrique d'un quotidien catholique, qu'il dit être tombé sur les coordonnées de Monique Olivier. Si l'on en croit le récit qu'il en fera vingt ans plus tard, il essaie d'abord de la mettre en relation avec des personnes pouvant lui trouver le travail qu'elle recherche. « Monique Olivier était seule dans le Sud. Nous avons continué à nous écrire. » Dans une de ses premières missives, rédigée durant sa détention préventive, Fourniret avait d'emblée donné à Monique les raisons de son incarcération.

Au fil de leurs échanges, Monique Olivier lui apparaît comme une femme « dépossédée de ses enfants, qui avait trouvé asile chez une personne infirme ». Et Fourniret explique pourquoi, à sa sortie de prison, il l'a gardée à ses côtés : « Ce qu'elle vivait n'était pas constructif. C'était une nomade, moi, j'étais plutôt un sédentaire. Notre rencontre s'est faite de bric et de broc. Le petit taulard que j'étais lui a apporté la lumière, dans le noir complet où elle se trouvait... » Leur correspondance débute avant sa comparution devant les jurés de l'Essonne. Juste avant son jugement, Monique Olivier le rencontre. Elle l'aurait revu ensuite lors d'une permission de deux jours, chez ceux qui le recueillaient, dans la région parisienne, la famille L.

« Nous sommes devenus amants ce week-end-là », précise-t-elle.

La condamnation prononcée, ils continuent à s'écrire. À sa sortie de prison, Monique est là. Michel Fourniret et elle s'installent dans l'Yonne. Habitué aux « mariages épistolaires », il s'est préparé à faire de Monique Olivier sa troisième épouse. Pour certains, c'est dans l'Yonne que le monstre aurait définitivement pris le pas sur le pervers. Sa seconde personnalité va totalement prendre forme.

Et Monique devient son inspiratrice. Quand l'enquête sur les crimes de Fourniret commencera à porter ses fruits, on se demandera même si elle n'a pas été son mauvais génie, en tout cas en partie.

Monique Olivier est née le 31 octobre 1948 à Tours, en Indre-et-Loire. Elle a eu trois frères. L'un d'entre eux, Georges, est décédé à un an, pendant la guerre. Des trois enfants qui restaient, c'était elle la plus jeune. Marcel Charles Olivier, son père, était peintre. Après une vie de dur labeur, le vieil homme âgé de quatre-vingt-douze ans croyait finir ses jours paisiblement. C'était AVANT Fourniret. Avec la compagne de ses vieux jours, Yvonne, l'ancien artisan a choisi de s'installer sous le soleil vendéen, dans un coquet pavillon. Droit comme un I, le petit homme ne fait aucune difficulté pour nous recevoir. « Ma fille a toujours eu son petit caractère, mais elle n'était pas méchante. Monique se heurtait facilement à sa maman… qui finalement lui cédait tout. Jusqu'à lui acheter un jour une voiture, sans m'en parler. »

De son propre aveu, Monique était en effet plus proche de sa mère, Suzanne, née Marchand. De nombreux enquêteurs, magistrats et doctes experts, belges et français, ont tenté de la percer à jour, dans la solitude du parloir de sa prison. Monique Olivier n'est finalement pas très prolixe sur son père, même quand il s'agit de ne pas en dire beaucoup de bien. En revanche, elle ne tarit pas d'éloges sur sa mère : « C'était la gentillesse en personne. Elle était douce et généreuse. Maman avait bon caractère, et j'en ai hérité. C'est vrai, je me mets difficilement en colère. Elle se sacrifiait pour tous les autres. Pendant dix ans, elle s'est occupée de ma grand-mère maternelle, grabataire et hémiplégique. »

Le frère aîné de Monique, Jacques, est aujourd'hui âgé de soixante-six ans, il est retraité. Marié et père d'une fille, lui aussi était peintre, en Bretagne. Monique dit qu'elle éprouvait du respect pour lui : « J'aurais aimé avoir un père comme lui. » Michel, lui, est né en 1942. « Il a l'âge de Fourniret », note Monique Olivier. Lui aussi s'est lancé dans la peinture. Marié, père de deux enfants, et même grand-père, il est installé à Nantes : « Tous les deux, on se chamaillait fréquemment, mais pas plus que cela. Nous jouions, sans complicité particulière. »

Marcel Olivier se souvient du déménagement familial, de la Touraine pour le pays nantais : « Nous avons quitté Tours dans les années 60, Monique avait cinq ans. Elle est allée à l'école jusqu'à quinze ou seize ans, c'était une élève moyenne. » Elle dit avoir vécu une enfance calme et heureuse, sans violence ni maltraitance. Une atmosphère familiale très normale mais rigide.

« Il y avait bien quelques disputes, mais rarement. Mes parents avaient l'air de bien s'entendre. » Le foyer était modeste, mais les enfants n'ont manqué de rien. Elle ne s'en cache pas, sa scolarité à l'école primaire a été médiocre. Malgré cela, elle n'a jamais redoublé une classe, ce qui ne suffit pas aujourd'hui à la satisfaire : « Je n'étais pas une bonne élève. » Inscrite dans une école publique, elle rencontre très vite de grosses difficultés à apprendre, et plus encore à retenir les leçons de ses maîtres.

« Je faisais mes devoirs, mais, au moment des interrogations, je paniquais. J'avais peur. Il m'est arrivé de me cacher pour éviter d'être interrogée devant les autres élèves. » C'est sa mère qui réussit le mieux à la faire travailler, toujours près de sa fille pour les devoirs que celle-ci rapportait à la maison, avant de repartir organiser les rendez-vous professionnels de son mari.

Adolescente, Monique a souffert de rhumatismes articulaires qui, d'après elle, l'ont éloignée de l'école durant plusieurs mois. Elle a quatorze ans et en reste là avec les études. Elle ne sera même pas présentée au certificat d'études primaires. Sans hésiter, elle fait porter la responsabilité de son échec scolaire sur son père : « S'il s'était un peu plus intéressé à moi… » Selon Monique, il n'aurait pas eu la « fibre paternelle ». Elle ne se souvient pas d'un quelconque témoignage d'affection de sa part : « C'est comme si c'était un étranger. » Certes, Marcel Olivier subvenait aux besoins de la famille, mais il aurait été indifférent au reste. « On ne manquait de rien, précise Monique. On partait en vacances, il nous installait dans un camping, et il repartait au travail. »

Monique Olivier va tout de même aller au collège.

« Parfois, cela me complexe. Je passe quelquefois pour une rien du tout. Je n'ai aucun diplôme, pas comme Fourniret ! » Cette période adolescente, elle ne l'a pas mieux vécue hors de l'école qu'en classe. Elle se décrit comme trop timide pour se faire des amis. Elle ne s'intéressait pas beaucoup aux jeux et à tout ce qui distrayait les enfants de son âge. La majorité étant alors à vingt et un ans, il n'était pas question, chez les Olivier, de laisser sortir leur fille avant ce qu'ils considéraient comme le véritable point de départ d'une vie d'adulte. Pas beaucoup de loisirs, peu de lectures, quelques disques, l'adolescente s'est renfermée sur elle-même, sans véritable environnement amical ou relationnel.

Elle affirme que ses frères auraient été aussi victimes du peu d'intérêt de leur père pour leur avenir. Michel, le second des garçons, semblait cependant avoir ses faveurs. « Il était toujours mis sur un piédestal. Il n'y en avait que pour lui. J'ai l'impression que, pour mon père, moi et mon frère aîné n'existions pas. » Elle a cependant une explication à cette attitude : « Michel était gentil et serviable. »

La seizième année de Monique Olivier passe tout doucement. Elle reste à la maison sans travailler, occupant son temps à garder un petit garçon. Le grand-père de Monique ayant exercé dans les Postes, le père de la jeune femme l'imaginait tout naturellement fonctionnaire, elle aussi : « J'ai pris des cours de secrétariat dans une école privée durant environ deux ans. Cela ne m'emballait pas. Mon père disait : “C'est moi qui paye !” Je ne me suis jamais présentée aux examens ! » C'est néanmoins grâce à ces cours qu'elle a rencontré son « premier garçon ». Elle aimait bien le retrouver à la sortie de l'école, lui aussi, mais ils n'osaient pas se le dire. « Une fois, il a essayé de m'embrasser, mais je me suis écartée car je ne savais pas comment m'y prendre. » C'est vrai, elle n'a jamais reçu de conseils en matière de sexualité de la part de sa mère, pourtant si proche d'elle. « C'est une chose qui m'a fait défaut. Lorsque j'ai eu mes premières règles, j'ai eu très peur, elle m'a dit : “C'est normal, tu deviens une jeune fille.” »

Elle a dix-huit ans. Son père pense que rien ne vaut mieux que la vie active. Il la fait embaucher comme secrétaire dactylo chez un agent immobilier. « Ce travail ne me plaisait pas, avoue Monique. Moi, j'aurais voulu faire médecine. Déjà, à la maison, si quelqu'un se plantait une épine dans un doigt, j'éprouvais le besoin d'intervenir. Il fallait que je soigne. Je n'ai jamais eu de plaisir à faire souffrir. » Selon elle, son père continue à ne pas prêter attention à ses efforts, quand elle tente d'en faire : « J'étudiais l'anglais par correspondance. Un jour, je reçois les corrigés, j'avais une bonne note. Je la lui montre. Il me dit : "Qu'est-ce que tu veux que ça me fasse ?" » Monique Olivier regrette d'avoir gâché ses dix-huit ans, à cause de cette occupation qui ne l'intéressait pas. Mais il existe une autre raison à ses regrets, et celle-ci lui paraît bien plus grave. Sa mère s'était en effet mise à boire depuis quelques années… « par infortune conjugale », selon elle. « J'ai découvert en grandissant que ma mère buvait. Elle n'a pas toujours été comme ça. Son couple a été perturbé par la maladie de la grand-mère. Mon père a dû trouver ailleurs ce qu'il n'avait pas à la maison. » Elle dit s'être alors révoltée contre cet alcoolisme latent. Elle avoue même avoir été méchante et dure avec sa mère. Monique vidait dans l'évier les bouteilles qu'elle trouvait. Elle semble surprise qu'une femme si bonne ait pu en arriver là : « À part l'alcool, je n'ai jamais rien eu à reprocher à ma mère. »

À dix-neuf ans, elle se fait licencier de son emploi de bureau pour incompatibilité d'humeur avec sa seule collègue. Pendant deux ans, Monique continue à vivre peu entourée. Sa mère a bien du mal à l'envoyer jusqu'à la patinoire : « J'étais plutôt timide et complexée, car j'étais toujours plus grande que les autres. On m'appelait la girafe. » Une seule chose la passionnait, l'archéologie. Elle participe à plusieurs chantiers organisés par le Touring Club.

Elle va connaître sa première étreinte au cours de l'un d'entre eux, à Metz. Elle rentrait à Nantes. À la gare messine il n'y a plus de train et un militaire la drague. « Heureuse et flattée que quelqu'un s'intéresse à elle », elle ose même accepter que le jeune homme aille avec elle jusqu'à l'hôtel où elle était obligée de rester pour la nuit. Sa découverte de la sexualité se serait plutôt bien passée. Pourtant, quand elle sera interrogée par un expert psychiatre, en juillet 2005, elle regrettera d'« avoir perdu sa virginité de façon idiote ». Elle ira même jusqu'à qualifier de viol ce qui lui est arrivé cette nuit-là, considérant que son amant l'avait séduite avant qu'elle n'ait consenti à quoi que ce soit...

Un beau jour, le père de Monique Olivier quitte le domicile conjugal. La voilà seule avec sa mère. À cette époque, Monique a déjà le physique rébarbatif sur lequel Michel Fourniret s'attardera bien plus tard. C'est une jeune fille au visage lunaire, avec une grande bouche au-dessus d'un menton et de joues tout en rondeurs, la carrure large, le cheveu noir, raide et abondant, coupé à la Jeanne d'Arc. Plus petite que sa fille, Suzanne Olivier est devenue une vieille dame souriante, mais son visage est marqué par la boisson et la fatigue. Elle est tassée sur elle-même, sa chevelure a blanchi. Monique aime faire des balades au bord de la mer avec elle. Toutes les deux semblent heureuses, malgré leurs solitudes mêlées.

C'est à l'âge de vingt-deux ans que Monique Olivier rencontre André, un voisin. Il a quinze ans de plus qu'elle. Depuis longtemps, il lui faisait des petits signes quand il la croisait :

« Il était moniteur auto-école, à côté de chez mes parents. Il était marié, père de famille. Mais sa femme l'avait quitté. » De son côté, Monique ne supporte plus de voir sa mère « boire de plus en plus ». Elle décide d'échapper à cela, prête à tout pour y arriver. D'abord, André lui propose de s'occuper de la réception de ses clients. Elle accepte puis rapidement s'installe chez lui. La mère de Monique décède dans ces années-là, vers 1970.

« Je ne sais pas de quoi. Je me souviens d'une hospitalisation en urgence. Elle est morte à l'hôpital. Elle avait une soixantaine d'années... » Six mois après le décès de sa mère, son père se met en ménage avec une autre femme : « Un jour, il m'a parlé de maman. Il m'a dit : "Les enfants, c'est elle qui en voulait." »

Monique Olivier va vivre une dizaine d'années en concubinage avec André. Ils auront deux garçons : Mickaël, né le 4 juin 1980 à Nantes, et Pierre[1], le 2 août 1981 à Challans. Quelques années ont passé, et André a vendu son fonds de commerce pour acheter un ancien restaurant. Il s'est mis à exercer sa vraie passion, la peinture. « Il est devenu complètement paranoïaque », se souvient Monique Olivier, dévoilant un aspect de la personnalité de son premier mari que celui-ci réfute. « Pour lui, dès que je sortais, j'avais des aventures... il expliquait que j'étais une obsédée sexuelle. Il s'imaginait que je le trompais avec des hommes, des femmes, des animaux même... Il pensait que nos deux garçons n'étaient pas de lui. Il est devenu très violent. »

Et elle décrit comment André, entre autres scènes de violence conjugale, l'aurait frappée durant deux nuits d'affilée, l'étranglant et lui plongeant la tête dans la baignoire pour lui faire avouer que leurs deux enfants étaient

1. Les prénoms ont été changés.

les œuvres d'un autre que lui. « J'ai fini par mettre par écrit tous les aveux qu'il voulait. » Une assistante sociale intervient alors. Monique Olivier et ses enfants se retrouvent trois mois dans un foyer. Malgré cette douloureuse expérience, elle se rapproche à nouveau d'André, « en attendant de trouver autre chose ». Mais, selon elle, elle comprend très vite son erreur : « Je ne supportais plus cette ambiance. Je suis partie, sans logement, sans enfants, sans travail. »

C'est une amie qui l'accueille, à Nîmes. De son côté, André emménage à Montpellier. Un prêtre oriente ensuite Monique vers une association, Le Pain partagé. Elle occupe une chambre dans un hôtel-restaurant, puis décroche un emploi par le biais des petites annonces locales : « J'ai trouvé une jeune femme handicapée par la polio qui cherchait une auxiliaire de vie. »

Elle s'installe dans son propre appartement, avec ses deux garçons. Mais André serait très vite revenu à la charge. Monique le revoit d'abord chaque week-end. Puis, il obtient gain de cause et s'installe à nouveau chez elle.

Monique Olivier raconte que sa tranquillité n'a pas duré longtemps. La jalousie et la violence de son compagnon auraient décuplé, il se serait mis à la surveiller comme un fou : « Il coinçait des allumettes au-dessus des portes pour voir si je sortais. » André aurait cherché à lui faire assumer jusqu'au bout ce qu'il soupçonnait chez elle : « Une fois, près de Nîmes, il a voulu que j'aie des relations sexuelles avec plusieurs hommes. Il m'a forcé à faire une fellation à l'un d'entre eux. Il a voulu recommencer le lendemain, mais j'ai refusé. » Le couple continue à se disputer au sujet de la garde des enfants. André aurait menacé de les emmener : « Il me faisait le chantage aux enfants. Il criait :

"Tu ne les verras plus !" » Pour échapper à cette extrémité, Monique accepte de lui laisser l'autorité parentale.

Le père de Monique évite de trop évoquer cette période noire du premier mariage de sa fille. À moins qu'elle ne lui en ait jamais vraiment parlé : « Avec André, Monique a vécu deux ou trois ans à La Chapelle-sur-Erdre. Un beau jour, elle l'a quitté sur un coup de tête. Elle ne m'en a pas beaucoup parlé. Le problème avec Monique, c'est que, comme sa mère, elle aime bien affabuler. Ma femme disait que Monique n'en faisait qu'à sa tête, et elle avait raison ! » Mais Marcel Olivier imagine aussi autre chose : sa fille a pu inventer tout ce qu'elle dénonce avoir subi de la part d'André. Cependant, si des assistantes sociales, une amie, un prêtre sont intervenus, il reste sans aucun doute des traces de ces aventures. « Elle s'était installée à Vic-le-Fesq, ajoute son père. Elle ne m'a pas donné un coup de téléphone. J'ai fait des démarches auprès de la préfecture pour la retrouver, et je suis allé deux fois à Vic. La deuxième fois que je suis allé la voir, elle m'a annoncé qu'elle louait une voiture pour se rendre dans le nord de la France. À Vic, elle m'a aussi dit avoir fait un mariage blanc avec un Américain, pour partir aux États-Unis. L'Américain en question faisait des études littéraires, je crois, une thèse sur un écrivain, peut-être à la faculté de Montpellier, je ne me souviens plus. »

Quant à Fourniret, le père de Monique Olivier en a un souvenir mi-amusé, mi-interrogateur. « C'était un être baroque. Je me souviens qu'un jour, pour Noël, il m'a offert une planche sur laquelle était inscrit : "Planche de salut." Je n'ai pas eu d'explication, mais j'ai trouvé ça très étrange. »

Monique a changé. Elle a maigri, même si elle a conservé une forte stature et les hanches larges. Mais son visage s'est creusé. Et surtout, elle laisse désormais aller ses cheveux au vent. Au gré de son humeur, sa coiffure est lâchée sur ses épaules, ou bien elle se tresse une natte qui lui tombe jusqu'à la ceinture. Même son habillement a évolué ! Elle est maintenant vêtue de chemises claires et de pantalons de toile délavée. Monique Olivier est devenue une jeune femme *a priori* bien dans sa peau, même si certains de ses regards, un peu perdus dans le vague, semblent dissimuler bien des interrogations.

C'est la femme dont elle s'occupe qui lui a présenté « l'ami américain ». Il s'appelle Mark Edmond Skelly Wilson, et il a trente-huit ans. Ils se marient le 8 février 1986 : « C'était un écologiste qui avait un curieux style de vie. Ses papiers n'étaient pas en règle, il m'a proposé un mariage blanc. J'avais encore en mémoire la phrase de mon ex-conjoint : "Si tu te maries, je te rends les enfants !" J'ai accepté le mariage blanc simplement pour qu'il bénéficie de la nationalité française. Mais André n'a pas voulu me rendre les garçons. » Elle conserve cependant un droit de visite, les week-ends, qu'André ne lui a jamais laissé exercer. Elle fait même inscrire chaque refus sur la main courante du commissariat de Nîmes.

En tout cas, selon elle, blanc ou pas, le mariage avec l'écolo fut consommé. « À moi aussi, ça me manquait », avoue-t-elle. Mark Wilson n'a pas le même souvenir. « Nous n'avons jamais eu de relations sexuelles ensemble. Dans le village, je me souviens que Monique Olivier avait fait venir un homme dans notre maison. Je lui avais dit d'arrêter cela tout de suite car nous vivions dans un petit village de quinze personnes et que tout allait se savoir, notamment le faux mariage. » Le jeune Américain ne comprend pas les accusations de Monique à l'encontre d'André, son premier mari. « Le père de ses deux garçons était très gentil. Il laissait Monique Olivier seule avec eux dans sa maison. Les propos que Monique Olivier tenait n'étaient pas conformes à ce que je voyais, notamment dans ses relations avec son mari et ses enfants. » La parenthèse nîmoise de Monique Olivier a duré environ trois ou quatre ans. Avant qu'elle n'en parte, Mark Wilson rencontre une fois Fourniret. « Je ne lui ai pas serré la main, il ne m'inspirait pas. J'ai fait le Vietnam et, quand je l'ai vu, j'ai eu cette impression de mort, je l'ai trouvé malsain. »

Nous sommes en 1985. C'est à cette époque qu'elle prend contact avec Fourniret. Monique Olivier n'a jamais été visiteuse de prison. Elle cherche juste à recevoir du courrier. Les versions de leur premier contact divergent. Fourniret dit être tombé sur une annonce de Monique, elle affirme exactement le contraire. Elle serait tombée sur l'appel de Fourniret dans *Le Pèlerin*, un magazine que lisait Marguerite R., dont elle s'occupait, rue Saint-Antoine, à Nîmes.

« Je ne cherchais pas spécialement. Le contenu de l'annonce ne laissait pas voir s'il s'agissait d'un homme ou d'une femme, j'ai cru que c'était une femme. Visiblement, il fallait pour le correspondant sortir de sa solitude. J'ai écrit, il m'a répondu. Il m'a expliqué qu'il était prisonnier, mais je n'en ai pas tenu compte. J'avais seulement envie de lui écrire, même pas de le connaître. » Michel Fourniret et Monique Olivier échangent une ou deux lettres par semaine :

« J'écrivais souvent, précise-t-elle aujourd'hui. Lui a un style spécial, c'est le jour et la nuit avec moi. » Monique est tombée sous le charme des qualités épistolaires de Fourniret : « J'avais plaisir à le lire. J'étais heureuse. Enfin, j'existais aux yeux d'une autre personne... »

Dès les premiers courriers, Michel Fourniret lui explique qu'il a été condamné pour des agressions sexuelles et des viols. Elle n'en a cure ! Les lettres de cet inconnu sont si belles ! « Pour moi, il avait été arrêté, il allait être jugé, puni. Il allait pouvoir payer sa dette à la société. Je pensais qu'il ne recommencerait plus. J'étais seule, déboussolée... et je ne pensais même pas le rencontrer un jour. » Et pourtant, cela va se produire, une première fois : « Il m'avait donné la date exacte de son passage aux assises. Je suis allée au palais de justice. Lors d'une suspension de séance, je lui ai serré la main et nous nous sommes entretenus deux minutes. » Selon elle, Fourniret lui aurait tendu un piège... et elle serait tombée dedans ! Pas mal de lettres plus tard, elle écrit à son nouvel ami si érudit qu'elle ne peut continuer à s'occuper de la jeune malade nîmoise qu'elle a en charge. Fourniret lui fait alors parvenir les coordonnées de deux personnes habitant à Paris. « Il m'a proposé de venir loger chez eux. » Monique Olivier se rapproche de l'une des familles, celle d'un codétenu de Fourniret. À travers lui, elle fait aussi la connaissance d'ex-prisonniers. De nouveau à la recherche d'un travail, elle trouve cette fois-ci une personne âgée à garder.

De ce jour, Monique Olivier ne quittera plus Michel Fourniret, pour le meilleur et, peut-être le savait-elle déjà à cette époque... pour le pire. Et elle s'en explique : « Les détenus m'étaient peut-être sympathiques parce que André, mon premier mari, était un ancien policier de la DST. Après ce que j'avais subi, je préférais les prisonniers aux flics… »

Le jour où Fourniret franchit la grille de la maison d'arrêt, Monique Olivier l'y attend, la tête remplie d'illusions : « Je pensais qu'après la prison, on n'était plus comme avant. J'étais séduite par Michel Fourniret. Il se décrivait comme quelqu'un de courageux et de travailleur. » Le couple part directement dans les Ardennes, lui voulait voir sa sœur. Puis les deux « amants » redescendent dans l'Yonne. Ils vont y rester durant quelques mois. Ils étaient déjà amants : « Il donnait l'impression de ne pas avoir beaucoup d'expérience dans ce domaine. Par rapport à André, ce n'était pas la même chose… Mon premier mari avait l'habitude des femmes. Fourniret semblait ne pas être très expérimenté. »

12
Un duo de pervers

« La personne était à ma merci, à condition que je puisse la désirer. C'est l'inverse qui s'est produit. Comme un écœurement. Il y a une différence entre l'idée qu'on se fait d'une chose et la réalité de cette chose. Quand on cherche un symbole, on s'approche de l'être qui le détient mais, en fait, ce n'est pas un symbole que vous avez là mais un être humain. »

C'est ainsi que Michel Fourniret évoque son tout premier meurtre, même si ce n'est pas le premier qu'il avouera.

Deux mois avant ce crime, il était encore en prison et envoyait à Monique Olivier ses derniers courriers avant sa sortie. La jeune femme a gardé toutes les lettres qu'il lui a écrites de sa cellule de Fleury-Mérogis, à la fin des années 80. De son côté, Fourniret a mis de côté toutes les missives qu'elle lui a fait parvenir. « Il est très conservateur. Il gardait tout… » Et c'est peut-être ce qui les perdra, le jour où ce couple diabolique rendra des comptes. Car cette correspondance est désormais aux mains de la justice.

Monique Olivier précise que cette relation écrite avait débuté alors qu'elle tentait de refaire sa vie avec son Américain. Un gros problème se posait à elle, l'empêchant apparemment d'entamer une nouvelle existence en toute quiétude : elle n'arrivait pas à récupérer ses enfants.

C'est là que Fourniret et elle auraient « signé » un véritable pacte de sang. Une fois sorti de prison, l'ami qu'elle s'était fait au fil de la plume devait la débarrasser de son premier compagnon afin qu'elle puisse récupérer sa progéniture. C'est à partir de là qu'elle s'est donnée à Fourniret, corps et... âme.

Dès juillet 1987, leurs échanges paraissaient avoir une autre teneur que celle d'une banale correspondance amoureuse... Un sinistre contrat semblait scellé. Monique Olivier s'était plainte, auprès de son « petit taulard préféré », des affres que lui auraient fait subir les hommes qu'elle avait connus « avant ». En particulier, elle exprimait tout le ressentiment qu'elle éprouvait envers le père de ses deux fils, dont elle prétendait vouloir recouvrer la garde. Le détenu a résumé alors, à sa façon, comment il envisageait la situation : « Il existe des moyens de le contraindre à te supplier de les reprendre. Ils sont bien plus directs, mais aussi plus efficaces et rapides... »

Sous le prétexte fallacieux de la rapprocher de ses deux enfants, Michel Fourniret promettait donc très explicitement à sa nouvelle amie de la « libérer » de son passé... d'une manière radicale... « À présent, penchons-nous sur les coupables », expliquait-il dans une de ses réponses à Monique. « Merci pour tes précisions. Depuis plus longtemps que tu ne saurais te douter, sans t'en parler, j'ai posé les jalons pour prendre des contacts dehors avec deux hommes qui n'ont pas froid aux yeux. » Le détenu ajoutait avoir fait le nécessaire pour disposer des « accessoires » dont il pourrait avoir besoin pour une action individuelle. Celle-ci devait être « bien réfléchie et préparée ». Et Fourniret invitait Monique à la prudence dans ses lettres : « Il n'est pas souhaitable d'écrire ce dont nous parlerons de vive voix, et qui a pour but de récupérer les deux oisillons qu'il me révolte de savoir séparés de leur maman », écrivait-il en août 1987.

À aucun moment, Monique Olivier ne s'est effrayée des moyens que celui qu'elle nommait son « Sher Khan » (*sic*) voulait mettre en place. Au contraire ! « C'est avec plaisir que j'exécuterai tes ordres. Tu sais, ta Nanouchka est prête à t'aider dans beaucoup de choses. Je veux travailler auprès de mon fauve, le seconder. Cela me ferait tellement plaisir. Comprends-tu ce que je veux dire ? » écrivait-elle en septembre. Tout au long d'un courrier fourni et enflammé, dont les détails n'avaient pas été rendus publics jusqu'à aujourd'hui, les deux complices ont mis au point tout ce qu'ils entreprendraient, dès la sortie de prison de Fourniret. André, le premier mari, figurait en tête de la liste des hommes à rayer de leur paysage. Le 29 août 1987, Fourniret écrivait à Monique : « Simuler un accident ou un suicide a retenu mon examen mais ce serait trop douce exécution. Bon, la machine est en marche, prenons le temps de tout envisager et étudier. »

Avec l'ex-mari, un illustre inconnu devait également faire les frais de Fourniret « le vengeur ». Un inconnu auquel Monique Olivier aurait été contrainte de faire une fellation, selon le fantasme et sous les yeux complaisants d'André. En « croisé de la justice », la sienne en tout cas, Michel Fourniret a allongé la liste de ses futures victimes : Mark Skelly Wilson, avec qui Monique Olivier avait contracté un mariage blanc, devait, lui aussi, disparaître : « C'est quand tu les jetteras en même temps que mes coups à la face des coupables "A. [*André*] et son complice de la ZI [*l'inconnu caressé par Monique dans la pénombre d'une zone industrielle*]" quand je leur ferai expier leurs crimes, je sais à présent aussi que je tuerai Mark. » Enfin, en orgueilleux revanchard, il voulait éliminer le conscrit qui, au hasard d'une rencontre de jeunesse, avait ôté sa virginité à sa « Nanouchka ».

En dépit de ses macabres projets, il reste un amoureux transi : « Et ce sexe étroit, je le prendrai quatre fois, la première pour Thionville [*là où Monique avait été déflorée par un militaire de rencontre*], la seconde pour A., la troisième pour la ZI, la quatrième pour la Louisiane [*l'époux américain*] », promettait-il à sa douce.

Mais Fourniret n'a rien fait gratuitement. Lui aussi avait ses revendications ! Et sa belle, reconnaissante, lui a promis de les assouvir. Il s'agissait ni plus ni moins que de l'aider à trouver des « vierges » dès qu'il serait libre. Ainsi, dans une missive datée du 5 septembre 1987, il évoquait sa future quête dans un style encore en demi-teinte : « Je dois établir un programme, avoir assez d'argent pour oublier l'argent et liquider trois types, disposer d'une jeune fente, plaisirs du risque, enlèvements. » Dix jours plus tard, il annonçait à Monique : « Si l'idée de défloration me revient un jour, je t'en parlerai, je n'entreprendrai pas d'action sans t'en parler. » Et le couple infernal ne va plus cesser d'imaginer comment faire taire les fantasmes de Fourniret.

À plusieurs reprises, dans un langage codé qui n'appartient qu'à eux, ils vont faire allusion aux « MSP » qu'il leur faudra traquer… Plus tard, beaucoup plus tard, les enquêteurs apprendront la signification de ce sigle. C'est Monique qui leur donnera l'abjecte réponse : « Membrane sur pattes… »

De longues années après, au cours de ses interrogatoires menés par les enquêteurs et au travers de ses entretiens avec des psychiatres, Fourniret évoquera « le cas André M. », un homme qu'il trouve différent de lui : « C'était un ancien fonctionnaire de police. Il est devenu artiste peintre. Il a dessiné des portraits de Monique, et elle voulait qu'un jour, je détruise ces tableaux, pour en finir avec ce passé… » Il confirme qu'il a même songé très fortement à le supprimer, ou plutôt à le faire tuer. « Il était méchant, tyrannique et pervers. Il lui a même retiré ses enfants. J'ai en effet imaginé trucider le bonhomme, mais je ne l'ai pas fait pour leurs enfants. J'avais même passé un contrat avec un tueur, mais finalement je ne lui ai pas donné la photo de sa victime. »

Le 22 octobre 1987, Michel Fourniret recouvrait donc la liberté, après quarante-trois mois d'emprisonnement à Fleury-Mérogis. Un rapide voyage dans l'est de la France expédié, le couple prenait possession d'une petite maison de Saint-Cyr-les-Colons, un village de deux cents habitants, au 19, rue Porte-Coulon, sur la route de Préhy dans l'Yonne. En fait, la demeure appartenait au premier beau-père de Fourniret. Robert Guimiot était le maire du lieu, à l'époque. Et comme la plupart des villageois, il n'a pas beaucoup de souvenirs de Fourniret : « Il ne se montrait pas. Personne ne savait s'il avait une activité salariée. Certains se demandaient s'il était en règle[1]… »

1. *L'Yonne républicaine.*

M. le maire se souvient que ce nouvel administré était venu se présenter à sa secrétaire. Il avait indiqué son adresse précédente sans sourciller : 1, rue de la Santé à Fleury-Mérogis. « Le lendemain, j'ai dit : encore un taulard qui veut se mettre au vert ! » sourit M. Guimiot encore aujourd'hui.

Malheureusement, ces « soupçons » n'ont fait l'objet d'aucun prolongement. Fourniret et sa compagne ont commencé alors une formation au tourisme rural, organisé par le GRETA. Leur reconversion n'a pas duré longtemps, car ce stage ne les intéressait pas beaucoup, ils ont surtout trouvé par ce biais de quoi toucher quelques subsides. Fin de l'histoire. Il n'y aura jamais de table d'hôte « Chez Michel et Monique ». Le département de l'Yonne, qui a déjà assez souffert dans le domaine criminel, a-t-il peut-être échappé à son « Auberge rouge » à ce moment-là ?

En fait, Fourniret s'est surtout occupé d'André. Le premier mari de Monique se souvient de sa première visite : « Il est venu au 20, rue Lazarus, chemin d'Avignon, à Nîmes. C'est là que mes ennuis avec M. Fourniret ont commencé. Un jour, quelqu'un a sonné. J'ai aperçu Monique Olivier et une femme qui l'accompagnait. Un homme rasait le mur. J'ai su plus tard que c'était Michel Fourniret. À mon avis, ils voulaient récupérer les enfants que nous avons eus, Monique et moi. Ou peut-être tentaient-ils de me faire peur pour que je cède au sujet de la garde des deux garçons. »

André se rappelle aussi cette visite du 25 octobre 1987 : « Il s'est planté devant chez moi avec Monique. Quand je suis sorti, je me suis dirigé vers ma voiture avec les enfants. Michel Fourniret s'est dirigé vers moi. Je ne sais pas pourquoi, mais j'ai ressenti chez cet homme une grande hostilité envers moi. Je me suis enfui en voiture en prévenant le commissariat. Apparemment, cela les a fait déguerpir ! » Après ce second épisode, André se sentait épié, suivi : « J'ai eu l'impression que mes voisins du dessus, des gens du voyage sédentarisés, cherchaient à me nuire. J'ai quitté cette adresse. Pour moi, Fourniret était derrière tout cela... »

Durant les tout premiers temps de leur vie commune en Bourgogne, Michel Fourniret fut un excellent compagnon : « Je ne pouvais pas me plaindre, il était agréable et de bonne humeur, toujours vif. Il était même très gentil avec moi. Sans doute aurait-il bien aimé que je sois plus affectueuse avec lui... » Oui, mais voilà... Il l'a très vite questionnée sur sa virginité, alors elle lui a conté ses aventures de chercheuse de trésors historiques et sa nuit messine : « Fourniret n'a pas supporté d'apprendre cela. Il me traitait de salope, de putain. Pour lui, à vingt ans, toutes les femmes étaient comme ça. » L'ambiance a tourné au vinaigre dans la petite maison à un étage de Saint-Cyr. « Après il n'était plus du tout attentionné. Des fois, il me déboussolait par ses changements d'humeur. Il m'envoyait balader violemment. J'étais effrayée, je m'enfermais dans la maison et je n'osais plus sortir. » À chaque fois, il regrettait son attitude. « Mais il n'était jamais violent par les gestes, seulement par des paroles très blessantes que je recevais comme des gifles. Il me traitait d'incapable, de bonne à rien. »

Et tout aussi rapidement, quelques mois après s'être installé avec elle, son compagnon lui a demandé de lui trouver une vierge. Monique devait lui prouver son amour en lui ramenant une jeune fille semblable à elle, plus jeune.

Et là, en la déflorant, il pourrait imaginer avoir pris la virginité de sa compagne : « Je savais ce qu'il voulait. Si je pouvais lui offrir la virginité d'une autre, c'était comme si c'était la mienne... » Monique Olivier tentera longtemps de minimiser sa propre responsabilité et sa participation à la recherche d'une vierge pour « son homme ».

Ainsi, le 28 juin 2004, elle a raconté à Jacques Fagnard, commissaire de la police judiciaire de Dinant en Belgique : « Michel est rentré un jour à la maison avec une jeune fille qui devait avoir seize ou dix-sept ans. Elle avait les cheveux longs, châtain clair. Michel la maintenait par le bras. Il est entré dans la maison avec elle... » Beaucoup plus tard, et notamment lors d'une expertise, début 2005, elle expliquait : « Il avait repéré une jeune fille et monté tout un plan à la sortie du lycée. J'ai fait ce qu'il me disait. J'ai demandé à la petite une adresse, sur son trajet. »

On est loin, ce jour-là, de la vérité sur la mort d'Isabelle Laville. L'histoire vraie de son enlèvement et de sa mort, c'est Michel Fourniret qui l'a contée, d'abord aux policiers et aux magistrats belges, puis à leurs collègues français *(voir le chapitre 1).*

Ensuite, de plus en plus complaisamment, devant les psychiatres et psychologues commis par la justice française qui l'examineront jusqu'en juillet 2005, il a ajouté des détails à son récit. La rencontre avec la jeune Isabelle aurait été fortuite. Il n'avait effectué aucun repérage, même si sa complice pense le contraire. À moins qu'il veuille l'impliquer *a minima*...

« À cette époque, Monique faisait preuve d'apathie. Elle connaissait aussi mes attentes... » Pourquoi la jeune fille a-t-elle accepté si facilement de monter dans la voiture pilotée par Monique ? « À mon avis, elle a accepté parce qu'elle allait dans la même direction... et parce que j'étais seule », précise celle-ci.

Fourniret se souvient de ce qui s'est passé, mais il occulte la cordelette qu'il a entourée autour du cou de sa victime. Il prétend même ne pas avoir entravé celle-ci par la suite. Il explique avoir tout improvisé, en oubliant les calmants qu'il administre à Isabelle pour l'endormir. Mais pourquoi, selon lui, n'a-t-il pas profité d'elle, après l'avoir transportée chez lui, déposée sur un lit, presque inconsciente ? « Elle m'est apparue trop vulnérable et, du coup, cela ne m'a pas troublé physiquement. Un sourire, un début de participation ou une résistance, si vous arrivez à la surmonter, c'est important. Sans un consentement, même s'il est forcé, cela n'a plus d'intérêt. Là, le spectacle était pitoyable. »

Vus par Monique Olivier, les faits sont un peu différents. Selon elle, elle ne sait plus très bien ce qu'elle a fait, à partir du moment où ils sont arrivés chez eux, avec Isabelle : « Je suis incapable de quoi que ce soit. J'ai peur. » Et quand Isabelle Laville fond en larmes et commence à nouveau à se rebeller, comme elle le peut, Fourniret explique : « Pour moi, c'était un échec, et orgueilleux comme je suis, je ne pouvais l'accepter. Alors, j'ai mis fin à cette situation en tuant la gamine. Je l'ai étranglée, à mains nues... »

Pourquoi la version que Monique Olivier a livrée à la justice belge diffère-t-elle ? Est-ce la bonne, ou a-t-elle voulu charger Fourniret ? À moins que ce ne soit lui qui tente de se dérober ?

« Quelle imbécile j'ai été de le stimuler, même si cela n'a pas marché... » constate Monique. Lors d'une seconde série d'interrogatoires, Fourniret a déclaré qu'elle a sans doute voulu à ce moment-là sceller son destin au sien : « Pour elle, c'était peut-être une façon de répondre une fois pour toutes à mes questions sur la virginité... »

Ensuite ? Monique Olivier affirme – une fois encore – ne pas se rappeler grand-chose : « Je suis en bas et je me souviens de le voir arriver avec le corps. »

Pourquoi a-t-il tué Isabelle Laville ? « Pour mettre fin à une situation. Pour l'impunité, aussi ! Pour fuir mes responsabilités, confiera-t-il à la police après son ultime arrestation. Mon idée la plus profonde c'était qu'elle ne s'aperçoive de rien. » Fourniret ne prendrait donc aucun plaisir à tuer ? D'abord, il réfute cette idée. Pour ce meurtre on peut éventuellement le croire. Il en rajouterait donc quand il finit par reconnaître l'existence d'une « pulsion » à l'instant où il a tué la jeune fille ?

Isabelle Laville morte, Fourniret n'aurait plus très bien su où il en était. Il a alors tenté d'improviser et serait allé s'en débarrasser dans la campagne.

Et après ? Selon lui, il venait de tuer pour la première fois de sa vie. En était-il troublé ? « Tout s'est déroulé en quelques heures. J'étais comme en dehors du temps, de tout. » Aujourd'hui, Monique dit avoir tenté de lui parler, après ce meurtre : « Il m'a répondu : "De quoi parles-tu ? Je ne vois pas de quoi tu parles." Après, il m'a fait comprendre que j'étais sa complice parce que je l'avais enlevée avec lui. Il me menaçait. J'avais peur de lui quand on se trouvait dans des endroits déserts, j'avais peur pour moi. Des fois, après des paroles maladroites, sa tête changeait, et il devenait mauvais. »

Fourniret a-t-il mis du temps à oublier et à retrouver une existence normale ? « Une fois réalisé mon but, je passe à autre chose... » Il lui faudra exactement huit jours pour « passer à autre chose... » Le 19 décembre 1987, lui et Monique ont pris la route de Nantes. Ils se sont rendus à La Chapelle-sur-Erdre, au lieu-dit Le Cotalard, rue des Potirons... C'est là qu'André, le premier compagnon de Monique, s'était retiré pour exercer ses talents d'artiste peintre, en 1976.

« Le 19 décembre, c'est le jour de mon anniversaire, explique ce dernier. Ce jour-là, des inconnus ont pénétré par effraction dans mon domicile principal. Les individus ont saccagé l'endroit, et surtout près de six cents tableaux que j'avais réalisés. Ils les ont brûlés ! » Sur une plaque de bois brut, une représentation humaine avait été coulée à la cire, des épingles avaient été enfoncées, surtout sur le visage et le cœur. En dessous, une inscription : « Gloire au Maître des Ténèbres », et une forme triangulaire à l'intérieur de laquelle le chiffre 6 retourné avait été tracé de la même main. D'après les témoignages recueillis auprès du voisinage, il semblerait que les auteurs de cette infamie « aient alimenté un feu d'enfer dans la cheminée avec sortie d'étincelles à l'extérieur, sur la toiture ».

Par la suite, André apprit que le diable n'avait rien à voir là-dedans. Les coupables de cette vengeance par le feu étaient Michel Fourniret et Monique Olivier. « Pour moi, Fourniret a bien un profil de tueur, mais pas seulement sur des enfants. Il est tout à fait capable d'exécuter des contrats ! » expliquera André à des policiers.

En tout cas, Fourniret a tenu parole ! Il a détruit toute représentation du passé de Monique qu'elle ne supportait plus de savoir fixé sur des toiles. Et même si c'est elle qui a voulu cette vengeance, lorsqu'il a évoqué ce règlement de comptes, en 2005, il en a revendiqué l'entière paternité : « C'est moi qui ai détruit l'œuvre de ce monsieur ! » Cet « autodafé au pays nantais », s'il est punissable – et il le sera –, ne fut cependant qu'une parenthèse. Depuis la mort d'Isabelle Laville, une semaine plus tôt, l'existence de Michel Fourniret et de Monique Olivier, les pervers diaboliques, était surtout devenue une incroyable fuite en avant criminelle.

13
Le retour au pays

« Monique, c'est une ravissante idiote. À mon avis, elle est chroniquement bête... Elle se garde bien de penser. Elle y fait très attention ! J'avais tout de suite compris qu'elle voulait conserver son indépendance, à n'importe quel prix. Nous n'étions pas partenaires de vie... »

L'opinion de Michel Fourniret sur Monique est tranchée et expéditive. Sa compagne va pourtant le suivre désormais, partout et pour tout...

Depuis sa libération de Fleury-Mérogis, Fourniret n'a pas rompu le lien avec Jean-Pierre Hellegouarch qui finit de purger sa peine. « Un jour, Monique et moi, nous avons reçu la visite de sa compagne, Farida Hamiche. La sympathie est réellement passée entre elle et Monique, explique Fourniret. Farida était très gentille. Moi aussi, je l'aimais bien. »

Courant 1988, le couple quittait la petite maison de l'Yonne pour s'installer dans les Ardennes. Fourniret, qui avait conservé son terrain de Floing, imaginait y construire la demeure de sa vie. « Il est revenu dans son pays d'origine cette année-là, en effet, se souvient encore Jacques D., l'ami de toujours. J'ai pensé qu'il avait besoin de retrouver ses racines. Il n'a pas voulu me voir tout de suite, mais il a rencontré d'autres copains qui n'étaient pas au courant de ce qu'il avait fait. Ce n'est qu'au bout d'un mois et demi qu'il m'a appelé. Je pensais qu'il avait dérapé et avait purgé sa peine. Pour ma part, je n'avais pas à le juger. Depuis ce moment, nous nous sommes vus beaucoup plus souvent. Michel est un homme qui ne se confiait pas et n'avait pas d'amis. Bien sûr, il a connu et eu des relations avec beaucoup de personnes pour qui il avait de l'estime. Je le répète, il ne semblait jamais chercher du plaisir pour lui-même. Quand il passait chez nous, nous buvions un café, parlions de choses et d'autres, mais c'est tout. En plus, je ne joue pas aux échecs, je ne suis pas passionné par la littérature et n'écoute pas de la grande musique comme lui…

« À cette époque, il nous a juste expliqué qu'il était fatigué, usé. “C'est pas dans les bras, c'est la tête”, nous disait-il, et il restait souvent songeur. Alors que, avant, on le voyait toujours faire quelque chose, tiens, démonter une serrure… Michel nous a présenté Monique, une femme très effacée. Je n'ai jamais compris ce qui formait leur couple. Elle avait toujours l'air triste, elle ne prenait jamais de décision. Lui qui est si performant, il y avait un tel contraste entre eux. » Mais Jacques D., comme en écho à Fourniret qui n'en pensait pas moins, ne touche-t-il pas à la véritable nature de leur relation quand il ajoute : « Ils ne formaient pas un couple mais une sorte d'association… »

De son côté, Fourniret peut aussi se montrer indulgent envers sa nouvelle compagne, qui est loin de son pragmatisme et de ses calculs permanents. Il se laisse même aller à un brin d'admiration : « Monique est la seule femme au monde capable de maîtriser l'anglais en une demi-journée, par l'achat de cassettes. À part cela, c'est une grande petite fille, qui a gardé son âme d'enfant, sa fraîcheur, une innocence. Elle n'est pas intéressée, pas snob. Elle aime la musique et la lecture. Elle a une propension à admirer les personnages irréels : Gabin, Ventura, Bonnie and Clyde… »

Revenu à Floing, il se déclare à nouveau comme artisan et crée une société destinée à mettre au point l'automation hydraulique pour Peugeot-Citroën : « J'ai déposé des brevets. J'ai eu de très grandes satisfactions. » Mais, victime d'une fracture du bassin et de la jambe gauche à la suite d'une mauvaise chute, il reste cloué plusieurs mois dans un fauteuil. « Je me suis rééduqué moi-même en installant ma maison. »

Par la suite, il n'exerce plus d'activité artisanale et il pointe aux Assedic. « J'ai pensé à une plus-value immobilière », explique-t-il, sans doute en imaginant vendre à l'époque la maison qu'il voulait bâtir sur son terrain de Floing.

Au printemps de cette année 1988, Michel Fourniret a en effet fait une affaire dans l'immobilier, mais d'une tout autre façon…

Dans le même temps, une autre satisfaction se présentait : Monique Olivier était enceinte de ses œuvres, il allait devenir papa, pour la cinquième fois. Pourtant, leurs relations sexuelles, si elles ont été au zénith au début de leur liaison, s'étaient considérablement altérées. « Au début, nous avions souvent des rapports, presque tous les jours », se souvient Monique, avant de constater : « Après, ça s'est espacé. » Mais comme elle avoue ne pas être attirée par le sexe, elle se contentait donc de sa situation, sans frustration particulière : « Je suis pudique par éducation. Le sexe était tabou chez mes parents. » Et puis Fourniret en a toujours voulu à Monique de n'avoir pas été vierge, d'avoir connu l'amour physique trop jeune, trop vite. Et il le lui reprochait de plus en plus souvent, de plus en plus violemment.

Du coup, pour elle, ce nouvel enfant, « c'était presque un accident ». D'ailleurs, l'événement n'a pas bouleversé Fourniret plus que cela : « Il n'a pas sauté de joie, il a même pensé que je l'avais fait exprès. Je n'avais pas de contraceptifs. Après mes deux premiers enfants, les médecins m'avaient expliqué que je n'aurais pas dû en avoir. J'avais les ovaires dans un état lamentable. Les médecins m'avaient prédit : "Vous n'en aurez plus..." »

L'enfant du couple naît pourtant sans aucune difficulté, le 9 septembre 1988, à Charleville-Mézières. Un beau garçon que Fourniret a baptisé Sélim, prénom d'un ancien codétenu. Mais après Nicolas, son deuxième garçon, le chef de famille ne s'est intéressé que d'assez loin à sa nouvelle descendance.

« Michel ne s'occupait pas du tout de lui, c'est tout juste s'il le touchait, se souvient Jacques D. Le petit n'avait pas de jouet, même pas un doudou. L'enfant dormait dans la seule pièce, une chambre au plafond très bas, dans l'atelier que Michel avait construit. Lui qui a une telle capacité, un tel tonus, je me suis demandé ce qu'il lui arrivait. J'ai même pensé qu'il était dépressif, à force de forcer là-haut, dans sa tête. Il travaillait jour et nuit, voulait trop faire sans s'accorder de répit. Il est allé au-delà de ses limites. Michel a dû penser qu'il n'avait pas réussi à percer dans son élément, se faire une personnalité, une réussite. Et Monique, tout ce qu'elle faisait, c'était de s'occuper du gamin. »

Jacques D. est bien indulgent avec la femme de son ami, car en ce qui concerne Sélim, elle fera tout de même longtemps le minimum, préférant souvent déléguer.

Durant cette année 1988, Monique F… a été – un temps – la nounou de Sélim Fourniret. « J'ai pensé que ce prénom avait une consonance albanaise. Sa maman est venue m'expliquer, en faisant beaucoup de manières, qu'elle était une femme très négligente, et que c'était la raison pour laquelle elle voulait me le confier à garder. Il avait quinze jours d'écart avec mon petit-fils qui est né le 21 septembre 1988 ! »

Toute honte bue, Monique Fourniret a expliqué qu'elle était négligente, et que l'aide maternelle saurait mieux s'occuper de Sélim. Elle lui a appris qu'elle avait déjà deux enfants et, contrairement à la réflexion qu'elle fera des années plus tard, pendant l'enquête, elle a ajouté que c'était son mari qui avait eu envie d'avoir un bébé. Elle, de son côté, s'en serait bien passée. « Vraiment, elle faisait beaucoup de chichis, poursuit Mme F… Je devais garder Sélim assez régulièrement, mais jamais les mêmes jours et nuits. Selon sa mère, c'était en fonction de ses déplacements à Paris, avec Michel Fourniret. Pour elle, ces voyages étaient trop fatigants pour un bébé. »

Monique Olivier lui a raconté encore qu'avec son mari, elle fréquentait les grands restaurants et se rendait à des concerts de musique classique. « Elle envisageait même de subir une intervention de liposuccion sur les hanches. »

Il est vrai que la jeune femme a perdu de la superbe qu'elle avait acquise du temps où elle vivait en Provence, avec son Américain de passage. Le poids des ans en plus, elle a presque retrouvé son visage de jeune fille, rond, surmonté d'une coiffure improbable, insipide. Quant au reste de son physique, c'est bien celui de ses vingt-deux ans, plus rond encore mais flasque.

Monique Olivier a confié encore à Monique F… que ses deux autres enfants vivaient à Paris. « J'ai accepté d'être prévenue à chaque fois au dernier moment pour garder Sélim, se souvient la nourrice. C'était un bambin très gentil, et sa mère disait elle-même qu'il s'éveillait quand il était chez nous, qu'il était éteint chez eux. Selon moi, Sélim n'était pas maltraité. En revanche, il avait très peu de vêtements. Monique m'a dit, une fois, que la salopette qu'il portait ce jour-là, elle et son mari l'avaient trouvée dans les bois. Et les pauvres habits du gosse sentaient le poêle à bois et le graillon. Je me dépêchais de les lui ôter quand il était à la maison. »

Lorsqu'elle emmenait Sélim chez sa nourrice, Monique Olivier se plaignait beaucoup de manquer d'argent. « Et puis, outre le fait qu'elle était vraiment maniérée, elle ne décollait plus de chez nous quand elle s'installait. Elle était si "molle" ! »

Mme F… n'a vu Michel Fourniret qu'une fois chez elle. Il semblait très énervé : « Je le revois encore, en cuissardes boueuses, à l'entrée du couloir. Il ne cessait de répéter, en fronçant les sourcils : "Je suis en travaux, c'est comme ça ! Je suis toujours en travaux ! Amenez-moi mon fils !" Sélim lui a tendu les bras, ce qu'il ne faisait pas avec sa mère. »

Un beau jour, vers 10 heures du matin, Monique Olivier a demandé à la nourrice si celle-ci pouvait garder le petit. Pendant trois jours, le couple n'a donné aucune nouvelle, ni le père, ni la mère.

« À la maison, on a dit : on va l'adopter. » La mère est revenue récupérer son fils au terme de ces trois jours de silence complet. « Elle a déposé les achats qui lui encombraient les bras et, en voyant Sélim, elle est restée figée, les mains le long du corps, se contentant de dire : "Eh bien, Sélim ! tu es en forme !" Cela m'a tellement fait mal que j'en ai pleuré. »

Une autre fois, alors que Monique Olivier était venue chercher son enfant, elle avait oublié le siège-auto. « J'ai donc proposé de les raccompagner pour tenir le petit en voiture, confie Monique F... Là, elle a réagi très vivement : "Ah non ! Ah non !" » Apercevant une superbe couverture dans la voiture, une Renault 21 break, elle s'est entendu dire : « Pour mon mari, rien n'est trop beau pour son chien ! »

Après quelque temps, le petit réussissait à marcher sans se tenir aux meubles. « Je me suis exclamée : "Sélim marche !" s'extasie encore celle qui le gardait si souvent. Sa maman a répondu : "Ah ! si vous appelez ça marcher !" J'étais très peinée. »

Est-ce pour asseoir un peu mieux sa vie sociale que Fourniret, à nouveau papa, termine l'année 1988 avec l'idée de se marier avec Monique qui, pourtant, le satisfaisait de moins en moins, à tout point de vue ? L'union est fixée au 28 juillet de l'année suivante. Plus tard, Monique Olivier commentera sobrement : « Il m'avait proposé le mariage. Moi, je n'y pensais pas spécialement. »

14
Fourniret braque le gang des postiches

« Pour moi, Fourniret était un imbécile heureux qui s'était attaché à moi comme à une bouée de sauvetage. »

Jean-Pierre Hellegouarch n'en revient toujours pas de s'être fait avoir par Fourniret qui, non content de l'avoir volé, a avoué avoir assassiné sa femme. Pour tenter de la violer, comme les autres ? Pas du tout, si l'on en croit le tueur en série présumé. « Farida était une personne très sympathique. En la tuant, j'ai fait taire tous mes sentiments, uniquement pour des raisons matérielles. »

Il aimait bien la femme de son ancien codétenu, mais il l'a supprimée ! Et, comme Michel Fourniret le confiera lui-même, bien longtemps après ce nouveau crime, il n'y avait rien de sexuel dans cette histoire… « On m'a même demandé si j'avais eu une relation sexuelle avec elle. C'est dégueulasse de penser ça ! » Il l'affirme, il n'aurait même pas pu exprimer du désir pour elle.

Un jour, la femme d'Hellegouarch vient donc voir Fourniret de la part de son « homme », encore emprisonné. Farida a un service « confidentiel » à lui demander. Le sachant habile de ses mains, Jean-Pierre Hellegouarch voudrait que Fourniret aménage une cache dans une voiture pour transporter discrètement de l'or que le Breton sait dissimuler dans un endroit que lui seul connaît. « En fait, au départ, Farida me demandait de transporter certaines valeurs, sans parler d'or. C'est après que j'ai appris ce dont il s'agissait », a expliqué Fourniret aux policiers belges.

En fait, au début de cet incroyable épisode de sa vie, Michel Fourniret fait une confusion sur l'origine du magot du couple Hellegouarch. Lorsqu'il prépare son plan machiavélique pour s'en emparer, il est persuadé qu'il appartient à des terroristes emprisonnés. Monique Olivier aussi. Elle expliquera même aux policiers, bien des années plus tard, qu'il s'agissait du « trésor de guerre d'Action directe ».

Il est vrai que, dans ce cas, ils n'auraient pas eu grand-chose à craindre des membres de ce groupe qui n'avaient pas laissé d'héritiers derrière eux. Malades, vieillissant en prison, les membres du groupuscule terroriste des années 80 auraient eu beaucoup de difficultés à se lancer aux trousses du vil suborneur. En revanche, s'ils avaient été en possession d'une telle fortune, cachée quelque part en attendant leur hypothétique sortie, ces détenus-là n'auraient pas été du genre à se confier à n'importe qui.

Mais Fourniret se trompait. Et s'il avait su qu'en fait les lingots et les pièces de métal précieux avaient été entreposés dans leur cachette par l'un des membres du redoutable « gang des postiches », décédé sans avoir récupéré son butin, il y aurait peut-être regardé à deux fois avant de passer à l'action…

Michel Fourniret avait touché là à une affaire de voyous. Des gens auxquels on ne se frotte pas en pillant le fruit de leur « dur labeur » ! Et si, en plus, on va jusqu'à trucider la compagne de l'un d'eux pour le voler, l'inconscient qui se lance dans ce genre d'entreprise peut s'attendre au pire ! C'est Patricia Tourancheau, journaliste à *Libération*, qui finira par découvrir cette incroyable histoire. C'est même un des « postiches » encore vivant qui lui a confié quelques détails, après l'avoir aidée à écrire un livre sur ce gang des années 80[1].

Voici donc, résumée, une aventure de truands pas banale. Alors que tous sont capables de se servir sur la part de leurs complices en grand banditisme, ils se sont fait avoir par un pervers ingénieux que ses déviances sexuelles n'ont jamais empêché de cambrioler, de s'essayer à l'attaque à main armée, en passant par le vol minable d'outillage ou de matériaux sur les chantiers.

L'histoire se déroule au début des années 80. Pendant que Michel Fourniret mène une existence de « père de famille » dans les Yvelines, une redoutable bande de pilleurs de coffres-forts bancaires sévit à Paris et dans la région parisienne, depuis cinq ans. Leur méthode est éprouvée et payante. À tel point qu'ils feront des émules chez trois ou quatre équipes de voyous venus de Corse, de Marseille ou de la banlieue sud de la capitale. Fiers de n'avoir jamais été violents et, en tout cas, de n'avoir jamais tiré sur personne, ils tomberont le

1. Patricia Tourancheau, *Les Postiches, un gang des années 80*, Paris, Fayard.

14 janvier 1986… les armes à la main, face à la brigade de répression du banditisme et à l'antigang. L'un des leurs meurt en même temps qu'un policier ; un autre membre des postiches, Robert Marguery, est interpellé. Les autres sont en cavale.

Sept mois plus tard, un deuxième complice, André Bellaïche, est arrêté par la police italienne pour une minable infraction routière. Mais la coopération transalpine n'étant pas au point à l'époque, les autorités romaines ignorent que l'homme est recherché par la France. Bellaïche se retrouve ainsi emprisonné aux côtés des anciens gauchistes des Brigades rouges, des chemises noires de l'extrême droite et de quelques membres de la mafia.

Le 23 novembre 1986, un de ses anciens équipiers, Jean-Claude Myszka, réussit à faire évader Bellaïche de sa geôle italienne, en hélicoptère. Le fugitif emmène avec lui son compagnon de cellule, Gian Luigi Esposito, un voyou italien proche de l'extrême droite locale. Le trio rentre en France.

Très vite, la police les loge. Un beau jour, les flics en planque voient partir quatre de leurs cibles. Par mesure de sécurité et de discrétion, la filature est interrompue. Les quatre hommes sont allés dissimuler leur trésor, trente-quatre lingots et des milliers de pièces d'or, dans la jardinière d'une tombe, plantée au milieu d'un cimetière du Val-d'Oise. Sentaient-ils leur fin proche et ont-ils voulu préparer leur retraite ?

Le 13 décembre 1986, la police les interpelle et récupère, encastrés dans les murs du pavillon, quelque six mille autres pièces et des bijoux.

Ce jour-là, Michel Fourniret est en train de purger son trente-quatrième mois de détention pour « violences sexuelles et agressions ». Il partage ses promenades avec

Jean-Pierre Hellegouarch, enfermé pour trafic de stupéfiants et vol à main armée.

Cinq mois après la mise en liberté de Fourniret, Hellegouarch, dans sa prison de Fleury-Mérogis, fait la connaissance d'un certain… Esposito. Et visiblement l'Italien parle trop. Il dit disposer d'un magot en or, planqué non loin. Apparemment, il a oublié Jean-Claude Myszka et les « postiches » à qui « appartient » cet or… En prison, Myszka a voulu donner le lieu de la cache à Marguery, qui était déjà en cellule au moment où ses copains avaient caché le magot. Mais, selon ce qu'il dira plus tard à Patricia Tourancheau, Robert Marguery avait décliné l'offre. Et c'est ainsi qu'Esposito, le compagnon d'infortune des « postiches » en cavale, pièce rapportée le temps d'une planque, propose à Hellegouarch de l'aider à récupérer les lingots et les pièces.

« Bien mal acquis ne profite jamais », dit le proverbe…

Pour son malheur, Hellegouarch a alors demandé à sa compagne, Farida Hamiche, de se faire aider dans l'entreprise par son « bon copain » Fourniret qui est sorti avant lui…

Après un temps de réflexion, Farida reprend contact avec le couple Fourniret. Son « mari » lui a donné des consignes pour les dédommager équitablement pour leur concours. Ils pourraient occuper gratuitement une petite exploitation agricole achetée sous un autre nom. Mais, une fois mis au courant de la véritable nature du trésor, l'Ardennais commence à comprendre tout le parti qu'il pourrait tirer de la situation. « Il s'agissait d'une belle quantité d'or ! » confiera Fourniret plus tard.

Après une première reconnaissance, Fourniret peaufine l'opération. Le jour venu, il prend la route avec la compagne de Jean-Pierre Hellegouarch : « Farida connaissait l'endroit. Les valeurs étaient enterrées dans l'une des tombes d'un cimetière, au nord de Paris… » Il précisera dans ces aveux que, ce jour-là, il était accompagné de Monique Olivier. Elle, n'a pas ce souvenir. Elle présente une version dans laquelle elle voit revenir Fourniret chez eux, l'affaire faite… Lui, persiste : « Monique est restée dans la voiture. Avec Farida, je commence à chercher. Il y a là une tombe abandonnée et une jardinière assez profonde pour dissimuler une caisse à outils. C'est dans cette caisse que se trouve l'or… Dans ce cimetière, quand nous récupérions l'or caché, on était comme frère et sœur. » Farida Hellegouarch et l'« ami de la famille » déterrent une vingtaine de kilos de métal précieux, lingots et pièces anciennes. Dans un premier temps, Fourniret se rend à l'appartement de Farida.

Là, au-dessus de la porte des toilettes, il aménage une cache pour dissimuler le butin de Farida et son mari : « Sur une idée de Jean-Pierre, les pièces sont introduites dans des tubes en PVC qui sont dissimulés dans la cache, avec les lingots. »

Selon les policiers, magistrats et experts auxquels il se confiera seize ans plus tard, Hellegouarch lui avait promis 500 000 francs pour prix de ses efforts, s'il ne voulait pas de la fermette. Il a d'abord estimé que sa part n'était pas assez conséquente, compte tenu des risques qu'il prenait. « L'amitié est une chose, mais les intérêts en sont une autre… J'ai décidé de m'approprier une partie de cet or », avoue Fourniret. Il dira même qu'il avait senti la grosse affaire… « Il y avait de quoi faire face au besoin. L'idée s'est imposée à moi ! »

Il va alors tendre un piège à l'épouse de son ami. En compagnie de Monique, maintenant enceinte de quatre mois, Michel Fourniret retourne en banlieue parisienne pour rencontrer Farida. Chez elle, à Vitry, il lui demande à son tour un service : la jeune femme doit le conduire dans une ferme des Yvelines, à Rambouillet, où il a planqué des armes dont il a besoin… « Arrivés à un endroit que je connaissais, à Clairefontaine, proche d'un ancien domicile à moi, je dis à Farida qu'il faut cacher la voiture dans une carrière, au lieu-dit Paincourt. » D'après Monique, c'est dans leur véhicule qu'il a étranglé Farida Hamiche : « J'avais peur, j'étais enceinte, je suis sortie de la voiture. Finalement, il la tue facilement. »

Dans ses premières confessions sur cet assassinat, Fourniret dégageait Monique de toute responsabilité en disant qu'elle n'y avait pas participé. Plus tard, il la faisait cependant apparaître sur la scène du crime. Préférant sans doute donner des détails à des psychiatres plutôt qu'à des policiers, il a raconté en effet à un expert *sa* version de la mort de Farida : « Quitte à être le pire des dégueulasses… Elle est venue avec moi jusqu'à la carrière et je l'ai poignardée. Je n'ai pas dû perforer sa cage thoracique au bon endroit, alors je l'ai étranglée. Mais elle n'est pas morte de cela. J'avais dû provoquer une hémorragie interne… Monique était présente. » Il affirmera bien plus tard n'avoir pas eu l'intention, au départ, d'étrangler Farida… Peut-être. Mais on peut légitimement se demander s'il n'en rajoute pas en prétendant avoir eu envie de pleurer au moment où il la tuait. En revanche, on le croit bien volontiers lorsqu'il commente que « dans ce cas, il n'y avait aucun aspect d'agression sexuelle ; mon unique but était un transfert de propriété ». Voilà qui a le mérite d'être clair ! Et pour prouver que, cette fois-ci, il s'agissait bel et bien d'un assassinat par pur intérêt, il a tenu à expliquer à un psychiatre que, d'ailleurs, il n'avait pas joui en serrant le cou de Farida : « Ce n'est pas concevable, ce serait effrayant de penser cela. »

Non ! Comme il a tué Isabelle Laville quatre mois plus tôt pour ne pas se faire prendre, il a éliminé Farida Hellegouarch pour dissimuler son larcin. Il ira même jusqu'à aider les sœurs de celle-ci à la chercher, quand elles et Jean-Pierre Hellegouarch, encore emprisonné, commenceront à se poser des questions sur sa subite et étrange disparition. Fourniret dit-il vrai ou est-ce pure forfanterie quand il conclut : « Peut-être était-ce aussi par souci inavoué d'indépendance par rapport à Jean-Pierre Hellegouarch ? »

De son côté, Monique rapporte que, dans un premier temps, il aurait sommairement enfoui le cadavre à proximité, se promettant de revenir l'enterrer plus profondément. Quelques mois plus tard, il aurait bien effectué ce second voyage morbide, mais pour rien ! « Impossible de retrouver le corps, un centre équestre a été construit à l'endroit où il l'avait dissimulé », précise sa compagne. Fourniret a cependant offert une piste aux autorités : « Je ne pourrais retrouver cet endroit, mais Farida a été enfouie avec son alliance. Celle-ci portait des initiales sur la face extérieure, en toute logique les initiales de leurs prénoms et de leurs noms. » Après s'être débarrassé du corps, ce

12 avril 1988, il retourne chez Farida, afin de prélever une partie de l'or : « À vue de nez, la moitié. En ne prenant que cela, j'en laissais donc une certaine quantité pour Jean-Pierre, quand il sortirait. »

Fourniret a estourbi la femme de son copain, et, grand seigneur, il pense tout de même à la retraite de celui-ci quand il aura fini de purger sa peine... Mais ce n'est alors pas tant son cœur qui l'a conduit que sa tête : « Un stock réduit de moitié pouvait laisser supposer que Farida pouvait avoir été victime de l'indélicatesse d'un homme de rencontre... » Non seulement il a tué la femme de son ancien compagnon d'infortune, l'a dupé mais, au passage, il a essayé de lui faire croire qu'il pourrait bien avoir été cocu ! Et pour faire bonne mesure, dans sa toute première déposition, il va même mouiller les sœurs de Farida : « Elles se sont inquiétées et ont pris contact avec moi. Avec elles, j'ai effectué des recherches dans les hôpitaux, et nous nous sommes aussi rendus dans le logement de Vitry. Là, les sœurs de Farida ont trouvé l'or et en ont disposé. »

Farida disparaît le jour même de l'extradition d'Esposito vers son pays d'origine. Ni lui ni Hellegouarch ne verront l'ombre d'un lingot.

Quand, en 1999, Jean-Claude Myszka sortira de prison, il se précipitera au cimetière pour récupérer sa « pension ». Selon Marguery, il y en avait pour 600 à 800 millions. Hellegouarch ne récupérera que quelques centaines de milliers de francs, dans la cachette aménagée dans son appartement de Vitry par Fourniret. Ce dernier affirmant n'en avoir prélevé que la moitié, on peut se demander qui a empoché le reste ?

Quelques années plus tard, le 11 février 2003, Jean-Claude Myszka mourra. Il n'aura pas la satisfaction d'avoir vu Fourniret mis définitivement hors d'état de nuire. Il ne savait même pas de qui il s'agissait…

Confronté à la réalité de ce qui lui est arrivé, Jean-Pierre Hellegouarch raconte avec candeur que, pour lui, Fourniret était un pauvre type.

Son témoignage, eu égard à sa personnalité reconnue dans le milieu, prend des allures surréalistes. Un voyou qui se fait avoir par un « pointeur », c'est le genre d'aventure dont on ne se vante pas forcément… Il est encore si surpris de s'être fait berner, Jean-Pierre Hellegouarch, qu'il insiste sur les motivations « sexuelles » de Fourniret quand il a tué sa femme : « Je me souviens qu'en cellule, il comparait souvent les relations que j'avais avec Farida ma femme, et celles qu'il entretenait avec la sienne. Il ne connaissait pas ma compagne. J'avais des photos d'elle, accrochées sur la partie de mon mur. À l'époque, Farida était jeune et peut-être que des idées ont germé dans sa tête. Je n'admets pas que la mort de Farida puisse être seulement due à une cause vénale. Farida était une belle femme. Au départ, Fourniret s'est intéressé à elle pour des raisons sexuelles et pas simplement pour l'argent. »

Hellegouarch raconte qu'une fois libre, Fourniret profitait de ses passages en région parisienne pour prendre de ses nouvelles par l'intermédiaire de Farida. « Ils avaient dû échanger des numéros de téléphone car je sais que Fourniret prenait attache avec Farida, à chaque fois qu'il rendait visite à ses enfants et à son ex-femme. Ainsi, j'avais de ses nouvelles environ tous les deux mois. » Cependant, ce genre de relations assez courant entre détenus, s'estompe généralement avec le temps. Rien de tel cette fois-ci, et pour cause ! À chaque fois que Michel Fourniret rencontre Farida et lui demande comment va Jean-Pierre, il est toujours accompagné de Monique Olivier enceinte. Et Jean-Pierre Hellegouarch entend parler de l'or des postiches qu'il veut très vite tenter de récupérer à son profit. Pourquoi avoir fait appel à Fourniret pour déterrer le trésor ? « Par défaut... Fourniret traînant dans mes pattes, j'ai pensé qu'il pourrait aller récupérer le magot. Il me semblait inoffensif. De plus, il avait des mains de jardinier ! J'ai demandé à Farida ce qu'elle pensait de l'opération, et j'ai évoqué Fourniret. Elle aussi était d'accord ! Nous ne le considérions pas comme un délinquant, mais comme un type normal qui avait dérapé. Il a accepté. » Erreur fatale ! Et, comme pour se trouver une excuse, à chaque détour de son histoire, Hellegouarch s'accroche au mobile qu'il prête à Fourniret. « Pour moi, le motif est plus sexuel qu'intéressé. L'argent, il avait ce qu'il fallait. De plus, il pouvait tout garder, j'étais emprisonné ! » Un mois se passe entre le moment où le butin est récupéré et celui où Farida ne se présente pas au parloir. « C'est à ce moment que Fourniret et Olivier poussent le bouchon un peu loin, poursuit Hellegouarch, lui en se rapprochant de la famille de Farida pour les aider dans les recherches et elle, en venant me voir au parloir pour me demander ce qu'ils pouvaient faire pour moi. À ce moment-là, je ne soupçonne pas Fourniret et Olivier. J'ignore de quelle manière Monique Olivier a obtenu ce parloir. À l'époque, les rendez-vous au parloir se faisaient par téléphone. Au parloir fantôme, c'est Farida qui a appelé. Deux autres fois, une femme a appelé en se faisant passer pour elle. Là encore, il n'y avait personne au parloir. » Jean-Pierre Hellegouarch confirme qu'il a retrouvé une partie du magot dans son appartement, après la disparition de Farida. « 300 000 francs… Cela me laisse à penser que quelqu'un a tout fait pour faire croire que Farida avait disparu avec une grande partie de l'argent : un voleur aurait tout pris. » C'est exactement ce que Fourniret avait prévu !

Jean-Pierre Hellegouarch a désormais une opinion très précise de Michel Fourniret et de Monique Olivier. Il la livre presque avec candeur. « Selon moi, Fourniret et Monique Olivier sont de connivence. Monique Olivier a contribué à m'égarer, à me tromper. Elle participe complètement à la comédie. Elle a participé à l'assassinat. Depuis, elle a tout dénoncé parce qu'elle a eu peur, après l'affaire Dutroux. » Et que pense-t-il de Fourniret qui l'a tout de même roulé dans la farine comme rarement cela arrive à un voyou ? Là encore, Hellegouarch, en se livrant, fait une autocritique inattendue dans la bouche d'un truand. « C'est un être rusé, dépourvu de scrupule, autocentré [*sic*]. Il n'y a que lui qui existe. Mais c'est aussi un lâche et un pleutre. Son moteur, ce sont ses pulsions sexuelles. Il aurait pu me tuer après m'avoir volé et après avoir tué ma femme. Il n'en a pas eu le courage. Pour moi, le meurtre de Farida n'était pas nécessaire. Seules ses pulsions ont pu le pousser à l'assassiner. Ce sont deux scélérats, il n'y a pas d'autre mot. Je suis quasiment sûr que Fourniret ne veut pas indiquer l'endroit où il a enterré Farida, parce qu'il craint que l'on découvre quelque chose de plus, comme des marques de sévices… »

En attendant, voilà Michel Fourniret cousu d'or et bientôt… châtelain. Son plan est simple : il va se présenter comme un bon artisan qui, après des difficultés pendant quelque temps, a hérité, ou gagné au Loto : « C'est pas facile de retrouver un emploi de salarié, l'âge est là. Et la région n'est pas porteuse ! À défaut de pouvoir travailler, j'ai investi dans l'immobilier. » Et, en effet, après avoir changé une partie du pactole chez des numismates du grand-duché de Luxembourg, de Dijon et d'ailleurs, il achète le château du Sautou, un ancien relais de chasse construit par un sénateur en 1870, sur la commune de Donchery, au milieu d'un parc de quinze hectares. Beaucoup plus tard, la bâtisse avait servi de colonie de vacances aux collectivités locales de la région de Sedan. Laissé ensuite à l'abandon, le château est tombé entre les mains de Fourniret pour 1,5 million de francs, « pour la possible remise en état et faire une plus-value immobilière ».

On était loin des colonies des aciéries de Lorraine où, enfant, ses parents l'envoyaient, même si, selon son copain Jacques D., l'endroit ne payait pas de mine : « Lorsqu'il a acheté le Sautou, on ne s'est pas posé de question sur la provenance de l'argent. Peut-être était-ce le produit de la vente des terrains de Floing qu'il n'habitait pas ? » Pour le plus proche voisin de ce relais de chasse, c'était aussi un mystère. Si encore l'acheteur avait été natif du village, les habitants ne se seraient pas étonnés. Mais personne ne savait qui était l'acquéreur du Sautou, ni d'où il venait. Un contremaître forestier qui a pris sa retraite à Donchery, alerte septuagénaire à l'œil pétillant, s'étonne qu'on ait pu croire que Fourniret soit exploitant forestier : « Il n'a jamais débité un arbre. Des trous avec sa tracto-pelle, là oui, il en creusait ! Mais il était très discret. »

Michel Périn, le maire de ce bourg tranquille de deux mille cinq cents âmes, ne connaissait pas non plus ce Fourniret. Et il ne lui serait pas venu à l'idée de se renseigner sur l'origine de sa fortune…

Un jour, alors que Jacques D. se rendait en Belgique en famille, Fourniret l'a invité à passer au château : « En entrant à l'intérieur, je n'ai pas compris pourquoi il l'avait acquis. Il n'avait rien refait. Il utilisait même l'ancienne cuisine de la collectivité. En tout cas, il ne l'a pas acheté pour en profiter : tout était vide. Il n'y avait des meubles que dans une ou deux pièces. Il m'a juste parlé du portail en fer forgé qu'il voulait installer. Ça m'a paru très surprenant qu'il ne se préoccupe que de ce portail. » Les seuls autres travaux qui semblaient lui importer étaient d'enterrer les fils électriques, et de placer le mouchard dont il comptait équiper son portail.

« La chaudière ne fonctionnait plus, poursuit Jacques D., à cause d'une pompe qui avait gelé. Alors, ils se chauffaient avec un vieux poêle du château. Même la peinture n'avait pas été refaite. »

Fourniret habite un an dans sa nouvelle propriété. Dans le même temps, il paie comptant un appartement, à Sedan… Et il n'a dit à personne d'où il tenait sa fortune toute récente. « Officiellement, c'est grâce à l'héritage de notre tante Huguette, que Michel Fourniret avait acquis le château du Sautou », explique une de ses filles qui s'était rendue sur place, avec sa sœur.

« On aurait dit un décor de cinéma poussiéreux, où aucun effort de décoration n'aurait été fait. » Mais cette acquisition soulève de nombreuses questions dans son entourage. Il est assez curieux de s'offrir un château quand on a toujours été « insolvable » et que l'on n'a jamais réglé une seule pension alimentaire aux différentes mères de ses nombreux enfants. Il est vrai que l'éducation avait des limites aux yeux de Michel Fourniret…

15
Les femmes de Fourniret parlent

« Huguette, la sœur de Fourniret, m'a confié que durant leur enfance, elle avait dû se défendre de son frère qui voulait la violer. »

Nicole C., la seconde femme de Fourniret, se rend-elle compte de la révélation qu'elle fait quand elle évoque ce souvenir ? En mars 2008 elle sera, bien entendu, convoquée au palais de justice de Charleville-Mézières, pour témoigner devant la cour d'assises des Ardennes qui jugera son ex-mari. Si elle vient témoigner, l'accusation et les parties civiles ne manqueront pas de lui demander de revenir sur cet épisode qu'elle seule peut narrer, la sœur de Michel Fourniret étant décédée. C'est sans nul doute une lourde accusation supplémentaire qu'elle a livrée, alors qu'on lui demandait d'évoquer la personnalité de Fourniret, comme on l'a fait avec Annette R., la première femme de celui-ci.

« Lorsque nous nous sommes rencontrés, je sortais d'une déception sentimentale et j'ai appris rapidement à apprécier Michel. Je pense qu'il m'aimait aussi », raconte

Annette, quand on lui demande de parler de son ex-époux et de leur vie commune. C'est une petite femme aux cheveux noirs, seulement soulignés de quelques blancheurs. Elle habite seule un appartement au balcon fleuri, au premier étage d'un immeuble du centre de Sedan. « J'étais heureuse avec Michel et avec mon fils Jean-Christophe. Notre mariage se passait bien. » Annette R. est même très satisfaite d'avoir apporté à son mari ce qui semble lui avoir tant manqué : une famille et son soutien affectif. « Michel s'entendait bien avec certains de mes frères. » Annette R. se réjouit aujourd'hui d'avoir su – à l'époque – combler les carences de son époux. Elle qui l'a patiemment écouté lui conter son enfance « difficile ».

On le sait, après la séparation de ses parents, Fourniret a été plutôt bien entouré. Quand il décide de faire sa vie avec elle, Michel Fourniret imagine pour Annette une tout autre histoire. « Il m'avait dit que, juste après la fin de la guerre, il avait été placé dans un institut ou une maison d'accueil pour enfants défavorisés », explique-t-elle. Aux policiers de Reims, elle a même offert quelques détails supplémentaires sur la fable que lui avait servie Fourniret, en évoquant ce placement dont il aurait fait l'objet enfant : « L'institut se situait à Pauvres, dans les Ardennes… »

Pour elle, il n'y a pas de doute possible : « Michel avait eu une enfance malheureuse… »

Mais quand Fourniret dérape, pour la première fois depuis son mariage, Annette baisse vite les bras.

« J'ai reçu la visite de policiers sur mon lieu de travail. Ils m'ont posé des questions sur ma voiture et sur mon immatriculation. Puis ils m'ont laissé une convocation pour Michel. » La seconde fois où il fait un écart de conduite, Annette se pose encore plus de questions : « J'ai compris que Michel avait eu des gestes déplacés sur une ou sur deux petites filles », précise-t-elle. Son mari s'enferme alors dans un profond mutisme, mais sa compagne y voit plus. « C'était pire, il n'a même pas nié… » Rentrés chez eux, elle lui demande de partir.

Et en guise d'épitaphe à une vie de couple définitivement enterrée, elle ajoute : « Je ne voulais plus le voir ! »

Nicole C., qui habite toujours la jolie maison où elle a vécu avec Fourniret et leurs trois enfants, évoque elle aussi une première partie de vie commune normale et tendre, comme il l'a décrite lui-même.

Elle a toujours refusé de recevoir un journaliste chez elle. À un mois du procès de Fourniret, dont elle arrive à peine à prononcer le nom, elle a décidé de déroger à cette ligne de conduite, pour ce livre. « J'ai connu Michel Fourniret par l'intermédiaire de Michèle L., une amie avec laquelle je travaillais à Clichy. C'était en 1968, nous étions employées d'une société d'épuration d'eau. Michel Fourniret travaillait au bureau d'études d'une entreprise située dans le même immeuble. Il était dessinateur industriel. » Un jour, les deux copines croisent Fourniret gare de l'Est à Paris. Les vacances d'été passées, la collègue de Nicole C. lui dit que cet homme rencontré quelque temps plus tôt cherchait à la revoir. D'abord, elle n'est pas vraiment partante.

« Je n'étais pas très attirée par lui. Il avait l'air malheureux, physiquement il paraissait vieux. Mais j'avais trente ans, il fallait bien que je fasse quelque chose de ma vie ».

Compte tenu des hésitations bien visibles de la jeune femme, Fourniret va tenter de la faire fléchir en utilisant ce qui lui réussit si souvent : l'écriture. Plusieurs courriers, enflammés et insistants, vont ainsi se succéder afin d'obtenir un premier rendez-vous. « J'ai été séduite par ses lettres, j'ai fini par le rencontrer. Nous avons débuté une relation », explique Nicole C. Ils ne vivront pas ensemble avant leur mariage. Michel Fourniret avait loué une chambre d'hôtel à proximité du domicile de Nicole C., un endroit sordide. « Il semblait malheureux, poursuit-elle. Il disait venir des Ardennes, qu'il avait fait un séjour en maison de repos à Martizay, dans l'Indre-et-Loire, après une dépression. Il m'a confié qu'il s'était marié une première fois et qu'il avait eu un fils de cette union. Je n'ai pas cherché à en savoir plus, je lui faisais confiance. »

Les parents de Nicole ne sont pas aussi enthousiastes.

« M. et Mme C. étaient un peu sceptiques sur Fourniret », témoigne Michèle L., l'amie de Nicole. Pour eux, il y avait quelque chose de dérangeant dans la personnalité de Fourniret. Ils ne le détestaient pas mais ne l'aimaient pas particulièrement. Fourniret va aussi renouveler avec Nicole ce qui a si bien marché avec Annette : le coup de l'enfance malheureuse. La force de Michel Fourniret, c'est qu'il enrobe toujours ses mensonges d'un peu de vérité. Ainsi, il évoque la séparation de ses parents quand il avait douze ans ; sa sœur et lui vivant avec leur mère après le départ du père. Et puis, le moment venu, il ne peut s'empêcher d'en rajouter. Alors, même si ce n'est pas totalement faux, il raconte à Nicole C. que lui et sa sœur étaient considérés comme les pauvres de la famille. En revanche, il dit bien la vérité quand il lui explique qu'à cette époque, il s'était juré de devenir un « grand Fourniret » pour prendre sa revanche.

« Il voulait montrer qu'il était capable de réaliser quelque chose, de devenir quelqu'un. Il disait : "Tu vois, je ne suis plus le petit Fourniret". » Il va devenir un mari prévenant et travailleur. « Il ne voulait pas avoir d'argent sur lui car il était dépensier, et nous n'en avions pas beaucoup à l'époque. Il me donnait tout ce qu'il gagnait et il m'en demandait pour m'acheter une rose. »

Mais, selon Nicole, tout ce qu'il fait est le fruit de son orgueil démesuré. « Il pouvait travailler quatre jours et trois nuits sur un chantier, uniquement pour pouvoir s'en gargariser, par gloriole ! C'est un pauvre type mégalo ! ».

Nicole C. fera la connaissance de la famille Fourniret mais, en présence de Michel, tous ne réagiront pas avec enthousiasme. « Par la suite, j'ai rencontré ses parents qui étaient restés dans les Ardennes. Son père habitait Sedan et sa mère à Issancourt. J'ai également rencontré sa sœur Huguette. » Nicole C. explique alors comment les avait reçus la femme d'André, le frère de Michel, quand ce dernier avait voulu les lui présenter. « Nous sommes allés à Vrigne-aux-Bois. La femme d'André ne nous a pas laissé entrer chez eux et a dit à Michel : "Ton frère travaille, va le voir à son entreprise !" Son accueil a été très froid. » Pourtant, une fois divorcée de Michel Fourniret, Nicole C. va voir le frère de ce dernier se rapprocher d'elle. Elle va même les fréquenter régulièrement, assister à toutes les cérémonies familiales.

Fourniret ne fera pas mystère de son premier mariage. Il va juste s'arranger avec la vérité sur les raisons de son échec. « Il m'a dit qu'il s'était séparé parce que sa femme le trompait avec des médecins de l'hôpital où elle travaillait. Il m'a même expliqué qu'à l'époque, il avait acheté une arme, pour tuer l'amant de sa femme. Selon lui, après le divorce, il n'avait pas payé de pension alimentaire pour leur fils Jean-Christophe. Il précisait que c'était en accord avec Annette R. Il me disait qu'à l'époque de son union avec Annette R., il n'était pas souvent chez lui, qu'il travaillait beaucoup pour acquérir un terrain à Floing, pour construire. »

Nicole C. n'a jamais rencontré Annette et son fils. C'est la sœur de Fourniret qui l'éclairera sur cette tranche de la vie de son mari.

« J'ai su par Huguette que ce premier mariage avait en fait tourné court à cause de faits délictueux qu'il avait commis. » Mais selon elle, sa sœur ne semblait pas en avoir tenu rigueur à Fourniret. « Malgré cela, j'ai compris qu'il existait une grande complicité entre eux, même si, de temps à autre, ils se chamaillaient. »

Nicole C. se souvient aussi de la première terrible épreuve que fut la mort accidentelle de leur fils Nicolas, alors qu'elle était séparée de Michel Fourniret. « Il vivait alors en Belgique. Dès qu'il a appris le décès de Nicolas, il est venu à Clairefontaine. Il a dormi sur mon paillasson. Le lendemain matin, nous sommes partis au Ménil-Bérard, voir notre fils. »

Et puis Nicole C. se rappelle, bien entendu, le jour où elle a appris que son mari, travailleur modèle le jour, hantait la nuit les routes d'Île-de-France à la recherche de vierges.

« J'ai été convoquée par la gendarmerie d'Évry le 25 mars 1984. Quand je l'ai vu, il était griffé de partout. Il m'a dit : "Je te demande pardon, je t'en supplie, pardonne-moi." Je lui ai demandé de quoi ? Et il m'a répondu vaguement : des faits… »

Incarcéré, Fourniret écrit beaucoup à Nicole et lui avoue même d'autres agressions dont il s'est rendu coupable. C'est en recevant ces aveux qu'elle va interroger Huguette pour savoir si Michel avait déjà eu des histoires de cet ordre. « C'est là qu'elle m'a rapporté les problèmes qu'elle avait eus avec son frère, étant jeune. À part cela, je n'en ai jamais parlé à personne. J'ai toujours pensé qu'il n'avait jamais touché nos enfants. »

Nicole C. explique encore qu'à sa sortie de Fleury-Mérogis, Fourniret s'était installé dans son atelier de Clairefontaine. Selon elle, il voulait y récupérer ses affaires.

« Il devait y rester une semaine, mais cela a duré plus longtemps. Il est venu, accompagné de Monique Olivier. Il a fini par partir, mais cela s'est mal passé. Il a mis le feu à des meubles qui se trouvaient engrangés dans le bâtiment. »

Nicole C. fait appel à un huissier, sur les conseils du garde-champêtre de sa commune. Les gendarmes sont appelés à la rescousse car l'homme de loi dit avoir affaire à un fou. « Les gendarmes l'ont expulsé et, quand il est parti, il a détruit sa boîte aux lettres », ajoute Nicole C.

Fourniret lui avait demandé auparavant de liquider l'entreprise de La Jonquière, qu'il avait créée quelques années plus tôt. À sa sortie de prison, elle lui avait remis une somme de 130 000 francs, correspondant à la vente des machines. Mais cela ne lui suffira pas et les relations seront souvent tendues, Fourniret voulant récupérer leur maison, leur voiture, tout !

« Souvent, il me menaçait de mort. Après cet incident, nous avons cessé tout contact. » Elle ne voudra même pas lui parler, le jour où il a un accident de voiture alors que leur fils Nicolas, en vacances chez lui, est à ses côtés, mais elle y sera pourtant contrainte.

« J'ai voulu appeler Monique Olivier, mais elle n'avait pas le droit de me parler. » Elle joint alors Fourniret à l'hôpital de Sedan pour avoir des détails sur la collision. « Il a renvoyé Nicolas par le train à la fin des vacances, avec une Mobylette pour le remercier de ses services. »

Entre 1987 et 1989, là la mémoire de Nicole C. est plus défaillante, Fourniret et Monique passent à Clairefontaine à l'improviste et dînent chez elle. Plus tard, Fourniret fait encore le déplacement deux ou trois fois, pour régler quelques petits problèmes entre eux, chez Me Roubon-Gallonnier, notaire à Rochefort-en-Yvelines. En 1999, il passe une fois encore à Clairefontaine avec Monique. Cette fois-là, ils sont accompagnés de leur fils Sélim. Il vient récupérer des meubles.

Sans le savoir, Nicole C. a sans doute elle aussi vécu l'épisode du « trésor des postiches », volé par Michel Fourniret. Il semble même qu'elle ait servi – à son insu – de caution pour « laver » cet argent.

« C'était peu après sa sortie de Fleury-Mérogis. Il est venu seul à Clairefontaine, avec une valise remplie d'argent liquide. Il y avait plusieurs millions d'anciens francs. Michel Fourniret ne m'a pas donné de détails sur la provenance de tout cela. D'ailleurs, je ne lui ai pas posé de question, je voulais être tranquille. Il m'a demandé si nous pouvions aller à la banque. Nous nous sommes rendus à la Caisse d'épargne et on lui a fait un chèque contre la remise de l'argent liquide. »

Quand elle évoque l'éducation de leurs enfants, Nicole C. confirme les témoignages de ceux-ci : « Il était sévère, mais il ne les a jamais frappés. Il les punissait en les mettant au coin. » Eux se rappellent pourtant les claques bien appuyées…

C'est lorsqu'elle va plus loin dans le souvenir de Nicolas et de Marie-Hélène qu'elle craque. « Fourniret comparait souvent ses grosses mains à celles de notre garçon. Il disait : “Moi j'ai des mains d'ouvrier, pas toi !”. C'est vrai, Nicolas avait des mains fines. Il s'est lancé dans un stage de forestier. Il a voulu prouver à son père qu'il pouvait être un manuel, comme lui. Et il l'a fait… jusqu'à la mort ! ». Et Marie-Hélène ? « Elle n'en pouvait plus. Quand elle était obligée de montrer sa carte d'identité, les gens lui disaient : “Ah vous êtes de la famille du tueur en série !” C'était trop lourd à supporter, elle a préféré en finir… ».

La dernière fois que Nicole C. a vu Michel Fourniret, c'était le 1er décembre 2002, à l'hôpital de Rambouillet. Chantal, l'une de leurs deux filles, vient d'accoucher. « Il était seul, nous n'avons vu personne d'autre. Il n'est jamais revenu voir sa petite fille. »

Cependant, Fourniret ne rompra pas définitivement le lien avec Nicole. Il va le faire par écrit, et il va viser juste, une fois encore.

« Il m'a écrit plusieurs fois depuis ses prisons, belges et françaises. Il était plein de sollicitude, car il sait que ma retraite est faible. Il proposait de faire des dessins humoristiques sur le thème de l'œuf, pour créer des cartes de luxe qu'il aurait mises en vente, mais dont les bénéfices me reviendraient. Il me proposait d'y participer, car j'ai fait du dessin. Pour moi, c'est un appel au secours, il lui manque quelque chose au niveau affectif, il est en train de se noyer. Je ne pense pas que ce soit de la provocation. Un autre courrier évoque des souvenirs anciens de notre existence, il parle de nos poules. Plus récemment, il a recommencé, il voulait que je vienne au procès. »

Nicole C. n'a pas répondu à ces courriers, mais… elle les a conservés. Comme Annette, elle a sans aucun doute tourné la page Fourniret, mais elle n'a rien effacé de sa mémoire. « J'espère pouvoir éviter de témoigner, cela lui ferait trop plaisir. Il aurait l'impression de m'avoir fait céder ».

Sa seconde femme n'a jamais rien su de la vie que Fourniret menait aux côtés de Monique Olivier. Si tel avait été le cas, elle aurait été surprise.

L'ombre qui continuait en effet de s'étendre sur la vie du prédateur allait encore grandir. Les crises entre Fourniret et Monique s'intensifiaient. Le voilà qui lui faisait rejouer la scène de sa première étreinte entre les bras d'un bidasse, dans la chambre d'hôtel miteuse d'une ville de garnison. Il se mettait à la place du militaire, il disait que c'était lui et jouait au jeune soldat, il était le conscrit qui allait cueillir l'innocence de Monique. Et Fourniret, avec Monique, faisait semblant d'avoir la vierge dont il rêvait tant. Mais cette comédie ne lui a plus suffi. Alors, une autre jeune femme devait mourir…

16
La fuite en avant

« J'ai ressenti le besoin de l'humilier. Je l'ai fait et je l'ai punie. » Voilà ce que dira Fourniret à un expert chargé de l'examiner, en guise d'épitaphe à cette nouvelle innocente tombée sous ses coups,

Elle s'appelait Fabienne Leroy. Le couple diabolique est-il ce jour-là de retour de Paris ou de Clairefontaine, en visite chez Nicole C. ? Ni l'un ni l'autre ne s'en souviennent précisément. Qu'importe. Nous sommes en août 1988. Michel Fourniret, à bord de son break 405 Peugeot, a emprunté nationales et départementales pour rentrer dans les Ardennes. Jamais d'autoroute pour le tueur, les péages laissent des traces. Policiers et gendarmes sont trop présents. Trop de témoins, tout simplement.

« Il regardait toujours à droite et à gauche pour trouver une proie », explique Monique. C'est sur le parking d'une grande surface où il venait de faire ses emplettes que le chasseur de vierges a repéré une jeune fille d'une vingtaine d'années aux cheveux mi-longs. Il l'aborde en lui demandant l'adresse d'un médecin. Elle s'est montrée « enchantée d'avoir un dérivatif dans sa morne existence ! » ironise

Fourniret en décrivant sans détour le terrible piège qui a conduit Fabienne Leroy à monter dans le véhicule. « Nous prenons la route de Reims », poursuit le pervers. Lui et sa femme vont conduire longtemps.

« Le temps est un facteur important, note-t-il. Je prétexte un besoin naturel pour m'arrêter... » Dans son souvenir, c'est ensuite sa passagère qui a réclamé un nouvel arrêt pour les mêmes raisons.

Monique croit se rappeler des prémices du rapt et de son issue, mais elle dit avoir oublié tout ce qui s'est passé entre. Quant à Fourniret, il semble avoir écarté un épisode de cette nouvelle et sanglante tragédie. En effet, malgré son prétendu trou de mémoire, Monique Olivier se rappelle cependant que son compagnon lui a demandé de « préparer » la jeune fille : « Je ne voulais pas, mais il m'a forcée. » Agacé par les réticences de sa complice, il lui aurait demandé de s'éloigner. Monique décrit encore son compagnon, ligotant les mains de Fabienne terrorisée, et tentant de la calmer.

En juin 2004, lorsqu'il a raconté ces faits pour la toute première fois au commissaire belge qui l'interrogeait, Fourniret soulignait que tout s'était passé dans le calme : « J'ai demandé à la jeune femme si elle était vierge. Elle a été surprise de la familiarité de ma question. » À l'en croire, il se serait éloigné de sa voiture avec la malheureuse, sans être violent un seul instant.

« Elle n'était pas consentante, mais plutôt résignée. » Pour lui, nul doute que la jeune fille devait se sentir piégée : « Le seul moyen de rentrer chez elle était d'accepter ma proposition. »

Mais, selon les explications qu'il donnera fin 2004 et en 2005, au cours d'interrogatoires en France, la réponse de

Fabienne Leroy l'aurait beaucoup plus déstabilisé que cela : « Ah, je ne sais plus quoi faire ! » Éloignée quelques instants, Monique serait réapparue. Il attrape alors un pistolet d'alarme qu'il a avec lui et le donne à sa complice : « Tu la tiens en joue. Si elle bouge, tu la descends ! » Mais Fourniret ajoutera plus tard : « Monique a une manière très gauche pour obéir, quelquefois… Que faire ? »

Il enrage. « Eh bien, on va en avoir une expérience ensemble ! Je ne verrai pas la différence, dit-il à Fabienne, avant de commenter à l'adresse de ceux qui le questionnent : Ensuite, je n'ai eu aucune difficulté ! » Dans cette version des faits, la seule chose qui ne change pas, par rapport à ses premières déclarations, c'est que la scène se serait déroulée sans brutalité ni violence ! Sauf que, dans ce second récit, il menace Fabienne Leroy d'une arme dont il est le seul à savoir qu'elle ne peut tuer !

Son viol consommé, Fourniret fait alors remonter tout le monde dans la voiture, la malheureuse à la place du passager, et reprend la route, jusque dans les Ardennes. « La jeune fille était prostrée », se souvient-il.

Suippes, Mourmelon… C'est à ce moment qu'il lui explique qu'il ne la raccompagne pas chez elle, mais chez lui. Et, bien entendu, pour ne pas qu'elle reconnaisse les lieux, il doit l'empêcher de voir : « Je n'avais rien préparé. Je ne sais pas ce qui a fait l'affaire, un foulard ou une écharpe. » Au bord d'un chemin transversal, Fourniret croit reconnaître un terrain de manœuvres militaires. Il s'arrête à nouveau. Il fait descendre Fabienne, les yeux bandés, et lui fait croire qu'ils sont rendus à destination, qu'il va donc la guider pour marcher. « J'ai ouvert le hayon arrière. J'y ai pris une canardière de calibre 12, à un coup, que j'avais achetée d'occasion et dont j'avais scié le canon. »

Plus tard, il révélera qu'il avait préparé l'arme pour trucider *enfin* un ancien compagnon de Monique, en constatant : « Je ne l'ai jamais fait. Au lieu de ça, je l'ai emmenée au restaurant ! »

Fourniret plaque son fusil, de face, sur la poitrine de Fabienne. Il tire la seule cartouche utilisable, chargée de gros plombs.

« Sous le choc, elle a sursauté en arrière ! J'étais dans l'incapacité de réaliser ce que je venais de faire… »

Monique, qui s'est à nouveau écartée, a entendu la détonation. Michel Fourniret revient vers elle, il lui explique qu'il a tué la jeune fille et laissé son corps sur place. Monique Olivier expliquera que, compte tenu du lieu où ils se trouvaient, il voulait faire croire au geste d'un membre des forces armées.

« Ce n'est pas l'endroit, et sa proximité d'un terrain militaire, qui a influencé mon choix », démentira-t-il devant les enquêteurs du procureur du roi, en Belgique. Quelques jours plus tard, l'arme du crime est jetée du haut d'un pont.

De nouveau installé à Floing, entre une Monique trop passive et un enfant qu'il regarde à peine, Michel Fourniret va terminer l'année 1988 la peur au ventre. Six mois après la disparition de sa femme, Jean-Pierre Hellegouarch a en effet fini de purger sa peine à Fleury-Mérogis. Bien avant de sortir, il était inquiet pour son épouse dont il n'avait plus aucune nouvelle. La famille de Farida n'avait pu lui en donner. Passé la porte de la prison, le 15 octobre 1988,

Hellegouarch s'est mis en quête de sa compagne. Et il ne connaît qu'un homme susceptible de l'aider, celui-là même qui était en contact avec Farida, celui qui l'avait aidée à déterrer le « trésor », l'homme qui devait planquer l'or dans l'appartement et se faire payer sa part pour « service rendu » : Michel Fourniret.

Mais, selon ce dernier, Hellegouarch aurait pris contact avec son ancien compagnon de détention pour une autre raison : « À sa sortie de prison, Jean-Pierre m'a contacté en me proposant de vagues projets. » N'était-ce pas tout simplement, de la part du voyou, une façon comme une autre d'approcher Fourniret reparti dans son est natal ? Jean-Pierre Hellegouarch se rend d'abord à Floing. « Il avait bien besoin de mes services pour retrouver sa femme, reconnaîtra Fourniret par la suite. Elle n'avait jamais été découverte ! Et pour cause, j'avais creusé avec mes mains ! »

Il fait croire à son ex-codétenu que sa femme est peut-être devenue amnésique. En sa compagnie, il fait la tournée des hôpitaux. Il engage même un détective privé : « Je participe à cette comédie-là pour sauvegarder une pseudo-innocence ! »

Jean-Pierre Hellegouarch s'en souvient aussi de ce premier voyage dans les Ardennes ! « En sortant de prison, j'ai dû revoir Fourniret une fois ou deux. Il était complètement mielleux. Il participait à mon malheur, tout en insinuant que Farida aurait pu partir avec quelqu'un d'autre, que la tentation avait été trop forte. Je suis allé chez lui pour essayer de le surprendre. Je voulais constater s'il y avait quelque chose de différent dans leur façon de vivre, s'il y avait un mieux financier. Là, quand je les vois, c'est les Thénardier avec leur gosse, des pauvres, des vrais pauvres ! »

Le couple Fourniret lui explique qu'ils ont utilisé l'argent du magot qui leur revenait pour payer les suites d'un jugement. « Fourniret est vêtu d'une salopette. Il me montre les travaux qu'il a faits, m'expliquant leurs conditions de vie assez rudes. Je suis resté chez eux une nuit. J'ai dormi dans la caravane garée sur le terrain. À ce moment-là, il avait tout loisir de me tuer et l'histoire était terminée. Il ne l'a pas fait parce que c'est un trouillard ! » Michel Fourniret continue d'insinuer à son « ami » que Farida Hamiche sa compagne avait pu le quitter en emportant le plus gros de l'or. « Monique Olivier était silencieuse, mais présente, se rappelle Jean-Pierre Hellegouarch. Leur gosse était un grand bébé. Sa mère semblait passive, effacée mais toujours présente aux côtés de Fourniret. Il n'y avait pas traces de tendresse entre eux, pas de démonstration d'affection. J'ai même ressenti une certaine distance. Fourniret n'était pas violent, pas autoritaire vis-à-vis d'elle, peut-être un peu bourru. Je les ai vus comme des gens qui n'ont pas grand-chose à se dire. Je crois me souvenir que lui clamait qu'il ne voulait pas d'autre enfant. Et vis-à-vis du sien, il était plutôt indifférent. Sélim semblait plus quelque chose de subi que désiré. » Le lendemain matin, Fourniret demande à son invité de le déposer dans un atelier de mécanique de la région où il dit travailler comme ajusteur-fraiseur. Mais à une heure à laquelle Hellegouarch n'a pas l'habitude de se lever. « Aux aurores, dans le brouillard, quelque chose à casser le moral ! » Presque attendri, il quitte Floing et laisse les Fourniret à leur malheur ambiant...

L'alerte a donc été chaude, en cet automne 1988, pour le couple Fourniret. L'année se terminera tout de même sans plus de heurts et sans que Fourniret dérape à nouveau. Pourtant, il ne tiendra pas très longtemps. Au printemps de l'année suivante, ses envies le reprennent. Après plus de quatre mois d'union avec Monique Olivier, il va « enterrer sa vie de garçon » d'une terrible façon. Et une nouvelle jeune fille va devenir sa victime…

Le 18 mars 1989, il rencontre une étudiante dans le train, en rentrant de Paris à Sedan. Selon l'un de ses premiers récits, c'est la première fois – et la seule – qu'il aborde ainsi une victime. En effet, dans un premier temps, ils se sont parlé de bien autre chose que de sexe ! « Elle était dans le même compartiment que moi, confie-t-il. Elle se met à bavarder. C'est une jeune fille très croyante. C'est un domaine qui est loin de me laisser indifférent. La conversation est passionnée. Elle a un physique d'adolescente de quinze ans, alors qu'elle en a vingt-deux ! C'est surprenant ! Tant de candeur, tant d'immaturité ! » Jeanne-Marie Desramault est une fille du Nord. Elle fait ses études chez les sœurs, à Charleville. Elle lui aurait fait l'apologie du père Guy Gilbert, le prêtre des loubards. À Charleville-Mézières, arrivée à destination, Jeanne-Marie prend congé de son compagnon de voyage, et Fourniret poursuit jusqu'à Sedan.

Ils se revoient à deux reprises, « pour des conversations à titre amical ». Mais il a oublié les circonstances de ces deux entrevues. Il se rappelle que la jeune fille les aurait invités, Monique et lui, à une fête religieuse, sans qu'ils aient donné suite… et pour cause. Trop de témoins les auraient vus. Fourniret a parlé de ces rendez-vous à sa compagne : « Je lui avais dit que j'avais rencontré une gamine marrante et sympathique. Elle n'avait pas apprécié... »

Une autre fois, c'est avec Monique qu'il aurait croisé Jeanne-Marie : « Un beau jour, nous nous rendons en voiture à la sortie de l'école Sévigné, vers le cours Briand. Je l'aborde, elle est agréablement surprise. Nous allons manger dans un restaurant, à Bouillon, et je la ramène. »

Monique ne se souvient pas avoir été présente ce jour-là. Selon ce qu'elle dira à divers représentants de la justice française, Fourniret lui a d'abord parlé de cette inconnue, avant qu'elle ait elle-même fait sa connaissance. « Il m'a dit avoir rencontré une jeune fille blonde aux cheveux longs, avec une queue-de-cheval. Pour lui, elle était forcément vierge, parce qu'elle était chez les bonnes sœurs. Il est allé la voir à la sortie des écoles. Il l'a invitée à manger une pâtisserie, pour la mettre en confiance. »

Au cours de ses discussions avec Jeanne-Marie Desramault, il apprend que chaque fin de semaine celle-ci prend le train pour rejoindre sa famille. C'est là qu'il a l'idée d'aller l'attendre à la gare de Charleville, le nez au vent. Et, selon les termes de la première confession qu'il fait, c'est ainsi qu'il va finir par l'enlever. « Elle se trouvait sur le quai de la gare. Elle a été surprise et ravie de me voir. » Il l'aurait persuadée assez facilement de ne pas prendre son train et de l'accompagner jusque chez lui. Ensuite, il la reconduirait chez ses parents, dans le Nord... « Elle est OK, mais il faut qu'elle prévienne les sœurs... "Vous téléphonerez de la maison..." » aurait-il avancé.

Les premiers souvenirs que Monique Olivier a conservés de la malheureuse sont plus fugaces et succincts. Selon ses déclarations, faites deux jours avant celles de son mari, Fourniret est parti un beau matin pour Charleville, à la recherche d'une fille. Il aurait rencontré sa proie, par hasard, à la gare, et l'aurait ramenée à la maison. « Il l'avait accostée et avait réussi à la faire monter dans son véhicule en lui faisant croire qu'il allait dans la même direction. » Dans un premier temps, aller au plus court, c'est sans doute une façon pour Monique de minimiser son rôle et, pour lui, de la dégager de toute responsabilité. À moins qu'elle n'admette pas que son compagnon puisse avoir du charme auprès de certaines des femmes qu'il croise.

Quand Monique Olivier complète, pour les enquêteurs français, les déclarations faites aux Belges, on comprend que le piège tendu à Jeanne-Marie était bien plus sophistiqué : « Une autre fois, il m'a demandé de téléphoner au collège pour savoir si elle était là, en me faisant passer pour Mme Jadot. »

À partir de l'arrivée de Jeanne-Marie Desramault à Floing, les récits du couple ne divergent plus que sur quelques détails, même si certains ont leur importance pour établir le degré d'implication de chacun. Michel Fourniret explique que, les présentations faites, la jeune fille s'assoit sur le canapé de la pièce principale, et qu'il aborde tout de go le problème de la virginité de son invitée. La pensionnaire des sœurs de Charleville le surprend alors en répondant qu'elle a un petit copain à Paris… « Je l'ai insultée : “Vous n'êtes pas sérieuse !” Elle n'était pas à la hauteur de l'image qu'elle représentait. Je lui dis : “Vous lui accordez des faveurs, je ne vois pas pourquoi vous refuseriez les miennes !" » Selon Monique Olivier, son mari a tout de suite voulu avoir un rapport, sans même s'être complètement déshabillé. L'approche de Fourniret tourne au pugilat.

La maison donnant sur la rue, par souci de discrétion, il entraîne sa victime dans la pièce du fond. Jeanne-Marie Desramault ne se laisse pas faire. Elle est même vive et violente. « Elle s'est débattue, à tel point qu'un de ses coups de pied a brisé la vitre d'une fenêtre de la chambre », indique Fourniret. Monique Olivier poursuit le récit du massacre : « Il se fâche et veut abuser d'elle. Elle se débat, elle s'échappe. Il la rattrape et la met à terre dans l'entrée. Je le vois dessus, en train de l'étrangler. Il me demande d'aller chercher un bâillon, j'ai dû le faire. Lui dit que c'est moi qui ai posé le bâillon, mais je ne m'en souviens pas. »

Fourniret rectifie ces propos. Pour lui, il n'a même pas été question d'avoir un début d'étreinte avec Jeanne-Marie : « Elle n'a pas été victime de tentative d'agression sexuelle de ma part. Le conflit physique entre elle et moi avait prévalu sur l'envie. » Il a fini par avoir le dessus sur sa victime en se servant, une fois encore, de ses larges mains noueuses comme d'un étau. « Le seul moyen pour moi de la maîtriser a été de la saisir par le cou et de serrer jusqu'à ce que la mort intervienne. C'était un cri à interrompre. Il s'agissait d'établir la domination ! » De son avis, seule la situation lui imposait le meurtre, c'est-à-dire une réaction face à une résistance : « Après, je me dis que c'est quelqu'un d'autre, je n'arrive pas à y croire. »

Ensuite… eh bien, là encore, Fourniret ne s'embarrasse pas des mêmes détails que sa compagne. Dans les souvenirs de Monique Olivier, il a entreposé le corps de Jeanne-

Marie pendant au moins une journée dans la douche. Cela, Fourniret semble l'avoir oublié. Puis, il a décidé de transporter son corps au Sautou, pour l'enterrer au plus profond des tranchées qu'il a creusées pour enfouir l'électricité et l'évacuation des eaux. Le lendemain soir venu, il approche son break 405 au plus près de la porte d'entrée de leur local de Floing, afin que nul ne puisse voir ce qu'il manigançait. L'opération est aisée : pour accéder à l'habitation, il suffit de passer par l'atelier qui donne sur la rue ; là, une double porte permet de rentrer un véhicule. Il dit ne pas avoir pris de précautions particulières pour dissimuler le cadavre, tant les routes qu'il emprunta ce jour-là étaient peu fréquentées. Monique se rappelle tout de même un détail qui ne trompe pas : « Il avait enveloppé le corps dans le rideau de douche, qui était, si je me souviens bien, en plastique de couleur rose translucide. »

Fourniret dit qu'il était seul pour effectuer sa macabre besogne, ce qu'admet Monique. Lui, de son côté, réduit les faits à leur plus simple expression : un trou, un corps… « Je l'ai enterrée avec ses vêtements qu'elle n'avait jamais quittés, et son porte-monnaie contenant ses papiers. Je n'ai pas le souvenir d'avoir entouré le corps d'une couverture ou d'un tissu, c'est possible. Je ne sais plus si j'ai comblé immédiatement le trou, ou si j'ai différé cette opération. Ça ne présentait aucun risque, vu la situation désertique de l'endroit. »

Si l'on en croit ce que raconte Monique Olivier, en effet, Fourniret a inhumé Jeanne-Marie Desramault trois jours plus tard. Mais la nuit du transport, elle se souvient tout compte fait avoir été présente : « Il nous a emmenés au

Sautou avec Sélim. Puis il est retourné à Floing pour aller chercher Jeanne-Marie. Il l'a mise dans un congélateur qui fonctionnait dans un pavillon du château, à droite en entrant dans la propriété. Il m'a dit qu'il ne savait pas comment se débarrasser du corps… » C'est à ce moment-là qu'il aurait mis de l'Élastoplast en croix sur le visage de la morte. Après, il lui aurait enfilé un bandeau autour de la tête et un sac plastique pour préserver son visage.

Déterminé, Fourniret affirmera à la police ne pas se rappeler avoir posé lui-même les pansements adhésifs. Car, s'il l'avait fait, il s'en souviendrait : « Quand je tue, je n'ai pas d'état second, je revois tout, et je n'ai aucun souvenir de ça. Quand j'ai fait monter cette fille, j'étais lucide et je me souviens de tout. » Selon lui, Jeanne-Marie morte, il est tout de suite parti, avec une seule idée en tête : continuer son excavation au moyen de sa tracto-pelle en un temps crédible, afin de ne pas éveiller les soupçons du voisinage. « Si les bandages ont été posés par moi, il aurait fallu que j'aie eu envie de fuir le spectacle. Ça aurait voulu dire que j'aurais mis ça pour me cacher ce que j'ai fait. »

Quand on compare les deux récits, assez approchants, on note qu'abandonner le corps était une opération aisée. On a dès lors tendance à croire la version, plus simple, de Fourniret, sauf à imaginer qu'il n'a pas voulu se mettre aux commandes de sa pelleteuse en pleine nuit. Monique Olivier dit ne pas être allée vérifier si les restes de la morte étaient bien là où elle le décrit. Tout comme, selon elle, elle n'a pas vu Fourniret transporter le cadavre jusqu'à sa tombe improvisée, même si, finalement, elle admet avoir été présente le jour en question au Sautou.

Le tueur aurait recouvert le trou, et n'aurait pas parlé à Monique de son emplacement exact, mais, quand on l'interroge là-dessus, il croit qu'elle s'en doute. De son côté, elle confirme car, à cet endroit, « il a creusé plus profondément ». Ou, comme on le sait désormais, ces deux-là fonctionnent en parfaite osmose, ou bien certains de leurs numéros sont au point depuis longtemps… Face à l'un des experts commis par la cour d'appel de Reims pour l'examiner, Michel Fourniret va plus loin pour tenter de justifier son acte. Des explications qui font froid dans le dos : « La virginité, c'est le moteur initial, la représentation d'un symbole qui a pour moi une importance démesurée. C'est la question de l'offrande, ce n'est pas la question de l'hymen, ce n'est pas la membrane, c'est la domination, le besoin de domination. »

Pour Fourniret, si la jeune fille est morte, c'est en partie sa faute… Il n'en est pas à son coup d'essai du genre.

Quatre mois plus tard, Michel Paul Fourniret épousait en troisièmes noces Monique Pierrette, née Olivier, en l'hôtel de ville de Floing, dans les Ardennes. Jacques D. y était, bien entendu : « Nous sommes allés à la mairie. Une fois les actes d'état civil accomplis, nous sommes montés à son atelier, ma femme et mon copain qui était témoin, comme moi. On a bu quatre bières et c'était fini pour la cérémonie… » Si ce mariage avec Monique ne semblait pas relever d'autre chose que de la « formalité », Fourniret n'y risquait pas grand-chose. Les deux amants étaient déjà unis depuis longtemps par des liens de sang… Ils allaient d'ailleurs le faire couler une fois encore, d'ici la fin de l'année 1989, quelques jours avant Noël. Avant de commencer un ultime tour de France du crime…

17
Le tour de France du crime

« Contrairement à Annette et à Nicole, Monique a été le catalyseur de mes crimes. Mais je pense que j'avais aussi besoin de l'humilier. »

Telle est, pour Michel Fourniret, la dynamique de son union. Et c'est sans doute à cause de ce qu'il a fait de plus en plus subir à Monique, au quotidien, sans même parler de ses crimes, que le couple Fourniret a commencé à sombrer durant la première partie des années 1990.

Il ne passe rien à sa femme, même si, de temps à autre, il peut avoir une phrase de compassion. Il la juge effacée, avec un poil dans la main, sans personnalité, fade et soumise. Et il ajoute : « C'est la seule femme qui ne se soit jamais refusée à moi. Elle a d'apparentes difficultés émotionnelles, mais je n'ai jamais vu d'émotion en elle. Voir les émotions chez les autres est, pour elle, indécent. » Fermez le ban !

Dans la maisonnette de Floing, Fourniret se conduisait toujours plus en despote. « Pas dans le sens de tyran, précisera-t-il, mais plutôt à la manière de celui qui montre l'exemple. »

À plusieurs reprises, celui qui se dépeint comme le Jean Valjean d'une Cosette de rencontre a menacé de tuer sa femme en même temps que leur fils, s'il lui prenait la mauvaise idée de se désolidariser de lui. Et il confirmera ses menaces, mais là aussi il est difficile de faire la part du vrai et du stratagème destiné à couvrir sa femme. « Le petit taulard que j'étais lui a apporté la lumière dans le noir complet où elle se trouvait. » Pourtant, dans la seconde partie de la vie du couple, c'est surtout la noirceur qui allait prévaloir.

Officiellement, Fourniret n'avait pas d'occupation bien déterminée, à cettc époque. Il est vrai que, comme partout où il est passé, les travaux et les transformations qu'il entreprenait suffisaient à l'occuper du matin au soir, et même la nuit ! Raison pour laquelle il n'aurait commis aucun crime ni viol entre 1990 et 2000, période d'une longue et étrange abstinence. Quand il travaillait sur le chantier d'un de ses lieux de vie, « une armée de pucelles pourrait défiler sous ses fenêtres qu'il n'en serait pas perturbé pour autant ». Et quand on lui objectera, *a posteriori*, qu'il est difficile de croire à cette longue période d'inactivité criminelle, Michel Fourniret prétendra que « l'argument de l'activité professionnelle est effectivement recevable, quand on sait combien il investit obsessionnellement le travail… ».

En sus de ses revenus occultes provenant du pillage du trésor des postiches, l'homme ne détestait pas se laisser aller à de menues opérations délictueuses, afin d'économiser quelques deniers. « C'est vrai que je suis près de mon argent. » Quand il rapportait son butin à la maison,

Monique ne se faisait pas prier pour en profiter : « Quand je commettais des petits larcins, comme vider le Frigidaire d'une maison, elle était ravie quand je ramenais le fruit de mes larcins à la maison. »

Il est vrai que Monique s'est façonnée à son image. Et puis, dans l'espèce de hangar de Floing, plus ou moins rendu habitable au fil des ans, elle n'avait pas voix au chapitre. Et elle va s'en apercevoir au cours des premières années de cette sombre décennie. « Je l'ai soumise à des jeux de manipulation, expliquera Fourniret. Elle n'avait fait aucune difficulté à donner son corps à un militaire. Désormais, elle me donnait son âme… »

Fourniret s'est lentement enfoncé dans le confort que lui procurait cette situation. À tel point qu'il n'aurait pas fallu qu'elle essaie de l'en sortir : « Contrairement à Annette et à Nicole, Monique n'a jamais tenté d'affronter mon autorité. Autrement le petit Fourniret n'aurait pas supporté. »

Monique Olivier vivait cette époque de plus en plus mal. D'autant que son époux devenait encore plus odieux, à Floing ou lors de leurs déplacements, chez des amis ou ailleurs. Le plus pénible était quand il s'en prenait à elle en famille : « Il aimait m'humilier devant ses filles. Plus tard, il le fera devant Sélim. Il me faisait souvent remarquer que lui avait des diplômes, que ses filles avaient le bac, et que, moi, je n'avais même pas le certificat d'études. »

Les premières explications de Monique Olivier sur la mort de la victime suivante ont varié assez considérablement, entre le jour où elle a dévoilé les crimes de son mari aux autorités belges, et les déclarations qu'elle a faites plus tard en France.

Dans l'un des tout premiers procès-verbaux, elle n'était absolument pour rien dans cette affaire-là : « Nous étions au Sautou. Dans le courant d'une journée, Michel m'a annoncé, comme il le faisait parfois, qu'il partait en chasse. »

Monique savait ce que cela signifiait. Celui qui désormais était son mari allait tenter de séduire une victime et, s'il ne parvenait pas à ses fins, il l'enlèverait. Le soir, il est rentré, en effet, accompagné d'une jeune fille : « Elle n'était pas ligotée et ne semblait pas sous l'influence d'un produit. » Dans son souvenir, Fourniret la maintenait fermement par le bras pour qu'elle ne parte pas en courant, mais elle ne criait pas, ne pleurait pas : « Elle était docile. Il l'a entraînée vers le pavillon de droite du château, et il est monté avec elle dans une chambre. Je ne l'ai pas suivi. »

Puis il a rejoint sa femme au milieu de la nuit, dans la partie principale de la demeure, et lui a dit alors avoir tenté de violer la malheureuse, sans y être parvenu. Pour qu'elle ne s'enfuie pas, il l'avait ligotée sur le lit et enfermée dans le pavillon. Leur « hôte » se nommait Élisabeth B., il l'avait enlevée à Namur.

Le jour suivant s'est écoulé sans que Monique voie son compagnon apporter la moindre nourriture à sa prisonnière. Le soir venu, il rejoint à nouveau Élisabeth jusqu'au milieu de la nuit. De retour auprès de son épouse, il ne fait aucun commentaire. « Le lendemain matin, il m'a dit de prendre la voiture et de m'éloigner du château, ce que j'ai fait. » Et quand Monique est revenue, Fourniret a lâché simplement : « C'est terminé. » En quelques mots, il lui annonçait que, après avoir tué la petite, il l'avait enterrée avec sa pelle mécanique. Monique conclura sa déposition en précisant ne pas se souvenir comment Élisabeth était vêtue : « Elle devait avoir les cheveux blonds, mi-longs... »

Interrogé par les mêmes officiers de police judiciaire, deux jours après sa femme, Fourniret semble avoir été le premier à raconter plus précisément cette nouvelle atrocité, même s'il en omettait quelques détails. Et son récit diffère de beaucoup !

Le 20 décembre 1989, lui, sa femme et Sélim, leur tout jeune enfant, revenaient de Bruxelles, où ils s'étaient rendus pour changer un peu de l'or des postiches. À cette époque, le couple croyait encore que ce butin appartenait aux ex-terroristes d'Action directe. Ils rentrent directement à Floing. À Namur, Fourniret est intrigué par deux silhouettes d'adolescentes baguenaudant le long d'un trottoir. L'une des deux l'intéresse plus que l'autre. Elle a douze ans, elle est blonde, pas très grande, fine et élancée, ses cheveux sont attachés en queue-de-cheval. « Elle avait une silhouette de ballerine », dira-t-il plus tard.

Une seule chose intéresse en premier lieu le prédateur : savoir où elle habite. Au volant de sa Renault 9 grise, il suit les deux fillettes qui bientôt se séparent. La petite blonde l'amène jusque chez elle, sans s'apercevoir de la filature. Ensuite, le couple reste à surveiller la demeure familiale d'Élisabeth, durant une bonne heure. Le temps de la voir ressortir. Quelques minutes plus tard, Fourniret l'aborde, après s'être garé le long du trottoir sur lequel elle marchait tranquillement : « Elle devait immanquablement arriver à notre hauteur », déclare-t-il en fin connaisseur des guets-apens. Et comme à son habitude, il lui demande si elle connaît un médecin à proximité, pour son enfant malade alors dans les bras de Monique. « Je n'ai fait aucun repérage. Je l'enlève sous un prétexte », explique-t-il aux justices française et belge, en ajoutant : « Je fais bien ça. »

Élisabeth monte dans la voiture afin de conduire les Fourniret jusqu'au médecin traitant de sa famille. Mais là, le couple ne s'arrête pas. La jeune fille, assise sur la banquette arrière à côté de Sélim, est en réalité en route pour Floing, de l'autre côté de la frontière… « Durant le trajet, je n'ai aucune possibilité d'avoir une réponse aux questions que je pouvais me poser sur sa virginité. »

En chemin, Élisabeth s'inquiète de l'endroit où on la conduit. Elle réclame ses parents. Elle se met à pleurer, mais sans trop se débattre, sans cris, juste quelques larmes : « Je ne lui ai porté aucun coup », affirme Fourniret devant les policiers belges. « J'ai réussi à la calmer uniquement par persuasion verbale. »

L'équipée passe la frontière comme une lettre à la poste. « J'avais prévu de rentrer en France en deux fois… Monique a risqué le coup et l'a fait en une seule. » Arrivé à Floing, il allonge sa victime sur le lit, dans la chambre d'amis. Il l'a positionne sur le dos, les bras attachés en croix par un lien qui passe sous le sommier. Puis il tente de lui faire ingurgiter de l'alcool, « pour l'engourdir, pour qu'elle soit dans les vapes ». Mais la malheureuse vomit. C'est alors qu'il la déshabille.

Il demande à sa femme de procéder à sa toilette.

Après, Monique Olivier quitte la pièce, laissant son mari seul avec sa proie. « Elle est sortie sans me faire d'objection, pour ne pas être témoin… »

Au cours de cette première nuit, Élisabeth n'aurait subi aucune tentative de viol. Privé de tous ses moyens, Fourniret n'aurait rien pu faire à ce corps « qui porte encore le poids de l'enfance… ». Ce spectacle ne lui aurait provoqué aucun émoi. « Autant, habillée et debout, elle m'attirait, autant, là, c'était pitoyable… Je n'ai pas été en mesure de la posséder. Je n'ai pas pu. » Il aurait en fait désiré qu'elle se débatte… Mais là, pour lui, il s'agissait d'un corps nullement désirable, exposé : « Avec elle, rien n'était possible ! »

Michel Fourniret s'est laissé une seconde « chance » pour le lendemain. Il avait bien l'intention d'aller au bout de son désir. Selon Monique, il aurait même souhaité garder la fillette plusieurs jours avec lui. C'est peut-être pour cette raison qu'il décide de transférer son otage au Sautou, par souci de tranquillité. « Je ne pense pas l'avoir bâillonnée ou entravée pour qu'elle ne puisse crier ou s'enfuir », dira-t-il à la police belge. En effet ! Pour éviter des pleurs et des sursauts, il boucle tout simplement sa victime consciente dans le coffre de sa voiture. Selon lui, c'est Monique Olivier qui l'emmène au château et qui repart aussitôt, pour s'occuper de Sélim resté à la maison. Elle ne se souvient pas de cet épisode. Et elle se défend : « J'aurais voulu l'aider à fuir qu'elle n'y serait pas parvenue. »

Dans sa propriété du Sautou, Fourniret installe Élisabeth dans une pièce à l'étage : « Là se trouvait un matelas et j'ai tenté d'avoir une relation avec elle. » Mais il fait froid, l'endroit est même glacial, et il ne se sent pas en forme. « C'était une personne très vulnérable. Je n'ai même pas eu l'idée de la forcer, d'obtenir ses faveurs. Je ne l'ai même pas déshabillée, ni touchée. » Est-ce pour ne pas perdre la face une seconde fois qu'il précise que pourtant il était, cette fois-ci, en pleine possession de ses moyens ? Mais la situation insensée dans laquelle il s'était mis aurait déclenché chez lui un blocage, au moment de passer à l'acte.

Il lui fallait donc mettre fin à ce qu'il reconnaît avoir lui-même provoqué. Pour fuir l'impasse dans laquelle il s'était engouffré ? Plus simplement parce qu'il était impossible que ce témoin restât vivant, sous peine d'être dénoncé. « Je me suis aperçu qu'elle était comme une présence gênante... » Et là, comme il le déclare à un expert, sans sourciller, il décide de l'étrangler... Comme s'il était en train de fabriquer une pièce à son établi... Il ajoute pourtant : « Je me suis retrouvé bouleversé par cette gamine, mais elle ne m'inspirait rien. »

Pour décrire l'horreur de ce qui suit, il suffit de se reporter à ce que raconta plus tard Marie-Noëlle Bouzet, la mère d'Élisabeth, à la télévision. On lui avait communiqué le procès-verbal de l'interrogatoire du tueur. Devant les caméras, décidée à aller le plus loin possible dans l'inhumain en maîtrisant son émotion, elle lu le passage où étaient évoqués les aveux de celui-ci sur la fin de son enfant : *« Je lui ai dit : maintenant c'est fini. Je lui ai mis un sac plastique transparent sur la tête. Je pouvais voir la détresse dans ses yeux et l'angoisse dans ses yeux. Elle continuait à me regarder. Puis comme ça prenait trop de temps, j'ai décidé de l'étrangler*[1]*... »*

---

1. Dahina Le Guennan, *Inavouable Vérité,* Albin Michel, pages 129-130.

Et, si on en croit les explications de Fourniret, il n'a pas pu soutenir son regard. « C'est à ce moment-là que j'ai voulu abréger tout de suite ses souffrances... » Il aurait donc tué Élisabeth B... par souci d'humanité !

Un comble ! Mais ce n'est ni la première ni la dernière fois que le pervers assassin ose tenir ce discours. Cependant, en d'autres circonstances, il a aussi expliqué qu'il tuait par souci d'impunité et, parfois même, pour se faire plaisir... Devant un expert psychiatre, il tentera le coup du dédoublement de personnalité en confiant que, après avoir tué, il vaque immédiatement à d'autres occupations : « Je passe à la suite sans transition. C'est le transfert d'un homme à l'autre, ce n'est pas le même bonhomme. Celui qui agit a le pouvoir de la bête, mais il se dissimule et disparaît dans l'autre, parce que l'autre est capté par ses différents pôles d'attraction. »

Quelques jours plus tard, en revenant à Floing, après être resté seul au château du Sautou, Fourniret déclare à Monique Olivier, venue le récupérer, que tout est terminé, que la petite est enterrée dans le parc, derrière la vieille demeure. Il l'a en effet enfouie le jour même de sa mort. « J'ai d'abord repéré un endroit en empruntant le chemin des Cervidés que fréquentent les chasseurs. J'ai localisé un lieu propice, et j'ai creusé un trou tel qu'Élisabeth devait avoir plus d'un mètre de terre sur elle. » Puis il est allé chercher le corps qu'il avait enroulé dans une simple couverture, sûr de ne pas être vu des rares voisins, tant l'endroit est isolé. Le terrain était glissant, la pente relativement forte, mais l'assassin, qui ne mesure qu'un mètre soixante-huit – « et demi », aime-t-il préciser –, s'est acquitté de sa macabre tâche, sans encombre. « J'ai allongé

Élisabeth sur le dos, recouverte par le plaid replié, et j'ai rebouché le trou. »

Mais, pour Monique Olivier, Fourniret aurait omis un détail. Elle croit se souvenir qu'il aurait recouvert une partie du visage d'Élisabeth, les yeux surtout, de sparadrap… comme pour Jeanne-Marie Desramault, « parce qu'elle avait les yeux ouverts ».

Ainsi s'achevait l'année 1989 pour Michel Fourniret qui avait déjà dépassé le point de non-retour. Cette année-là, son Noël fut aussi terne que bien d'autres auparavant.

Il est impossible de savoir avec certitude si Fourniret a encore frappé entre l'assassinat d'Élisabeth Brichet et celui de la victime officiellement recensée après elle. Mais une chose est sûre, aucune disparition mystérieuse, susceptible de lui être attribuée, n'a été répertoriée à cette époque dans les Ardennes françaises, ni du côté belge de la frontière. Le crime suivant du couple diabolique aurait donc eu lieu onze mois plus tard.

Le 20 novembre 1990, les Fourniret se rendent à Nantes. Ils sont convoqués à l'audience du tribunal correctionnel, pour l'incendie des toiles d'André, le premier compagnon de Monique.

Le lendemain, sur le chemin du retour au château du Sautou où ils se sont installés, le temps pour le « châtelain-bricoleur » d'y poursuivre ses travaux, ils s'arrêtent sur le parking d'une grande surface de Rezé, dans la périphérie nantaise. Michel Fourniret « regardait s'il n'y avait pas quelque chose à repérer pendant que je faisais des courses », raconte sa femme.

Ce mercredi après-midi, un peu avant 17 heures, Marie-Josèphe Scullo-Danais et ses trois filles, Natacha, Davina et Christine, se rendent au Centre Leclerc de la route de Pornic. La petite famille n'a pas beaucoup de chemin à parcourir, le centre commercial est situé à quelques centaines de mètres de son domicile. Avant d'entrer dans le magasin, la mère s'aperçoit qu'elle a oublié son porte-monnaie chez elle. C'est Natacha qui est dépêchée pour le chercher, heureuse ce jour-là de ne pas avoir eu école, d'être avec sa maman et ses sœurs, et de se voir ainsi confier une mission de la plus haute importance pour ses treize ans...

Quelques minutes plus tard, Christine, l'une des sœurs, croit apercevoir sa cadette en conversation avec un homme, à côté d'un véhicule utilitaire de couleur blanche. « Elle est montée à l'arrière, et l'inconnu a refermé les portes sur elle », racontera-t-elle plus tard. Car bien qu'elle ne soit pas certaine qu'il s'agissait de Natacha, un détail l'a troublée au plus haut point : l'enfant qui accompagnait le conducteur portait un manteau violet, identique à celui de sa jeune sœur...

Vers 19 heures, après avoir attendu et cherché sa fille en vain, Marie-Josèphe Scullo-Danais alerte le commissariat et raconte les circonstances de sa disparition, en insistant sur les allégations de son aînée. Mais, malgré « l'important dispositif de recherches mis en œuvre » – comme le signalent les rapports du commissaire principal Angel Igual, de la section opérationnelle spécialisée de la police nantaise –, malgré des investigations qui « se sont poursuivies nuit et jour, sans succès, jusqu'au 24 novembre 1990 », la mère de la petite Natacha Danais estime qu'on ne l'aurait pas suffisamment prise au sérieux.

Quatre jours plus tard, sa fille n'est toujours pas retrouvée. L'inquiétude des parents, qui ne croient pas à une fugue, grandit plus les heures et les jours passent, et plus Christine, la sœur, est persuadée de ce qu'elle a vu. Natacha a bien été enlevée, pour les siens cela ne fait aucun doute ! L'affaire a commencé à faire grand bruit, la presse s'en est emparée. Mais aucune piste ne s'ouvre aux policiers.

Le samedi 24 novembre, les promeneurs ne sont pas nombreux à arpenter la plage de Brem-sur-Mer, dans le département voisin, à quelques dizaines de kilomètres de Rezé. Un seul, vers 15 heures, va faire une macabre découverte. Une heure après, la gendarmerie de Saint-Gilles-Croix-de-Vie avise le commissariat de Nantes que le corps sans vie d'une jeune fille a été découvert. Il pourrait s'agir de la petite dont la disparition a été déclarée quelques jours plus tôt, la tenue vestimentaire de la morte correspondant au signalement.

Le même jour, à 16 h 15, le directeur départemental des polices urbaines de Loire-Atlantique avise Joël Guitton, procureur de la République adjoint de Nantes. Sans perdre de temps, celui-ci fait ouvrir une enquête de flagrant délit, du chef d'« enlèvement de mineur suivi de mort », il avise le parquet des Sables-d'Olonne territorialement compétent et se rend sur place à toute allure.

À 17 h 15, le magistrat est à Brétignolles-sur-Mer, sur la plage des Granges, au lieu-dit La Gachère. Les gendarmes bouclent le périmètre, après avoir procédé à la conservation des indices et à l'établissement des premiers clichés photographiques.

À 17 h 20, les enquêteurs constatent que le sable, autour du corps, n'a pas été foulé. À 17 h 30, ils font retourner la dépouille qui a été découverte face contre le sol. Sous l'orbite droite, ils constatent la trace d'un épanchement de sang. Les vêtements correspondent à ceux que portait Natacha : une jupe noire droite et étroite qui n'est pas relevée, un soutien-gorge, un tee-shirt noir, un sweat-shirt blanc qui, lui aussi, semble ne pas avoir été soulevé.

Il faut faire vite pour dresser les premières constatations, car la marée va bientôt monter. Les recherches se poursuivent à la lueur des projecteurs. « Aux environs de 18 h 15, le corps est évacué à bras d'homme, au travers des dunes et de l'écluse de La Gachère avant d'être transporté à la morgue », précise un rapport de police.

Le Dr Guillet fait alors trois constatations primordiales. D'abord, au niveau du thorax de la petite victime où il a découvert deux coupures bien franches qui ont entamé le tee-shirt. Puis, il a relevé deux plaies susceptibles d'avoir été provoquées par une lame de couteau. Enfin, le praticien a constaté qu'il y avait eu viol.

Le lendemain, de 10 h 30 à 13 heures, des policiers dépêchés de Nantes ratissent le littoral sur près de quatre kilomètres de long et cent cinquante mètres de profondeur, sans qu'aucun indice intéressant soit découvert. À 15 h 10, le procureur adjoint Guitton, le commissaire principal Igual et deux fonctionnaires de l'Identité judiciaire montent à bord d'un hélicoptère de la Sécurité civile pour élargir le périmètre de leurs recherches. Leur objectif est de détecter des vêtements, des véhicules ou des objets suspects. Ils survolent l'endroit pendant quarante minutes. Rien n'est découvert. La Sûreté urbaine de Nantes va se casser les dents sur cette affaire jusqu'en 1997.

Entre-temps, un suspect innocent, un dentiste incapable de supporter l'enfermement et surtout le poids de ce qu'on lui reproche, un homme qui n'avait peut-être eu qu'un seul tort, celui d'avoir été un sympathisant des Basques de l'ETA, s'est suicidé en prison.

Le 9 juillet 1997, Martine Bardet, la juge d'instruction chargée du dossier, délivre une commission rogatoire à la 5e division de la Direction centrale de la police judiciaire. Depuis Nanterre, celle-ci s'occupe des atteintes aux personnes, quand les enquêtes difficiles et longues nécessitent la centralisation des informations et la liaison entre tous les services concernés. Mais le 21 juin 2002, la magistrate jette l'éponge et le couperet tombe : non-lieu.

Dans la famille de Natacha, c'est la consternation. Voilà des mois que tout le monde se bat, les avocats en tête, pour faire reculer l'échéance. Tous les recours ont été entrepris. Cette fois-ci, il subsistait peu d'espoirs. Cependant, la justice, tenace, laisse une petite fenêtre entrouverte : « [...] s'il survenait des charges nouvelles [...] ». Et ils vont arriver, ces éléments nouveaux, deux ans plus tard, presque jour pour jour, alors que personne ne s'y attend.

Le 29 juin 2004, l'antenne nantaise du service régional de police judiciaire de Rennes est contactée par la Direction nationale des recherches sur les atteintes aux personnes – l'ancienne 5e division de la police judiciaire qui avait déjà participé aux débuts de l'enquête. Cette dernière avise la PJ de Nantes qu'une certaine Monique Olivier vient de faire des déclarations en Belgique. Elle met en cause son mari, un dénommé Michel Fourniret, comme auteur d'un homicide « susceptible d'être celui de Natacha Danais »...

On reproche souvent à la machine judiciaire sa lourdeur. Tant qu'il ne devient pas incontrôlable, ce « rouleau compresseur » peut aussi avoir ses avantages.

De leur côté, des policiers belges sont occupés à dérouler la pelote d'une affaire presque banale. Au fil de leurs investigations, ils ont découvert des horreurs qui ne les concernent pas territorialement, mais auxquelles ils se sont suffisamment intéressés pour appeler à la rescousse leurs collègues français les plus proches, ceux de Charleville-Mézières. Et pendant que ceux-ci – qui depuis des mois n'arrivaient pas à expliquer la mort de deux jeunes filles sur leur secteur – assistent la police belge, les enquêteurs nantais reprennent le dossier concernant la mort de Natacha.

Le juge Bardet rouvre l'instruction. À ce moment, à Dinant, en Belgique, l'affaire est déjà élucidée. Le 29 juin, Monique Olivier a en effet raconté l'enlèvement de Natacha et sa mise à mort. Le lendemain, à 8 h 45, Michel Fourniret commence une longue confession devant les policiers belges.

Le 20 novembre 1990, il avait été condamné à trois mois de prison avec sursis pour avoir brûlé les tableaux du premier mari de Monique. Le lendemain il s'attaque à Natacha Danais : « J'ai remarqué une jeune fille. Je lui ai demandé l'adresse d'un médecin. Elle était d'accord pour nous montrer la route jusqu'à chez lui. »

Il décrit ensuite comment l'enfant monte à l'arrière de sa camionnette, en compagnie de leur chien, tandis que Monique et lui s'installent à l'avant. Il n'y a pas de siège pour un passager, mais des couvertures ont été étendues pour Mellie, leur bouvier des Flandres. « La jeune fille s'est rendu compte que nous ne prenions pas le chemin qu'elle nous indiquait. Elle s'est très vite inquiétée et s'est mise à pleurer. » À l'instant où elle prend peur, elle aurait pu s'enfuir, car Fourniret n'a pas condamné la serrure du hayon arrière de son C15. On pouvait l'ouvrir de l'intérieur. Un oubli qu'il réparera par la suite…

Quoi qu'il en soit, Monique Olivier précise que, compte tenu de la vitesse à laquelle son mari roulait, Natacha se serait sans doute tuée si elle s'était mis en tête de vouloir sauter en marche…

Unc fois de plus, Fourniret couvre sa femme : « Monique s'abstenait prudemment dc réagir devant une situation qui la contrariait. Elle savait que j'aurais refusé toute intervention de sa part pour me ramener à la raison. » Et Monique ne dit pas autre chose dans ses premières déclarations : « Le train était lancé ! »

Fourniret relate comment il a roulé ce jour-là jusqu'à la nuit, vers un chemin improbable, du côté de la mer… Improbable, mais quand même isolé. Il passe alors à l'arrière et explique à la jeune fille ce qu'il attend d'elle. Celle-ci s'énervant de plus en plus, proférant même de dérisoires insultes, il commence par l'attacher. Ses vieilles lunes le reprenant, il lui demande si elle sait ce qu'est la virginité. « Elle n'avait pas l'air de savoir très bien, mais elle m'a dit que toutes les filles de sa classe étaient vierges. » Sans attendrir un seul instant son tourmenteur, Natacha fond en larmes de plus belle, puis tente de se rebeller à nouveau. Une courte bagarre survient. Se cogne-t-elle dans le fourgon ? La frappe-t-il ? Il dit ne pas s'en souvenir. Le corps de la fillette en portait pourtant les traces. Plus tard, on découvrira, en effet, une ecchymose sur son visage. « Je n'ai jamais donné un coup de poing à quiconque », persistait-il dans ses derniers interrogatoires, en mars 2006.

Puis il commence à dévêtir Natacha, mais son élan se brise vite : « Ce sont ses larmes qui ont arrêté ma pulsion. » Monique Olivier-Fourniret, qui, à ce moment-là, est un peu à l'écart avec le chien, ne va pas à l'encontre de cette version. C'est l'expertise médico-légale qui contredit Fourniret. Natacha a bien été violée, et il le sait. Une fois encore, il ment, enfermé dans la légende de sa quête perpétuelle de virginité... « Si elle m'avait résisté, cela aurait pu signifier pour moi qu'il s'agissait d'un combat pour arriver à mes fins. Mais sa vulnérabilité a supprimé chez moi toute envie, et m'a fait retomber sur terre. » Il soutient s'être à nouveau trouvé face à « une situation ingérable ». Une fois de plus, il nie avoir pensé à son impunité : « La crainte d'être dénoncé était étrangère à mon état de conscience du moment. » Alors, quelle est donc la raison qui le pousse à aller plus loin ? Car il en arrive bientôt à la sanglante solution : « Je n'avais pas d'autre issue que de la supprimer. Je l'ai donc étranglée à mains nues. » Mensonge encore, quand on connaît les blessures découvertes sur le corps de la pauvre enfant !

Ensuite, il dit avoir encore roulé, puis s'être arrêté à proximité d'une plage. Là, il porte la dépouille de Natacha jusqu'à la mer pour faire croire qu'elle a été déposée par la marée, avant de disséminer ses vêtements dans des poubelles, sur le chemin du retour vers les Ardennes.

Quelques mois plus tard, Fourniret fera de ce crime un récit plus complet aux représentants de la justice française. Il précise comment il arrête la voiture, comment il dit à Monique de prendre le volant et il passe à l'arrière. « La petite m'a assuré qu'elle ne chercherait pas à sortir ! » Il continue à rouler dans la campagne, jusqu'à une heure tardive.

Dans ses nouvelles déclarations, il refuse toujours d'endosser le viol, surtout quand on lui apprend que l'expertise a déterminé que celui-ci avait été violent. Il jure ses grands dieux ne pas être allé jusque-là ! « Il y a un mystère ! » Pour lui, son émoi a été trop bref. Il a perdu tous ses moyens…

C'est alors qu'il est passé à l'irréparable mais, cette fois-ci, en utilisant une arme, il l'admet : « J'ai attrapé un outil. » Il avoue avoir frappé à deux reprises, peut-être trois, comme l'avait indiqué le Dr Guillet, le premier médecin à s'être penché sur le corps de Natacha. Avec, sans doute, autant de précision que le légiste qui avait à l'époque autopsié la malheureuse, Fourniret ajoute qu'il n'est pas parvenu à ses fins avec son arme blanche : « Cela n'agissait pas. Je l'ai étranglée. »

D'après ses dires, sa femme est effectivement allée se promener, à ce moment-là. Pour sa part, Monique insiste, elle n'a pas vu ce qui s'est passé, Fourniret n'était pas dans son champ de vision : « Quand je suis revenue au véhicule, elle était morte et recouverte d'un sac de couchage rouge. Après, on s'est retrouvés en pleine nuit près d'une plage. Il m'a dit qu'il avait déposé le corps et qu'il l'avait lavé avec de l'eau de mer. »

En ce mois de juin 2004, après plusieurs heures de dépositions sans remords auprès de la police belge, le couple maudit aura aidé à résoudre deux crimes vieux de quatorze ans, l'enlèvement et l'assassinat d'une fillette de treize ans. L'affaire était « presque » classée !

Michel Fourniret raconte ensuite aux enquêteurs de Dinant que c'est dans le courant de l'année 1990 qu'il va se faire des frayeurs. À cette époque, il entend à nouveau parler d'un « vieil ami à lui ». Un beau jour, quelqu'un lui téléphone pour l'avertir : des perquisitions sont en cours dans l'entourage de Jean-Pierre Hellegouarch, son ancien compagnon d'infortune à Fleury-Mérogis.

« Effectivement, dès le lendemain, la police frappait à ma porte. J'ai été entendu. Une perquisition a été effectuée chez moi, ainsi qu'au Sautou, propriété dans laquelle j'avais investi une partie de l'or. » À son avis, ce sont des policiers qui auraient informé Jean-Pierre de cet investissement immobilier considérable ! Il a raison. Et ce dernier confirme.

« Ma vie était mouvementée. N'ayant pas toujours de liberté d'action, j'étais pris par le quotidien et je n'avais pas réuni beaucoup d'éléments pour en savoir plus sur ce que je pensais. Auditionné un jour par la brigade criminelle, Fourniret m'avait dénoncé en leur disant que je m'apprêtais à commettre un délit, je ne sais plus lequel. Ses accusations sont saugrenues. J'ai pensé que Fourniret essayait de se débarrasser de moi. » Hellegouarch est donc entendu à son tour par la Crim'. Et les policiers lui glissent à l'oreille qu'en effet, visiblement, Fourniret a touché le pactole : un château, un appartement à Sedan… Il semble avoir fait fortune du jour au lendemain. Et comme Fourniret le dit lui-même, son ami est loin d'être un imbécile : « Cela a certainement amené des doutes chez lui, car cela ne cadrait pas du tout avec l'apparente impécuniosité qu'il avait pu constater à Floing *[lors de son premier passage Ndr].* »

À partir de là, Fourniret craint aussi d'avoir les services fiscaux sur le dos. À juste titre, puisque les contrôleurs ont fini, de fait, par débarquer. Il n'est d'ailleurs pas loin de penser que c'est Hellegouarch, abandonnant ses principes de « voyou qui ne balance pas », qui les lui a envoyés. « "Avec quel argent avez-vous acheté le Sautou ?" m'ont-ils demandé. "Uniquement avec des numéraires", ai-je répondu ! » Et comme il règlera les retards et les amendes au fisc en liquide, on ne lui demandera pas plus d'explications !

Hellegouarch va lui aussi se présenter au Sautou. Et pas en douceur… Ses intentions sont loin d'être pacifiques… Il sait qu'il ne reverra jamais ni son or… ni sa femme.

Lorsque les hommes du 36, quai des Orfèvres évoquent Fourniret – châtelain – devant Hellegouarch, celui-ci comprend tout… enfin ! « Cela fait tilt en moi ! Je me dis ça y est, les jeux sont faits ! »

Il décide alors d'aller demander des explications à Fourniret. Il n'a pas beaucoup d'informations, il ne connaît pas l'adresse, il a entendu seulement prononcer le nom du Sautou. « Je fais des recherches, je traîne, c'est long. À un moment dans la soirée, je débouche sur un pavillon de chasse entretenu et une maison. Au loin, je vois deux personnes. »

« Un jour où nous étions au Sautou, Monique me prévient qu'une voiture s'engage dans la longue allée qui mène au château, se souvient Fourniret de son côté. Cette voiture a fait demi-tour et j'ai pris mon C15 pour aller voir qui violait ainsi notre propriété ! » Eh oui ! Devenu châtelain en ayant pillé un « ami », Michel Fourniret ne supporte pas qu'on vienne piétiner son domaine. Au lieu d'aller tout droit, Hellegouarch se dirige vers une autre bâtisse et aperçoit un homme qui saute dans un utilitaire clair et passe devant lui. Il arrête son véhicule. Fourniret s'est approché de lui en roulant et l'a reconnu. Il semble qu'à ce moment, il en est de même pour son ancien codétenu. « Sorti de ma voiture, je tire puis je le suis, mais je le perds. Je reviens au château », témoigne Hellegouarch.

« Ne disposant d'aucun moyen de riposte, j'ai préféré poursuivre ma route », explique Fourniret de son côté. C'est donc en toute connaissance de cause qu'il laisse Hellegouarch seul avec Monique.

Pour Fourniret, sa femme ne courait aucun danger : « Jean-Pierre est quelqu'un de droit. Le fait de laisser Sélim et Monique avec lui ne représentait rien de plus qu'une grande frayeur... »

C'est le moins que l'on puisse dire, quand on connaît la suite du récit de Jean-Pierre Hellegouarch. « Olivier ferme la porte et, à coups de crosse, je casse une fenêtre et je rentre. Elle se met à pleurnicher, à se lamenter en me disant : "Ne me fais pas de mal !" Je la bouscule, le môme pleure. Je fouille le château, je ramasse les fusils. » En découvrant la version de Monique Olivier de la visite impromptue de leur « ami », on comprend en effet qu'elle ait pu trembler : « J'étais seule avec Sélim dans les bras.

Hellegouarch m'a alors mis un pistolet sur la tempe. » L'ex-prisonnier réclame sa femme. Monique lui répond qu'elle ignore où elle est. « Jean-Pierre Hellegouarch a réclamé son épouse et son dû. Il a même dit que nous avions pu acheter le château avec son argent », ajoute Monique Olivier. Toujours aussi menaçant, son interlocuteur lui demande où est Fourniret, et apprend que c'est bien lui qui vient de partir…

Et voilà que le téléphone sonne. Monique demande à l'homme qui la menace si elle peut décrocher. Il l'y autorise en la braquant de nouveau avec son arme. « Il m'a dit : "Si c'est Michel, fais attention à ce que tu vas dire !" » Au bout du fil, c'était bien Fourniret. D'abord, il a expliqué à Monique qu'elle ne risquait rien, ensuite qu'il ne reviendrait pas… Il ajoute qu'il est chez Pierre, son employeur. Chacun raccroche après cette courte conversation. Et Hellegouarch se tourne à nouveau vers Monique Olivier. « J'ai continué à l'interroger et elle m'a répondu qu'il lui faisait faire des choses… Je ne la voyais pas participant à quoi que se soit, ce qui était faux. » Avant de partir, il donne un numéro de téléphone à Monique en lui demandant de l'appeler pour lui dire où était Fourniret. Selon Monique Olivier, fou de rage, Hellegouarch serait finalement reparti avec le téléviseur, une chaîne stéréophonique et quelques autres objets appartenant au couple. Et il lui aurait dit : « Je ne t'en veux pas. Prends ta part et sauve-toi, mais dis-moi où il est, pour que je m'occupe de lui. » Il ne recevra jamais d'appel… Monique ajoute : « Moi, je n'ai jamais imaginé tuer Michel. Pour moi, c'était impossible. Mais, plusieurs fois, j'ai pensé appeler Jean-Pierre pour qu'il le fasse à ma place. Mais je n'avais pas son numéro de téléphone. Fourniret, qui se méfiait de tout, n'écrivait jamais les numéros de téléphone, il les connaissait tous de mémoire. »

Hellegouarch reviendra quelque temps plus tard, en vain. « J'y suis retourné à deux ou trois reprises, mais il n'y avait plus personne. Ils n'étaient pas dans les environs et je n'avais aucun moyen de les retrouver. » Jean-Pierre Hellegouarch a de nouveaux ennuis avec la police à Perpignan et se retrouve emprisonné deux ans. En 1992, il est libéré et retourne au Sautou. Il tente d'obtenir des renseignements pour retrouver la trace de celui qui l'a trahi mais cela ne donne rien. Peu après, il préfère aller vivre en Espagne. En 1998, il entame tout de même des démarches auprès du procureur de Créteil, au sujet de la disparition de Farida. Un an plus tard, les gendarmes viennent l'entendre sur ce dossier, puis le procureur d'Évry l'informe que Fourniret doit être en Belgique. Du coup, l'enquête ne peut avoir de suites. Fin de l'histoire…[1]

Mais, après le passage de Jean-Pierre Hellegouarch au château du Sautou, il n'était plus question pour Fourniret et Monique Olivier d'y faire de vieux os. D'ailleurs, il ne s'en cachera pas quand il contera cet épisode rocambolesque de sa vie : « Il fallait quitter les lieux au plus vite, déguerpir ! Sinon, une armada aurait débarqué. C'était soit la Suisse, soit la Belgique. On s'est retrouvés à Gedinne… » À Sart-Custinne, très précisément.

1. En octobre 2007, Jean-Pierre Hellegouarch est à nouveau interpellé en Seine-et-Marne.

18
Sélim, le fils mal-aimé

« Si vous n'avez rien à dire, taisez-vous ! » C'est par cette maxime de son cru que Michel Fourniret accueille le visiteur, dans l'atelier de fortune qu'il s'est installé dans la maison où il a emménagé en catastrophe, à Sart-Custinne, une petite commune tranquille de Belgique.

Son terrain de Floing est à deux pas, la frontière française aussi. Mais au-delà de celle-ci, il se sent désormais plus à l'abri d'une expédition punitive de Jean-Pierre Hellegouarch et des quelques amis malintentionnés qui pourraient l'accompagner.

Le château du Sautou n'est pas très éloigné non plus, et Fourniret continue à y aller de temps à autre, en prenant des précautions. Il pouvait ainsi jouer avec la frontière franco-belge pour brouiller les pistes, un pied dans chaque pays, choisissant celui où il était le plus à l'abri quand le besoin s'en faisait sentir.

Après s'être définitivement installé côté belge, il a fait des allers-retours entre son pays de résidence et la France, où il passait de temps à autre quelques jours, en châtelain toujours invisible de ses voisins. Il a continué aussi de venir à Floing, dans son pied-à-terre qu'il possédait depuis le milieu des années 60.

Chantal, l'une de ses deux filles, ne s'était même pas étonnée de l'acquisition du château où elle est allée deux fois, avec sa sœur, Marie-Hélène. « Ma mère n'a pas obtenu un sou de la liquidation de la société. Michel Fourniret avait touché l'héritage de sa mère, qui s'était remariée avec un riche propriétaire de biens immobiliers. Je pensais que ça faisait assez d'argent pour acquérir un château des Ardennes, situé dans une ancienne région industrielle. En outre, il aurait été vendu 1,2 million de francs ! »

Elle se rappelle le frère de Michel, André Fourniret, venant au Sautou tous les mardis pour donner des cours de lecture à Sélim : « En fait, André Fourniret était un peu le saint-bernard de la famille. Il voulait avoir un œil sur ce que tout le monde faisait. » André donnait parfois de l'argent à Michel qui, à cette époque, se disait insolvable et, par conséquent, ne payait toujours pas de pension alimentaire. Non seulement Michel Fourniret est aujourd'hui accusé d'être un pervers assassin, un violeur, un voleur, un menteur, mais le voici soupçonné d'être aussi pingre ! Il est vrai que Monique l'a décrit à plusieurs reprises faisant la tournée de chantiers privés avec une de ses camionnettes afin d'y dérober des matériaux de construction !

Mais, avant même d'avoir achevé les travaux qu'il avait commencés, Fourniret s'est séparé du château du Sautou, mais pas de ses frayeurs de nouveau riche : « J'ai vendu le Sautou, mais je craignais toujours les services fiscaux. »

Son ami Jacques D. n'a pas noté, au moment de cette vente, qu'il était attristé de perdre son château : « Il m'a dit qu'il n'avait aucun regret. Il ne l'avait même pas acquis pour devenir châtelain. Nous sommes allés une fois chez lui, à Sart-Custinne. »

C'est en fait une habitation presque insalubre que Fourniret a achetée pour moins de 400 000 francs (61 000 euros). Il a alors commencé à la retaper et à la rendre plus vivable.

« Il a entrepris un travail de titan », commente un des voisins qui l'ont aperçu, ou entendu, creuser, taper, scier. D'autres bruits indéterminés les laissaient souvent perplexes quant à ce qui pouvait bien se passer derrière les solides murs du 18, rue Vencimont. D'autant que « le Français » ne se préoccupait pas qu'il fasse jour ou nuit pour se mettre à la tâche.

Après un bon ravalement, l'extérieur du pavillon en grosses pierres grises – comme on en voit beaucoup dans les Ardennes, qu'elles soient belges ou françaises – a repris une meilleure apparence, sans ostentation. Percée de quatre grandes fenêtres, de deux plus petites et d'une porte, la façade avait de nouveau bonne mine. Le nouveau propriétaire a aussi repeint la barrière blanche qui clôture une tentative de jardin, jamais réhabilité.

« Ce bout de terrain à l'abandon, cette maison sombre, cela m'a toujours fait peur », explique une jeune femme du village. Une manière, pour elle comme pour les autres habitants du bourg, d'expliquer que personne ne se soit intéressé à ces nouveaux résidents.

Fourniret et son épouse se contentaient de peu, même si le touche-à-tout s'offrait parfois quelque fantaisie. « Michel Fourniret avait installé des enceintes hi-fi dans toute la maison, se souvient une de ses filles. Il y avait une partie atelier, une toute petite cuisine américaine, un salon assez confortable. »

Voici donc Monique, Sélim et Michel Fourniret expatriés. Et comme Fourniret avait placé « son » or dans l'immobilier, il a estimé qu'il lui fallait travailler pour vivre. Pour vivre, ou pour ne pas avoir l'air de vivre de ses rentes, ce qui aurait pu attirer l'attention sur lui ? Quoi qu'il en soit, il a cherché du travail : « Pour faire n'importe quoi. J'ai aussi été travailleur indépendant, exploitant forestier. » C'est à cette époque, en effet, qu'il s'est inscrit au registre de la chambre des métiers de Gedinne en tant que « forestier », un statut ne correspondant en rien à ses activités. Il a alors passé un examen en travaux publics, afin de régulariser sa situation au regard de la législation belge. « De bouche-à-oreille, j'ai trouvé des chantiers dans la rénovation de bâtiments. Je faisais du montage de hangars à la demande. »

Chantal et Marie-Hélène, deux des trois enfants qu'il a eus avec Nicole C., ont continué à lui rendre visite régulièrement en Belgique. « Pour des week-ends prolongés, deux ou trois jours. Nous faisions une petite promenade avec Sélim, mais sans Michel Fourniret qui travaillait pour lui », nous a confié Chantal.

Si la plupart du temps Chantal allait à Sart-Custinne avec sa sœur, Marie-Hélène, elle, s'y est aussi rendue seule. Les séjours auprès de Michel Fourniret n'étaient pas toujours de tout repos, les jumelles le retrouvaient tel qu'il était lorsque leurs routes s'étaient séparées, quelques années plus tôt. « Il se lançait souvent dans de grandes discussions philosophiques. Et, même si vous finissiez par partager son avis, il en changeait, simplement pour vous démontrer qu'il ne fallait pas se permettre de ne pas partager automatiquement son opinion », nous a dit Marie-Hélène.

Une autre de ses spécialités consiste alors à déstabiliser ses filles en les attendrissant, après les avoir humiliées. Un épisode de ces séances de « domination psychologique » a particulièrement marqué la frêle Marie-Hélène : « Je vois encore l'émotion de ma sœur Chantal, quand papa lui a finalement dit qu'elle était un petit écureuil fragile. »

Ces jours-là, dans la maison sans âme de Sart-Custinne, où un petit bouc portait le nom d'un voisin détesté par le maître des lieux, c'était Monique Olivier qui préparait les repas. Tout comme elle avait bien du mal à s'occuper de son fils, elle était loin d'être une bonne cuisinière. « Elle nous expliquait qu'elle n'avait pas grand-chose à nous faire manger. Elle se félicitait de la présence d'une voisine qui lui donnait des œufs de ses poules. » Les seuls moments partagés étaient ceux qu'ils passaient tous à table.

« Nous parlions de ma vie active et des voisins de Michel Fourniret », relate Chantal. « Michel Fourniret était blagueur, un peu fier de ce que je faisais, j'avais besoin d'un père qui me rassure. Sélim parlait peu, mais il était facétieux. Monique n'était pas épanouie », nous a confié Marie-Hélène.

Elle et sa sœur ont eu très vite le sentiment, de plus en plus manifeste, que leur père brimait sa nouvelle épouse. Monique leur donnait l'impression de se réfugier dans les tâches ménagères. Marie-Hélène se souvenait d'une femme apeurée, dépendante : « Monique Olivier tremblait de tout son corps, sa voix chevrotait. » Elle lui faisait penser à une enfant qui, lorsqu'elle était contrariée, boudait, ronchonnait…

« Il n'y avait pas de complicité entre Michel Fourniret et Monique », insistaient les jumelles quand elles se remémoraient ces moments. Elle s'adressait d'ailleurs à leur fils Sélim en disant « il » va être mécontent, pour désigner son père. « En revanche, Sélim semblait très proche de sa maman, précise Chantal. Il prenait le relais funeste de notre frère Nicolas, la place de martyr. »

Monique Olivier décrit elle aussi le comportement de son mari envers leur fils : « Lorsqu'il punissait Sélim, il le privait de tout, même de sa chambre. Il lui imposait de dormir sur le tapis du chien. Je l'ai empêché une fois de le faire dormir à la cave. Il l'humiliait, lui reprochait d'avoir de beaux vêtements, le menaçait d'aller à l'école avec des vêtements déchirés. »

De son côté, Fourniret parlait très peu de son fils, et de ses relations paternelles avec lui. De temps à autre, il se disait mécontent de la scolarité de Sélim, de son manque d'enthousiasme au travail, de son peu de motivation. Une fois, il exposera sa volonté de l'ouvrir à la vie : « Depuis sa naissance, on a toujours eu le souci de mettre Sélim en contact avec les autres. C'est pour ça qu'on fait appel à des prostituées extérieures pour le garder. »

Quand il parle de « prostituées », il évoque les filles au pair qui venaient aider Monique à garder Sélim, durant ses plus jeunes années. S'il a regretté, par la suite, avoir employé cette expression péjorative, il n'a jamais expliqué pourquoi il avait prononcé ce mot, lui toujours si prompt à choisir son vocabulaire. À moins qu'il n'ait dérapé ? « Il ne s'est jamais rien passé avec ces filles-là. Nous n'avons entretenu que des relations de sympathie », a-t-il précisé, comme pour se défendre par avance de ce qui pourrait lui être reproché.

Dans le courant de l'année 1995, pour la première et unique fois de ses longues années de vie commune avec Michel Fourniret, Monique Olivier se révolte. Elle va même plus loin, et quitte le domicile conjugal. Sélim a sept ans quand elle décide de l'emmener dans ce qui s'apparente à une fuite, selon ses explications. L'état de Fourniret commence à lui faire peur.

« Sa manière d'être, son attitude, sa façon de me regarder, je me suis sentie en danger. »

Le couple est installé en Belgique depuis trois ans quand, un matin, elle part de la maison à pied, en faisant croire à son mari qu'elle conduit leur fils à l'école. « Je me suis fait héberger chez un kinésithérapeute qui m'a accueillie pendant deux ou trois jours. »

Que fait Fourniret le terrible, l'homme qui avait voulu tuer celui qui lui avait ravi la virginité d'Annette, son premier amour déclaré ? Que fait Fourniret, qui s'était, selon lui, procuré une arme pour faire la peau à l'un des anciens prétendants de Monique Olivier ? Il se défile et va… porter plainte, incapable de régler seul son problème de couple. C'est en tout cas ce qu'a raconté Monique Olivier à un psychiatre.

Monique Flandres, la nounou de Sélim, se souvient elle aussi de Fourniret cherchant à faire revenir sa femme, au foyer : « Une fois, il m'a téléphoné : “Je vous appelle parce que ma femme a pris une certaine distance avec la maison. Dites-lui qu'elle ne manquera de rien à la maison, ni Sélim.” »

Finalement, Fourniret récupère femme et fils, et sermonne l'impudente : « C'est la première et la dernière fois ! »

Sélim, revenu avec sa mère auprès de son père, ne manquera en effet de rien, surtout pas de brimades…

Il nous l'a confirmé. Lui qui n'avait jamais rencontré un journaliste a accepté de nous parler, dans le Midi de la France où il est installé avec les deux premiers fils de Monique Olivier.

Sur les hauteurs d'un village, Sélim est protégé par ses deux demi-frères. Ils habitent un modeste logement dans un immeuble mal entretenu. L'adolescent achevait la seconde année de son CAP de restauration. Il prenait l'autobus chaque matin très tôt pour se rendre sur les lieux de son stage en entreprise. Après sa journée, son maître de stage, un homme expérimenté, le raccompagnait un bout de chemin jusqu'à la gare routière. « Sélim s'applique et s'accroche, il s'en tire très bien », a tenu à nous dire ce dernier avant de nous quitter.

Coiffé d'une casquette de rappeur, le jeune homme marche vite, le dos voûté, comme accablé par le poids du cauchemar qu'il doit endurer. C'est pourtant un beau et solide garçon. « Michel Fourniret a été un mauvais père. Il a massacré mon enfance », raconte-t-il d'emblée. Très introverti, Sélim semble économiser ses mots et ses émotions.

Il lance des regards fuyants alentour, il paraît avoir peur des autres. Il reprend, le regard cette fois plus ouvert : « Au quotidien, mon père m'a martyrisé. Je n'avais pas un moment à moi, si ce n'est la pratique du jiu-jitsu et l'école. J'ai très rarement joué au foot avec des copains, par exemple. Je devais sans cesse faire du jardinage ou du ménage. Ma mère, c'était pareil. » Un coin de ses lèvres relevé, l'air désabusé, il souffre manifestement beaucoup de l'absence de celle qui l'a mis au monde.

Courageux, Sélim poursuit : « Papa ne supportait pas que je pose des questions. Alors, quand il m'a appris qu'il avait été incarcéré avant ma naissance, il ne m'a pas dit pourquoi, et je n'ai rien demandé. » Car il n'était pas question de contrarier ce père tyrannique, sous peine de représailles. « Papa m'envoyait désherber ou au coin. » Gêné par ses confidences, il précise qu'il s'agit là de punitions somme toute assez communes.

Mais ce père-là, capable de bien des rancunes, n'était pas comme les autres : « Après une colère, papa restait souvent sans parler avec moi pendant un mois. Il ne me disait alors même pas bonjour. » Capable de beaucoup de cruautés, aussi : « Je me souviens qu'une fois il a voulu m'envoyer dormir dans la niche du chien. Maman s'est interposée à temps. Elle a toujours été tendre avec moi. C'était une bonne mère. »

Le témoignage de Sélim permet de se faire une idée de ce que fut l'existence de Monique Olivier aux côtés de Fourniret, des années 1990 jusqu'à 2003. Sur ce sujet, le jeune garçon se montrerait presque intarissable : « Maman était toujours crispée, je la sentais malheureuse. Parfois, elle se plaignait auprès de papa de ne jamais pouvoir sortir, de manquer de liberté. »

Selon son fils, c'était pour elle une façon de se rebeller. « Mais papa se mettait alors en colère. » En fait, quand Fourniret ne se mettait-il pas en colère ? « Quand son frère André venait. Ils philosophaient tous les deux. Moi, j'avais peur de mon oncle, car il était agité et employait des mots savants. J'étais impressionné. »

Tremblant à l'évocation du souvenir de son oncle, il se force à se ressaisir. S'il a peu de bons souvenirs d'enfance, il tient à les raconter : « Quand papa a été incarcéré à Dinant, nous étions enfin heureux avec maman ! Elle était transformée. Et nous pouvions sortir aussi. Nous étions débarrassés du père, quoi ! »

Le regard de Sélim se perd. L'avenir ? Il avoue en rêver : « Je voudrais que papa reste en prison et que maman en sorte. Je ne peux pas croire qu'elle soit complice de quoi que ce soit. »

Cependant, la réalité judiciaire est tout autre… Surpris, le jeune homme nous rétorque aussitôt, sèchement : « Si la justice dit que ma mère est complice, c'est qu'elle a obéi. » Et il enchaîne que c'est peut-être pour cette raison que, dans ses lettres, la mère des trois garçons leur dit perdre courage… Lui, essaie de la soutenir en lui racontant les parties de kite surf qu'il fait sous le soleil, avec Mickaël[1], un autre de ses frères : « Mais il y a d'autres choses que je voudrais bien lui écrire aussi… » L'adolescent, embarrassé, finit par murmurer : « Des choses que je ne dis même pas à mes frères… Que je l'aime, par exemple. » Sélim se mure alors dans un silence brutal. Se livre-t-il complètement ?

Mickaël parle sans précaution quand Sélim s'isole dans sa chambre. « Quand l'affaire a éclaté, j'ai compris bien des choses… Déjà, pour moi, André, le frère de Fourniret, était au courant de quelque chose… On ne me l'enlèvera pas de l'idée… » déclare-t-il spontanément, mais sans accepter

1. Le prénom a été modifié.

de donner des précisions, même lorsqu'on lui explique que les différentes enquêtes, les deux instructions, tant en Belgique qu'en France, n'ont rien évoqué de la sorte.

André Fourniret a beau refuser de parler des turpitudes et des crimes de son frère Michel, cela n'en fait pas quelqu'un qui « savait ». Mickaël poursuit : « Michel ne m'a jamais été sympathique, et il me le rendait bien. Je ne le sentais pas. » Pourquoi ? Le jeune homme explique alors que, lorsqu'il allait voir sa mère, une ou deux fois par an – n'ayant pas les moyens de se déplacer plus souvent –, il trouvait Michel Fourniret contrarié. Monique disait alors à Mickaël d'aller rejoindre ses frères, dans le jardin : « J'ai souvent eu envie de repartir aussitôt. »

Selon lui, une fois Michel Fourniret incarcéré en 2003, sa mère s'est radicalement transformée : « Ce n'était plus la même femme. »

Puis, il se repositionne soudain en grand frère de Sélim : « Quand maman a été emprisonnée, personne n'a voulu s'occuper de lui. J'ai donc décidé d'aller le chercher en Belgique et d'assurer sa tutelle. » L'enfant était dans un piteux état quand il l'a récupéré. C'est pourquoi il le protège, des médias notamment. Il lui fait faire beaucoup de sport : « Je trouve cela préférable à des consultations chez un psychologue. Aujourd'hui, je le trouve mieux. »

L'année 1995 a vu un autre fils Fourniret, le second – celui qu'il a eu avec Nicole C., avant les deux jumelles, Chantal et Marie-Hélène –, échapper à son père. Mais cette fois-ci, d'une façon plus dramatique.

Nicolas était étudiant. Il voulait devenir ingénieur agronome et il suivait un stage de forestier chez un agriculteur de l'Orne, pour apprendre le fendage du bois. Fourniret n'avait pas revu son fils depuis trois ans, il devait le rencontrer le lendemain, avec ses deux sœurs. Fourniret a raconté à sa fille, Marie-Hélène, comment il a vécu ce funeste vendredi 29 octobre 1995 : « J'étais occupé à couper du bois. J'ai senti un choc du côté gauche, moi en Belgique, lui en Normandie. Il était seul à l'arrière du tracteur mais, dans sa tête, il était avec moi. Il me disait : "Papa, je suis devenu un homme !" »

C'est Marie-Hélène qui a appelé Fourniret pour lui apprendre l'accident : le jeune homme avait été happé par la force de la machine. Le récit de Fourniret a révulsé Marie-Hélène, ainsi que son attitude après la mort de Nicolas. « Papa m'a en effet déclaré, lorsque Nicolas avait été broyé par cet engin, alors qu'il était à plusieurs centaines de kilomètres, qu'il avait ressenti physiquement sa mort. Il se frappait la poitrine, et il ne tarissait plus d'éloges sur lui. »

Curieusement, en effet, c'est une fois disparu que Nicolas est devenu un dieu aux yeux de Michel Fourniret. Marie-Hélène n'est pas dupe : Fourniret n'avait de l'affection pour les gens qu'une fois morts... Au moment où elle livrait cette réflexion, la jeune femme n'avait pu s'empêcher de poursuivre : « Il était morbide. On avait déjà assisté à ce retournement de comportement au décès de notre tante Huguette, sa sœur. C'est pitoyable ! »

Selon ses sœurs, Nicolas avait toujours été à la recherche d'un père. Il avait douze ans quand Fourniret a été interpellé en région parisienne, puis incarcéré. Le gamin lui avait rendu visite en prison, il lui avait aussi écrit. « J'en avais parlé à Michel Fourniret, nous avait expliqué Marie-Hélène en larmes. Il m'avait confirmé qu'il avait bien reçu une lettre de Nicolas, en ajoutant qu'il n'avait jamais ouvert l'enveloppe. Je lui avais dit : "Tu ne mérites pas ce fils..." »

En mai 1999, Michel Fourniret abandonne son activité de travailleur indépendant, afin de bénéficier d'une meilleure couverture sociale. Il se fait embaucher par une entreprise des Hautes-Rivières. Mais, une fois encore, en conflit avec son employeur pour des « problèmes de personnalité », il démissionne au bout de huit mois. Puis, il trouve divers emplois de quelques mois dans la maintenance ou dans l'affûtage. À chaque fois, il évoque des difficultés relationnelles, liées à sa rigueur et à son souci de la perfection, avec ses patrons ou ses supérieurs hiérarchiques. Ces courts séjours de travail chez les autres ne l'ont pas empêché d'enfiler ses combinaisons pour son propre compte.

Marc Simon, l'un des copains d'enfance de Fourniret, se souvient : « Il travaillait impeccablement. » Encore ébloui, Marc Simon lève son pouce pour appuyer son compliment.

Plus tard, ayant constaté par lui-même les talents de Fourniret pour refaire un logement, Marc Simon a proposé, à la copropriété de son immeuble, les services de son ami : « Je lui avais demandé : "Qu'est-ce que tu fais Michel ?" Il m'avait répondu : "Moi, je fais un peu de tout, du carrelage, de l'électricité... J'ai une entreprise." En fait, il était tout seul ! » Marc Simon s'esclaffe à cette évocation.

Et voici Michel Fourniret qui refait cinquante mètres de couverture de l'immeuble et le nettoyage de la toiture des seize garages. Malgré son dégoût, Marc Simon semble lui garder une admiration virile. Un jour, pendant les travaux, il a aperçu un sac de ciment, de la colle, mais pas de Michel Fourniret. Il file par-derrière. « Là, je vois Fourniret à genoux, comme s'il priait. Il marmonnait. Là, je lui demande : "Qu'est-ce que tu fais ?" Lui : "Oh ! ça me décontracte, ça me détend !" » Marc Simon est persuadé que Fourniret faisait sa prière...

En 2002, Fourniret dit avoir effectué un intérim comme enseignant au lycée Saint-Hubert, en Belgique : « J'y étais professeur de technologie. C'était une école où l'on enseignait les sciences. J'y suis resté durant deux mois, en remplacement. »

En janvier 2003, une semaine sur deux, lui et Monique ont aussi assumé la surveillance à la cantine d'une école communale voisine. En évoquant les enfants qu'il y côtoyait, Fourniret expliquera au cours d'un interrogatoire : « Malgré ce superbe aquarium, avec des têtards en formation, je n'ai jamais envisagé de disséquer quelques grenouilles... »

Le 1er février 2003, à l'occasion du départ en retraite du président des établissements Catoire, Fourniret s'est rendu dans le Berry, au banquet donné par son ancien patron. C'est à cette date que semble remonter sa dernière visite à son vieux copain Roger Petitbon qui se souvient bien de cette fête : « Michel est venu avec sa femme, Monique, et son fils, Sélim. Sa femme n'était pas loquace. Bien sûr, ils ont dormi à la maison. Après, Michel m'a adressé une longue lettre et des photos. »

Dans ce courrier daté de mai 2003, Fourniret explique à son vieux camarade berrichon que, bientôt, les arbres fruitiers de son terrain de Floing seront en fleurs, qu'il lui faudrait des bras pour cueillir les cerises et les autres fruits. Il invitait Petitbon à venir l'aider et à passer un peu de bon temps en Belgique, dans sa nouvelle demeure. Mais Roger Petitbon ne reverra jamais Fourniret, excepté dans les journaux télévisés.

Et, au moment où ce dernier lui écrit cette lettre, il ne sait pas encore qu'en cette année 2003, le destin ne lui laissera le loisir ni de faire sa récolte fruitière, ni de la savourer, encore moins de faire des confitures…

19
Le coup de trop

« J'ai réalisé ce que je voulais... J'ai touché l'anneau magique ! »

Au cours de ses aveux, Michel Fourniret dit avoir enfin obtenu, le 16 mai 2000, ce qu'il voulait d'une de ses victimes : sa virginité. Mais les années précédentes avaient déjà été riches en agressions de toutes sortes pour Fourniret dont l'attaque mal élucidée d'une station-service dans la Meuse (six mois de prison avec sursis en 1991) et un vol d'armes de gros calibre dans le poste de la police aux frontières à Givet, en 1993...

Ce n'est pas parce qu'il s'est mis au vert en Belgique que Michel Fourniret a abandonné ses obsessions de viols et de crimes.

Selon Monique Olivier, il a même frappé jusque dans sa nouvelle demeure... Elle explique que c'est une des jeunes femmes chargées de s'occuper de Sélim qui en a fait les frais, même si son mari jure ses grands dieux que, avec les filles au pair, il ne s'est jamais rien passé. « Elle était âgée de dix-huit ans environ, a déclaré Monique au magistrat. Elle était de taille moyenne. Elle avait des cheveux blonds qui lui tombaient sur les épaules. C'était une fille bien proportionnée, à la poitrine bien faite. »

Elle était allée la chercher seule, assez loin, en direction de Bruxelles. Elle se rappelle que cette jeune fille s'exprimait parfaitement en français.

Un beau jour, elle entend son employée crier, derrière la porte de la chambre conjugale. « J'ai frappé, c'est elle qui a ouvert. J'ai vu mon mari entièrement nu. Il était au pied du lit, et la fille me donnait l'impression d'être fâchée, plus qu'effrayée. » Fourniret aurait immédiatement quitté la pièce et serait descendu au rez-de-chaussée. Penaud de s'être fait prendre en flagrant délit de tentative d'adultère ?

Monique dit à la fille qu'elle la ramènerait chez elle, dès le lendemain matin. Lors d'un premier interrogatoire, elle confirme l'avoir fait. Mais devant le juge Claude, elle reprend le fil de son histoire : « À un moment donné, cette jeune fille est descendue pour aller aux toilettes. Je l'ai suivie, car j'avais peur qu'il ne lui arrive la même chose qu'à d'autres. » Ou était-ce par jalousie ? Toujours est-il que les deux femmes se trouvaient alors dans un petit couloir séparant le séjour des pièces situées à l'arrière de la maison. « Michel avait enfilé un vêtement. Dès qu'il a vu la jeune fille derrière laquelle j'étais, il s'est jeté sur elle et l'a étranglée à mains nues ! »

Elle n'a rien fait pour empêcher le drame, par peur, et aussi parce qu'il était trop tard : « Lorsque Michel Fourniret l'a lâchée, j'ai bien vu qu'elle était morte ! » Elle n'a pas entendu son mari prononcer une seule parole, seul son visage exprimait de l'agressivité.

Un peu plus tard, il l'envoie chercher une couverture, en enveloppe le corps et ficelle le tout. Monique ne sait plus quelle voiture il a utilisée pour transporter la dépouille. Cependant, elle certifie qu'il est parti en pleine nuit et qu'à son retour il lui a expliqué avoir jeté le cadavre dans un fossé du bois de Felenne.

Interrogé dès le lendemain, Fourniret nie ce crime. Il faut dire que, le même jour, il refusait encore de prendre à son compte les assassinats de Céline Saison et de Mananya Thumpong… qu'il finira par endosser en donnant force détails.

La police a continué de décortiquer la vie de Fourniret entre 1990 et 2000. Le 13 juillet 1994, sur le parking de l'hôpital de Jette, près de Bruxelles, une tentative d'enlèvement échouait. Sa cible, ce jour-là, était une infirmière. Se sentant repéré par un des vigiles de l'établissement hospitalier, Fourniret laisse derrière lui une arme, de la ficelle et de l'éther. On était loin des critères habituels de Michel Fourniret dans le choix de ses proies, le plus souvent très jeunes, écolières, lycéennes ou étudiantes. Mais il précise lui-même : « Quand je pars en chasse, je cherche une jeune fille ou, à défaut, une autre plus âgée… »

Le 19 janvier 1995, il manque encore son affaire. Il s'attaque à une toiletteuse pour chiens et tente de la violer, à peine entré dans son magasin. Il ne doit son salut qu'à la fuite… Il va à nouveau rater son coup, avec une enfant. Sa victime réussit à lui échapper… tout en relevant le numéro d'immatriculation de son véhicule ! L'enfant le communique à son père qui se rend au poste de police le plus proche. Mais avant de porter plainte contre l'agresseur de sa fille, il retrouve la voiture. Au volant, Fourniret rentre chez lui. Le père de l'enfant attend afin de voir où il habite. Il repère le 18, rue Vencimont et, sans prévenir les autorités, se fait justice lui-même en sonnant à la porte et en mettant son poing dans la figure de celui qui vient de lui confirmer être le propriétaire du véhicule signalé par sa fille !

On ne saura jamais pourquoi Fourniret n'a pas eu à répondre de cette affaire devant la justice belge…

Au printemps 2000, il ne commettra pas d'erreur. Cette fois-ci, la technique qu'il a mise au point allait coûter la vie à une jeune fille. Ce jour-là, une lycéenne de dix-huit ans rentre chez ses parents, à Charleville-Mézières. Céline Saison vient de passer un bac blanc de philosophie sur le thème de la domination (!). De son côté, Michel Fourniret a franchi la frontière pour rendre visite à sa sœur Huguette, dans un foyer Sonacotra de Charleville : « La boisson l'avait dégradée. Elle vivait à la colle avec un alcoolique. »

Au volant de son C15 abîmé, le pare-chocs arrière enfoncé, il passe par Nouzonville. Il est seul car Monique, employée comme aide dans une école de leur nouveau lieu de résidence, est au travail. Il a « l'œil sur tout ce qui peut se présenter », expliquera-t-il plus tard aux policiers et aux magistrats.

« Et là, je la vois. Instinctivement, je vais à sa rencontre, en prenant un accent belge de manière à accréditer ma démarche ! » Son scénario est déjà au point, il lui suffit de demander son chemin. Et puis, sans Monique ni Sélim, désormais trop grand, impossible de faire le coup du médecin à trouver d'urgence pour son enfant malade.

« Connaissez-vous Montcy ? » Céline marque une hésitation. Fourniret insiste. Elle monte côté passager. Il roule jusqu'à la sortie de Charleville. Puis il feint de s'être trompé, fait demi-tour et s'arrête... « Je lui dis : "C'est vous qui venez avec moi. Vous ne pouvez pas sortir. Faites ce que je vous dis !" Je voulais la dominer et l'empêcher d'être vue de l'extérieur. » Fourniret lui ordonne de s'asseoir sur le plancher.

Plus tard, il avouera qu'il venait de comprendre avoir réussi son coup, sans l'avoir préparé. Les autres fois, il n'avait donc pas frappé au hasard, même s'il a tenté de le faire croire à plusieurs reprises.

Céline recroquevillée à ses pieds, il prend la direction d'une route forestière. Où aller ? Il n'en a aucune idée ! La jeune fille ne s'impatiente pas et ne montre pas non plus de signes d'inquiétude. Elle reste passive. Monique Olivier n'étant pas présente, il est impossible de recouper les déclarations de Fourniret. Son épouse aurait sans doute été un intéressant contradicteur, devant les explications parfois trop limpides de son mari.

Difficile de croire ce dernier quand il insinue que Céline va presque se laisser faire, alors qu'il va bientôt la menacer pour arriver à ses fins ? D'ailleurs, il l'a peut-être fait dès qu'elle était à sa merci, enfermée dans la camionnette ? Depuis Natacha Danais, il a en effet compris qu'il valait mieux que ses portes de fourgon soient verrouillées de l'intérieur...

Fourniret continue de rouler au hasard. Il s'arrête dans un sous-bois, coupe le moteur et, sans rien dire, attend, calme : « À ce moment, je laisse s'écouler un long instant de silence, volontairement. De sorte que l'anxiété de la jeune fille s'intensifie et qu'en même temps, elle se fasse plus docile. » Ensuite, il aurait dit sans hésiter à Céline Saison qu'il pouvait la violer séance tenante, mais que, s'il faisait cela, il lui faudrait ensuite la tuer et que cela ne l'intéressait pas du tout.

Fourniret commente son stratagème : « Je laisse ça décanter. » Devant l'air, un infime instant rassuré, de la jeune fille, il ajoute aussitôt : « Mais avant cela, je vous lance de l'acide dans les yeux. Vous finirez aveugle. »

Le tueur ajoute que « sans précipitation, sans aucune violence autre que la persuasion », il avait déjà obtenu une bonne partie de ce qui le contentait : il avait établi sa domination. Et il s'en délectait. Céline lui avait déclaré n'avoir que dix-huit ans. La repartie facile, Fourniret lui aurait alors rétorqué : « À dix-huit ans, ce n'est donc pas la première fois que vous avez des rapports sexuels ? » Puis, sans la laisser répondre, il ajoute aussitôt qu'elle devrait bien y songer, un jour ou l'autre. L'adolescente lui aurait alors précisé que ce ne serait pas dans de telles conditions…

Fourniret jubilera en racontant cette scène à un expert.

Sur le moment, il pense qu'il a enfin obtenu cette virginité qu'il cherche depuis si longtemps. Il est content de ce qui lui arrive mais, cependant, il a très vite un doute : « Peut-être avais-je juste appuyé ? »

Michel Fourniret reprend sa route, soi-disant, sans savoir que faire. Comme s'il n'avait pas déjà en tête l'issue de ce nouvel acte de barbarie ! En réalité, la seule évidence qui s'impose c'est qu'il veut échapper à la justice. « J'ai roulé, j'ai roulé, roulé. Je suis revenu au même endroit, ou presque. » Il s'arrête à nouveau, dit qu'il prend ce qui lui vient à portée de main, sous le siège. « Je lui ai dit : "Regardez par là !"

Je l'ai attrapée par le cou. Elle a esquissé un mouvement pour me regarder… »

Après, il continue sur la route nationale en direction de la Belgique, puis fait un dernier écart jusqu'en pleine forêt, du côté belge de la frontière. C'est au milieu des arbres et des fougères qu'il dépose le corps supplicié, le dissimulant dans un buisson.

Interrogé par un expert psychologue, Fourniret se lamentera presque à propos de ce nouveau crime : « J'ai un sentiment d'un gâchis terrible. Elle était porteuse de tout ce que j'attendais, la douceur, la gentillesse, la classe, le style, la virginité. »

On le sait, Monique Olivier n'était pas de cette expédition. Et pourtant, il en fera sa complice indirecte. Il assimilera, en effet, le viol qu'il venait de commettre à l'attitude de sa femme, quand il est rentré chez eux, ce soir-là, en rapportant le cartable de sa victime. Il ajoute, avec une sorte de dégoût : « Je me souviens qu'à cet instant Monique a procédé à une sorte de viol du sac de Céline, elle a fouillé dedans ! » En faisant cette déclaration, lui qui essaie de « protéger » sa femme coûte que coûte, ne peut pas dire qu'il lui fait un cadeau. À moins qu'il s'agisse d'un présent empoisonné…

Avec l'agression de Céline Saison, c'est la première fois que Michel Fourniret se montre si sûr d'avoir enfin obtenu l'inaccessible : la virginité d'une de ses victimes. Voilà bien l'un des côtés les plus abjects du personnage. Il a toujours soutenu que c'était ce qu'il recherchait en attaquant ses victimes.

Pourquoi en ce cas recommence-t-il dix mois plus tard ?

Parce que la recherche absolue de virginité qu'il invoque, et derrière laquelle il s'est toujours réfugié, est un leurre.

Seuls la domination, le viol, puis la mise à mort de ses victimes le satisfont, psychologiquement, sexuellement et physiquement.

Le 19 avril 2001, il tente vainement de récidiver en agressant une jeune femme de vingt ans, à Han-sur-Lesse. À cette époque, il semble ne plus devoir s'arrêter.

Le 5 mai 2001, Mananya Thumpong, une écolière de douze ans, est vue pour la dernière fois par des témoins, à proximité de la médiathèque de Sedan, place de la Halle. Elle se trouve à cinq cents mètres du domicile de ses parents. Sa mère, Kanyarat, une réfugiée thaïlandaise qui vit en concubinage depuis plusieurs années dans l'est de la France, va s'inquiéter pendant trois heures de ne pas voir sa fille rentrer.

Elle met à profit cette interminable attente pour dupliquer une photo Mananya à des dizaines d'exemplaires : « Tout nous portait à croire que quelque chose de grave lui était arrivé. Les policiers nous ont pris pour des fous. » Kanyarat Thumpong commence tout de même à distribuer ces reproductions dans les rues de Sedan, dans l'espoir de trouver des témoins de la disparition de Mananya. Car pour elle et son mari, la petite n'a pas fugué : « Tous les jours, elle suivait le même chemin vers la maison, sans s'arrêter. Elle ne sortait jamais le soir. »

Cet après-midi-là, Mananya Thumpong ne s'est en effet pas volatilisée par enchantement ou de son propre chef.

Un tueur la guettait, Michel Fourniret ! Quelques jours plus tôt, il l'avait entraperçue dans les rues de cette ville où il est né. Puis il était revenu pour la suivre, repérer son chemin, ses habitudes. Jusqu'à ce qu'il réussisse à la faire monter dans sa camionnette.

Il venait d'apercevoir la jeune fille « sans maquillage », dans une des rues où il avait déjà tourné pour la trouver. Comme à son habitude, il a fait semblant de ne pas connaître la région. Facile, il est immatriculé en Belgique. Et il lui a demandé la direction de Bazeilles : « Elle est montée d'elle-même dans la voiture. Elle ne manifestait pas d'inquiétude. »

Cette fois-ci, il l'a déposée un peu plus loin. Un soir, en rentrant chez lui, il dira même à Monique : « J'ai vu une belle petite Asiatique à Sedan. » Pourtant, il a toujours préféré les blondes aux brunes…

Quelques jours plus tard, il est de retour sur le parcours de Mananya. Il a raconté qu'il avait eu envie de la retrouver.

Il se rend donc à l'endroit où ils se sont déjà rencontrés.

« À peine cinq minutes après, je la vois arriver. Elle se rendait à la médiathèque. Je la suis et je l'attends. » Au retour de l'adolescente, il l'aborde : « Vous savez, je ne suis pas un vilain monsieur. » Il se sert de Sélim, en profitant de son absence. Il parle de son garçon à Mananya, lui propose de le rencontrer. Selon lui, il lui dit qu'elle pourrait faire la connaissance de Sélim, à condition d'avoir l'accord de ses parents. « C'était une façon de l'amadouer », ajoute-t-il. Il lui fallait ruser finement, cette fois-ci, car il allait frapper en pleine ville. L'enlèvement pourrait avoir beaucoup de témoins.

Il réussit néanmoins à faire monter sa proie dans le C15. Après le rapt, il traverse la frontière, puis s'arrête dans une allée boisée.

Il pense à Céline. « J'avais eu un doute, je n'étais pas allé jusqu'au bout. Mais elle s'inquiétait beaucoup. Elle n'avait pas le calme de Céline. » Au bout d'un moment, l'adolescente demande à son tourmenteur : « Est-ce que vous me ramènerez ? » Il se fâche. « Elle n'avait pas donné son consentement ! Elle ne se décidait pas à formuler la phrase. Je lui demandais, pourtant. » Il lui ordonne de passer à l'arrière du véhicule.

Depuis qu'il ne fait plus ses coups en compagnie de sa femme, le tueur en série a aménagé sa fourgonnette. À l'arrière, il a installé un lit de camp. Il y attache sa nouvelle victime, les bras en croix, puis commence à la dévêtir. « Elle montrait des signes de nervosité », commentera-t-il aux enquêteurs. « Elle a paniqué quand je lui ai enlevé ses chaussures. Elle s'est débattue. Elle a provoqué chez moi une réaction de violence. »

Au moment où il l'attrapait par le cou, il ne pouvait déjà plus faire machine arrière. « On était allé trop loin, alors je l'ai maîtrisée, jusqu'à ce que je l'étrangle. C'était devenu trop facile ! » Voici comment Fourniret a relaté la mort de sa dernière victime.

Et quand on lui a demandé pourquoi il ne l'avait pas laissé repartir vivante, il répondra cyniquement : « Vous voulez une explication passe-partout ? On va dire, par souci d'impunité. »

Il sait pourtant que ce n'est pas l'unique explication de ses crimes. La seconde déclaration qu'il fera pour expliquer la mort de Mananya, même si, là encore, on peut douter de sa sincérité, est plus plausible : « Le fait de donner la mort est une façon de donner naissance à un homme nouveau. C'est le paroxysme de l'orgueil. Rien n'est plus beau qu'un requiem. »

Tandis que les enquêtes sur les assassinats de Céline Saison et Mananya Thumpong s'enlisent en France, Fourniret continue sa vie en Belgique. On ne sait pas encore, même s'il l'affirme, si le meurtre de Mananya fut réellement le dernier.

Mais une chose est sûre, c'est en 2003 qu'il a fait une dernière tentative, pas très loin de chez lui. Ce dernier rapt allait lui être fatal…

« Le 25 juin, on me ramène le carnet de notes de Sélim, c'est l'échec du gamin, et donc l'échec du père. Là aussi, tout s'écroule. » Le lendemain, matin, Fourniret passe la frontière pour aller à Ville-sur-Lumes, dans la maison que sa sœur, décédée l'année précédente, lui a léguée. Il s'y était déjà rendu de temps à autre, pour la retaper. Arrivé sur place, il aurait fait une dépression terrible : « Il faut voir dans quel chaos psychologique j'étais, ce matin-là. La maison était vide, il y avait une odeur de vinasse, je ne supportais plus ma faute de n'avoir pas pu la sortir de ça. »

Sur le chemin du retour, il s'arrête chez Bricantroc, pour y mettre en vente le bureau de Sélim. Son fils n'en avait plus besoin, il n'était pas assez bon élève. Et il reprend la route de Sart-Custinne. Il est à Ciney, à proximité de la gare. « En rentrant, je vois une gamine et j'improvise. Je ne savais pas où aller, c'était inattendu. »

La jeune fille se prénomme Marie-Ascension. Elle a treize ans. Fourniret use de son scénario habituel, il feint de chercher son chemin et embarque la malheureuse à la place du passager. « Symboliquement, je l'ai attachée par mes paroles. Elle s'est sauvée... J'aurais dû l'attacher. » Ce qu'il a pourtant fait ! C'est ce que confirme la version de l'adolescente pour qui l'aventure, au moins psychologiquement, a duré une éternité. Il l'a bel et bien ligotée, mais n'a peut-être pas serré assez fort.

Sans perdre ni son sang-froid ni la parole, la jeune fille s'adresse à son agresseur. « Elle a dû se dire : “Il faut que je lui parle, je ne dois pas cesser de parler à cet homme” », raconte son père. Marie-Ascension demande d'abord à Fourniret s'il fait partie de « la bande à Dutroux ». La Belgique ne s'est pas remise de l'affaire, les Belges y pensent encore, imaginant qu'il pouvait avoir des complices. Fourniret va réagir : « Je lui ai dit que j'étais pire que Dutroux ! »

Si cette affirmation achève d'effrayer Marie-Ascension, elle décuple sa volonté de fuir. Elle comprend qu'elle est vraiment en danger. Dans une telle situation, certains se taisent, se recroquevillent sur eux-mêmes, d'autres hurlent, pleurent, Marie-Ascension, elle, prie...

Elle commence donc à « prier dans son cœur », comme elle le dira elle-même, après sa terrible aventure. Et tandis qu'elle égrenne mentalement son chapelet, une idée lui vient. Elle se surprend à lui poser cette question : « Monsieur, croyez-vous en Dieu ? »

Dans ses premières déclarations à la justice, il a semblé avoir oublié cet épisode et sa réponse. « Mais, pourquoi ? » demande-t-il à Marie-Ascension. Elle lui rétorque le plus naturellement du monde : « Si vous croyiez en Dieu, vous ne me feriez pas ce que vous êtes en train de me faire. »

La situation déstabilise-t-elle Fourniret ? Il ne répond pas à la question, ni à celles qui suivent. Il s'enferme dans le mutisme le plus total.

Alors, Marie-Ascension commence à prier à haute voix… Au bout d'un moment, il arrête sa camionnette et dit à son otage : « Tu m'agaces avec tes prières. » Sans préciser ce qui l'a ennuyé à cet instant, il dira : « En fait, elle m'embarrassait, alors je l'ai mise à l'arrière. » Là, il saisit les mains déjà ligotées, les attache aux pieds, avant de déposer sa victime comme un sac. À l'aide d'une autre corde, il l'a fixe par la ceinture à une barre de la camionnette.

Ensuite, il poursuit sa route. Marie-Ascension va alors faire preuve d'une incroyable rage de se sauver. Avec les dents, elle se libère d'abord les bras. Puis, une fois les pieds libres, elle détache la corde qui l'entrave à la fourgonnette. Fourniret roule toujours, sans se douter de rien. Scrutant les lieux du regard, la prisonnière aperçoit un bouton. Intriguée, elle appuie dessus, et la portière latérale s'ouvre. Tout à coup, elle sent que la voiture s'arrête.

Michel Fourniret marquait un stop. Car, lorsqu'on est un tueur en série, violeur, voleur, on ne brûle pas les stops. Non par respect du Code de la route, mais tout simplement pour ne pas se faire remarquer, surtout lorsqu'on a une enfant en otage à l'arrière de sa voiture.

C'est ce stop qui l'a perdu ! À cet instant, Marie-Ascension choisit de sauter. Curieusement, il ne voit, n'entend, ni ne sent rien. Il s'engage sur la route principale et relance le moteur…

Marie-Ascension aperçoit une voiture qui arrive. Une femme la conduit. La fugitive lui demande de l'aide... « Heureusement pour Marie-Ascension que c'était une dame, poursuit son père. Elle nous a dit que, si elle était tombée sur un homme, elle n'aurait pas osé lui demander du secours. »

La femme croit tout de suite le récit de la fillette. Elle l'emmène au commissariat de police le plus proche, à Beauraing. En chemin, l'enfant repère de loin la camionnette de Fourniret qui s'est aperçu de sa fuite et la cherche. Marie-Ascension prend peur et dit à sa conductrice providentielle : « Madame, la camionnette. C'est elle. Elle revient ! » La femme lui réplique calmement : « Fais bien attention. On ne doit pas se tromper. Toi, tu essaies de voir si c'est vraiment l'homme qui t'a enlevée, moi je relève le numéro minéralogique. Mais tu dois bien identifier cet homme... »

Les deux véhicules se croisent et l'enfant, restée vigilante, souffle à son chauffeur : « C'est le même. Je le reconnais bien ! » La femme, elle, a enregistré le numéro de la plaque. Toutes les deux continuent jusqu'à Beauraing où elles vont raconter aux policiers ce qui vient de se passer.

La police réagit très vite. Elle se rend directement au domicile de Fourniret. Il n'est pas encore là, les policiers se cachent.

Le suspect rentre chez lui le plus tranquillement du monde, sans avoir retrouvé sa victime... Il dira plus tard aux enquêteurs qu'il n'a rien fait pour éviter de se faire prendre : « La police ne m'a pas arrêté. Je me suis rendu à elle ! »

Dans le fourgon, les enquêteurs belges trouvent les liens ayant servi à entraver Marie-Ascension. Ils y découvrent aussi la carte postale qu'elle venait d'acheter pour sa copine.

C'était le jeudi 26 juin 2003. Le plus dangereux tueur en série français venait de tomber entre les mains de la police belge, qui ignorait alors à qui elle avait affaire.

Fourniret sera interrogé, puis placé en détention provisoire durant presque un an. Fin juin 2004, il est sur le point d'être relâché, en attendant d'être jugé pour cet enlèvement raté…

Mais le 22 juin 2004, un peu moins de un an, jour pour jour, après son interpellation, l'ombre prenait définitivement le pas sur la lumière, dans l'existence de Michel Fourniret. Et même si les projecteurs de l'actualité vont se braquer sur lui, sa vie va basculer dans le noir le plus total.

20
L'incroyable enquête

« Ma femme n'avait plus le choix de refuser ce que je lui imposais, et donc elle l'acceptait par instinct de survie. » Interpellé, emprisonné à titre préventif, interrogé, Michel Fourniret couvrira longtemps Monique Olivier. Dénoncé par Marie-Ascension S., Fourniret a peut-être cru pouvoir s'en sortir.

Certes, il laissera imaginer plus tard que son arrestation avait été pour lui comme un soulagement, la seule issue à une spirale infernale qui risquait de l'entraîner toujours plus loin...

Pourtant, on a du mal à le croire. Certes, son esprit machiavélique peut avoir mis en scène une telle fin à son existence criminelle.

Dès lors qu'il était entre les mains de la police et de la justice belges, il a pu imaginer avoir à s'expliquer sur quelques affaires de moindre importance, et passer au travers des plus graves. C'était sans compter sur certains paramètres incontournables.

En premier lieu, la Belgique, qui sortait de l'affaire Dutroux sans en avoir fait le deuil ni tiré tous les enseignements, ne pouvait se permettre de passer à côté d'un nouveau violeur-tueur en série. De plus, les agressions sexuelles, non élucidées sur le territoire belge, qui n'avaient pas été imputées à Marc Dutroux, étaient nombreuses. Et aucun autre suspect n'avait pu être désigné.

On peut aussi supposer que la justice belge aurait pu préférer passer vite sur une nouvelle affaire du même genre, en s'abstenant d'exhumer de ses archives des dossiers identiques, de déterrer de trop nombreux cadavres, et d'éviter ainsi que le pays ne se réveille, à nouveau, avec une énorme gueule de bois.

Mais les enquêteurs et les magistrats belges qui commencèrent à étudier le « cas Fourniret » étaient décidés à ne pas faillir.

De plus, en se faisant interpeller en Belgique, Michel Fourniret se trouvait confronté à un autre problème. Le système judiciaire belge, pour ce qui est des phases d'enquête en flagrant délit, et même durant les instructions, se rapproche plus du droit anglo-saxon. Il permet d'incarcérer très vite un suspect, en le gardant le temps nécessaire pour le confondre. Stoppé dans son élan par des policiers ou des gendarmes français, Fourniret n'aurait eu que quarante-huit heures à tenir pour s'expliquer sur la tentative d'enlèvement de l'adolescente qui l'accusait. Côté belge, le voilà à l'ombre, le temps qu'on charge copieusement sa barque.

La dernière malchance de celui qui va se révéler un tueur hors normes, c'est sans doute sa rencontre, plus que fortuite, avec un flic pas comme les autres. La réussite dans ce cas n'est ni affaire de frontières, ni de langue, mais avant tout, comme dans beaucoup de domaines, une histoire d'homme et aussi de personnalité. Et Jacques Fagnard en est une.

À cinquante-trois ans, le commissaire Fagnard n'est pas un débutant en matière d'investigations criminelles. Il a déjà passé quinze ans à la section des stupéfiants, puis neuf à la criminelle de la police judiciaire de Charleroi, avant de s'installer à Dinant, en 2001.

« Jacques Fagnard ? C'est quelqu'un de très direct, très carré. Il ne tourne jamais autour du pot. Il va droit au but », commente un autre policier à un reporter belge. Massif, le visage rond, les yeux perçants, le commissaire Fagnard est un mélange d'ours et de chat, capable d'attendre des heures, des jours durant, que sa proie fasse un faux pas ou relâche sa vigilance pour fondre sur elle.

C'est lui, en tant que chef de la section criminelle du Service judiciaire d'arrondissement de Dinant, qui a dirigé une cellule d'enquête déployée pour l'occasion. Composée, initialement, des hommes de son propre service, elle sera renforcée par des enquêteurs venus d'autres arrondissements judiciaires. C'est lui qui a coordonné les travaux de cette équipe avec ceux d'une autre, mise en place à Namur, et ceux des policiers français quand ils viendront s'intéresser à Fourniret.

Homme de caractère, méthodique, rigoureux, le commissaire belge a l'habitude de bâtir ses dossiers, pièce après pièce, comme autant de Lego criminels.

Marié, père de deux enfants, mordu de tennis et d'alpinisme, passionné de voyages, piqué de généalogie, dingue de limousines américaines, l'homme aime la bonne chère, les « dégagements » entre collègues, mais il ne déteste pas non plus écouter tranquillement la musique qu'il préfère entre toutes, la « country ». C'est cet homme, qu'un journal belge décrit comme « rigoureux, voire rigoriste », qui va faire basculer la vie de Fourniret.

Cet homme et... une femme.

Après son interpellation, le 26 juin 2003, Michel Fourniret, sans nier la tentative d'approche de Marie-Ascension S., refuse d'avouer avoir voulu l'enlever, encore moins d'avoir imaginé la violer et, *a fortiori*, d'avoir pensé une seule seconde la faire disparaître.

Il explique que, après avoir été fort déçu par son fils Sélim, il a été pris d'une « pulsion d'autorité » en apercevant la fillette. Il aurait voulu lui montrer qu'il était tout à fait capable de se faire obéir, même d'une enfant de rencontre. Il affirme même avoir eu la louable intention de la ramener chez elle.

Cette fable n'a pas impressionné le magistrat du parquet devant lequel il comparaissait la toute première fois, à Dinant. Le juge d'instruction Pierre Halin, saisi du dossier, ordonnait une perquisition au domicile du suspect, dans sa maison de Sart-Custinne.

Les officiers de police judiciaire ont découvert chez lui les armes, provenant du fameux vol commis en 1993, à Givet, en France.

Le 2 juillet 2003, des fouilles plus approfondies commencent au 18, rue Vencimont, et dans un terrain proche. En quelques jours, plusieurs habitants du village, jusqu'ici pourtant peu curieux de ce qui se passait chez « le Français », faisaient part de leurs doutes...

Le même jour, le procureur du roi à Dinant indiquait que Fourniret avait des antécédents dans trois affaires d'enlèvements d'enfants. Les policiers français de la police judiciaire de

Reims allaient se manifester. Ils enquêtaient sur les disparitions de Céline Saison et de Mananya Thumpong, dont les corps avaient été retrouvés en Belgique et en France, dans deux bois, non loin de la frontière. Les hommes de la PJ se sont déplacés jusqu'à Dinant pour tenter d'en savoir plus sur les faits et gestes de cet expatrié, qui avait longtemps vécu dans la région où ces deux crimes non élucidés étaient survenus.

L'arrestation de Fourniret ne provoquera pas beaucoup de tintamarre médiatique du côté français. Certes, les premiers jours, la presse évoquait la « piste du tueur des Ardennes », mais sans que l'appareil judiciaire belge fournisse suffisamment d'éléments pour aller plus loin.

Les disparitions de Charleville et de Sedan avaient eu lieu en pleine journée, la tentative de rapt de la fillette qui allait perdre Fourniret, aussi. Le rapprochement était fait. On restait cependant encore loin du compte. Un autre détail a retenu l'attention, il partait d'un postulat faussé. Les restes des corps des deux petites Françaises avaient été découverts dans la profonde forêt ardennaise, côté belge pour l'une, sur le versant hexagonal pour l'autre. Et Fourniret était présenté comme un « forestier » qui, de plus, aurait travaillé sur des coupes dans cette région. Mais si l'homme s'est bien déclaré « exploitant forestier » au registre du commerce belge, il n'en a jamais exercé l'activité.

Courant août 2003, le juge Claude était saisi d'un dossier de tentative d'enlèvement d'une enfant de douze ans, à Chiny. Les faits remontaient au 22 août 2002.

Puis le parquet de Dinant lançait aussi un appel à témoin, concernant la jeune fille au pair hébergée par le couple

Fourniret durant les mois de juillet et août 1991, 1992 ou 1993, pour s'occuper de leur fils Sélim.

Le 15 septembre 2003, Michel Fourniret était également inculpé pour tentative d'enlèvement d'une adolescente de quatorze ans, en février 2000, à la gare de Gedinne. Il a nié, mais a reconnu, comme à son habitude, avoir seulement abordé la jeune fille.

En outre, il a été officiellement accusé du vol d'armes à Givet. Un délit commis « pour sa sécurité et celle de sa famille », qu'il a avoué sans problème. En janvier 2004, les dossiers des meurtres de Mananya Thumpong et Céline Saison allaient être transférés de Neufchâteau, en Belgique, à Reims, sans que Fourniret ne se soit exprimé sur aucun d'eux.

Il était encore inculpé pour une autre tentative de rapt perpétrée sur une jeune femme, à Philippeville (Belgique), en 1996.

Au printemps 2004 une expertise mentale avait révélé que Fourniret était dangereux.

Le 22 juin 2004, un an après la tentative d'enlèvement, à Ciney, de Marie-Ascension, la chambre du conseil de Dinant confirmait le mandat d'arrêt de Michel Fourniret. Celui-ci faisait appel de cette ordonnance et réclamait sa libération, arguant que l'enquête n'apportait rien de nouveau. Et il n'était pas certain qu'il n'obtienne pas gain de cause, à charge pour lui de se tenir à la disposition de la justice jusqu'à ce qu'il soit jugé et, vraisemblablement, condamné.

C'était sans compter sur le commissaire Jacques Fagnard et sur un auxiliaire de police inattendu. À force de patience et de pressions, le policier belge allait gagner l'aide d'un témoin qu'il considérait comme son atout maître : Monique Fourniret !

Les parloirs qu'elle obtenait pour aller visiter son mari ont été sonorisés. Rien de leurs échanges n'a échappé à Fagnard et à ses collègues qui enregistraient tout. Ainsi, un jour, le couple a évoqué la mort de Céline Saison et de Mananya Thumpong. Fourniret se défendait d'être impliqué dans ces affaires, mais les paroles de Monique paraissaient plus ambiguës et ont attiré l'attention de Fagnard.

L'épouse était, par ailleurs, sous surveillance étroite, proche du harcèlement. Elle était régulièrement entendue sur les « activités » de son compagnon. Mais comment, diable, ne s'était-elle aperçue de rien ? On imagine le discours policier qui a pu lui être tenu, en substance : « Vous savez, madame, il n'en a pas fallu beaucoup plus pour que l'épouse de Marc Dutroux parte en galère en même temps que lui… et pour longtemps ! »

Dans la matinée du 22 juin 2004, Monique Olivier, épouse Fourniret, pénètre dans le bureau du commissaire Fagnard, assisté d'une de ses adjointes et d'un officier de police judiciaire français, venu de Reims. Monique Olivier va parler, beaucoup parler. Elle « balance » Fourniret.

À 16 h 5, le même jour, elle est présentée à Bernard Claude, juge d'instruction au tribunal de première instance de Dinant, à qui elle répète tout sur procès-verbal. En fait, elle est entendue dans le cadre de deux commissions rogatoires des juges Pascal Préaubert et Anne Devignes, chargés, à Charleville-Mézières, d'élucider les morts de Céline Saison et Mananya Thumpong.

Le magistrat belge demande à Monique Olivier de l'informer du « comportement adopté par son conjoint durant leur vie commune et, plus particulièrement, de son attitude à l'égard de jeunes filles mineures ». Le juge sait parfaitement où il va. Monique Olivier s'était déjà épanchée face à Fagnard, et elle ne s'arrêtait plus.

« Michel Fourniret a toujours été obsédé par la virginité. Il m'a dit, avant notre mariage je pense, et après celui-ci, qu'il n'avait jamais pu avoir de relations avec une femme intacte. Une ou deux fois, il m'a demandé ce que cela faisait, ou plus exactement ce que cela m'avait fait lorsque j'avais eu des relations sexuelles pour la première fois. Il m'avait interrogée sur le point de savoir si cela faisait mal. »

Sans jamais parler de lui autrement qu'à la troisième personne, et en lui donnant à chaque fois du « Michel Fourniret », l'épouse arrive au moment le plus important pour la police rémoise, et surtout pour deux familles des Ardennes françaises qui attendaient depuis si longtemps une explication sur la terrible fin de leurs filles, et le nom de leur assassin.

« Au sujet du comportement de Michel Fourniret, je me souviens très bien l'avoir entendu prononcer le nom de chacune de ces jeunes filles *[Céline Saison et Mananya Thumpong]*, le jour même où il avait dû, selon ses termes, les supprimer, pour les empêcher de parler ou de le reconnaître par la suite. [...] Je suis incapable de vous dire dans quel ordre ces deux jeunes filles ont été tuées. » Tout en se gardant bien de se mettre elle-même en difficulté, elle dénonce un peu plus son mari, au fur et à mesure de sa confession : « Je suis formelle, Michel Fourniret m'a bien dit qu'il avait chargé et tué les deux gamines. Il les avait tuées après avoir fait quelque chose avec elles. »

Le juge Bernard Claude va prendre soin de faire ressortir, dans son procès-verbal, que Monique Olivier n'a pas subi de pressions pour faire ses déclarations. « Je n'ai pas parlé spontanément car, au fond de moi-même et bien que n'ayant pas participé à ces faits, je me sens complice de mon mari... » Elle ne croit pas si bien dire. Si en effet Fourniret a frappé seul à Charleville et Sedan, elle ne s'en sortira pas longtemps à bon compte. Mais elle l'ignore encore.

À 18 heures, ce 22 juin 2004, Véronique Poels, la greffière du magistrat instructeur, relit sa déposition à Monique Olivier, épouse Fourniret, qui en reçoit une copie, persiste dans ses déclarations et les signe. Et, comme rien ne permet de la poursuivre pour complicité dans ces deux affaires, elle ressort libre du palais de justice de Dinant... jusqu'à la semaine suivante.

Dès lors, du côté belge comme du côté français, la machine médiatico-judiciaire va se mettre en route. Sans trop s'emballer au départ. Tant que Fourniret n'aura pas été entendu, la prudence s'impose.

Six jours plus tard, en début d'après-midi, Monique Olivier se retrouve à nouveau face au commissaire Fagnard et à deux de ses officiers de police judiciaire, un homme et une femme. D'abord, ils parlent avec elle à bâtons rompus, plusieurs heures durant. Ils veulent en savoir plus sur la disparition de la jeune fille au pair employée un temps par le couple Fourniret. Monique va encore plus loin dans les confidences.

Aux alentours de 20 heures, le moment est venu de coucher tout cela sur le papier à en-tête de la police fédérale belge. Pour ce qui est de la nounou disparue, là, Monique Olivier ment :

« Cette jeune fille a quitté la maison vivante et je l'ai reconduite moi-même jusqu'à chez elle, mais sans pouvoir vous préciser où exactement. » Ce soir-là, ses confidences vont durer trois heures : « Je voudrais aborder avec vous maintenant d'autres faits dont je sais mon mari coupable, soit parce que j'en ai été directement le témoin, soit parce qu'il me l'a raconté. »

Il est 20 h 30, ce 28 juin 2004. À partir de ce moment précis d'un interrogatoire de neuf pages, Monique Olivier a tout déballé, ou presque... Elle a rapporté tout ce qui ne l'impliquait pas directement. Elle a raconté, pour commencer, la tentative de viol de Fourniret sur une infirmière, près de Bruxelles. Elle est passée rapidement sur les morts de Céline et de Mananya, dont elle a déjà parlé quelques jours plus tôt. « Les quatre autres victimes de Michel Fourniret sont : une jeune fille qu'il a embarquée un samedi à la gare de Charleville *[Jeanne-Marie Desramault]* ; une prénommée Farida qui était l'épouse ou la compagne de Jean-Pierre Hellegouarch, un membre d'Action directe, ancien codétenu de mon mari à Fleury-Mérogis ; Élisabeth B., enlevée à Namur ; et une prénommée Isabelle, enlevée dans la région de Saint-Cyr-les-Colons, fin des années 80. »

Pour chacune des victimes, elle donne force détails, tout en minimisant son rôle. La mort de Jeanne-Marie : « Je n'ai pas tenté d'intervenir pour sauver cette jeune fille, et c'est bien ce que je regrette maintenant. J'étais terrorisée par ce qui se passait sous mes yeux, paralysée par la crainte des réactions de Michel. » Elle décrit ensuite le retour de Fourniret à Floing, avec l'or qu'ils croient encore tous les deux être le trésor de guerre d'Action directe.

Elle évoque aussi la descente d'Hellegouarch au Sautou, l'arrivée d'Élisabeth B., un soir que son mari lui a dit partir « chasser » et le récit qu'il lui en a fait. Monique se garde bien de déclarer la moindre participation à ces horreurs. Les détails les plus complets accompagnent ce qu'elle a relaté du calvaire d'Isabelle Laville. Et, là encore, Monique Olivier oublie qu'elle y était ! Mais, lui demande Fagnard et ses deux inspecteurs, puisque tout cela l'effrayait, pourquoi ne pas avoir trrahi Fourniret plus tôt ? « Michel m'a dit que, si je parlais, il me dénoncerait comme complice. J'ai eu peur de me retrouver moi aussi en prison. » À ce moment précis de sa déposition, Monique Olivier a mis le doigt dans un engrenage qu'elle ne contrôlera plus, tout en essayant d'allumer un contre-feu définitif à ce qui pourrait lui être reproché plus tard.

« À partir de ce jour-là, j'étais tombée dans un piège, et j'étais contrainte à accepter tout ce que j'ai vécu avec lui plus tard, sans jamais le dénoncer. » Cela aurait pu être un système de défense comme un autre si, en évoquant « ce qui s'est passé plus tard », elle n'ouvrait d'elle-même quelques chapitres supplémentaires à sa propre histoire criminelle…

Elle en rajoute même dans le registre de la peur que lui inspirait son mari : « Quand je me suis rendu compte de ce qu'il avait fait à cette gamine *[Isabelle Laville]*, j'ai eu peur. J'ai eu peur qu'il fasse la même chose avec moi ! »

Le 28 juin 2004, à 22 h 30, le commissaire Fagnard décroche son téléphone pour exposer succinctement au juge Claude les révélations de Monique Olivier.

Le magistrat donne alors des instructions au policier. Celui-ci en informe la femme de Fourniret. À 22 h 40, on lui annonce officiellement qu'elle est en fait privée de liberté depuis son arrivée « volontaire, à 14 heures, dans les locaux du Service judiciaire d'arrondissement de Dinant, bien qu'elle n'ait jamais manifesté l'intention de les quitter ».

Après quoi, elle indique qu'elle est toute prête à montrer aux enquêteurs, dès le lendemain matin, l'endroit où elle a enterré les pièces d'or d'Hellegouarch, dans un camping où elle a résidé.

Et puis, telle qu'elle est partie, autant aller encore plus loin... Avant de signer le procès-verbal de son interrogatoire, Monique Olivier se souvient et rapporte la tentative de viol commise par Fourniret sur la toiletteuse canine de Jambes... « Sa victime lui a dit qu'elle était enceinte et, selon Michel, il a alors renoncé et a quitté l'endroit. »

À 23 h 25, Monique Olivier persiste et signe, après avoir fait ajouter au procès-verbal : « J'avais tout ceci sur les épaules depuis trop longtemps, et je suis soulagée d'avoir pu confier tout cela aujourd'hui à la justice. » Elle a refusé de s'alimenter, mais a accepté les boissons. Elle n'a pas désiré être examinée par un médecin, car « elle se sent bien », mais elle rappelle que, le lendemain matin, il lui faudrait prendre son médicament pour la tension.

On imagine en effet que celle-ci avait pu augmenter ces dernières heures. Elle aussi venait d'être rattrapée par le roman noir de Michel Fourniret. Dès lors, leurs sorts étaient définitivement liés !

Le 29 juin 2004, à 10 h 40, Monique Olivier comparaissait à nouveau devant le magistrat instructeur. Informée qu'elle allait être entendue sur des faits de non-assistance à personne en danger qui pourraient bien lui valoir un mandat d'arrêt, Monique Olivier déclare : « Je sais que je mérite d'être emprisonnée. »

Et elle commence par revenir sur ses déclarations de la veille, à la police, au sujet de la jeune fille au pair. Avec le maximum de détails dont elle se souvient, elle explique comment Fourniret l'avait tuée et fait disparaître, tout en affirmant ne pas avoir participé au meurtre. Après avoir déclaré au juge qu'elle comprenait parfaitement combien son silence avait été préjudiciable aux différentes victimes, Monique Olivier commente : « Je ne suis pas fière de moi. »

À 13 heures, le 29 juin 2004, elle est inculpée « de s'être, entre le 31 décembre 1999 et le 28 juin 2003, abstenue de venir en aide ou de procurer une aide à des personnes exposées à un péril grave, avec la circonstance que l'une d'elles, Marie-Ascension S., était mineure d'âge, étant née le 10 mai 1990 ».

Monique Olivier reconnaît les faits, et à 13 h 5 elle s'entend notifier son placement sous mandat d'arrêt, avant de comparaître devant la chambre du conseil. À 13 h 15, elle persiste dans ses déclarations et signe le procès-verbal. Elle allait être incarcérée dans la journée.

Le 30 juin, les médias belges relayaient les stupéfiantes déclarations de Monique Olivier. Leurs homologues français restaient timides. « Affabulatrice ou témoin capital ? » demandait François Vignolle dans *Le Parisien-Aujourd'hui en France*. Pour la presse hexagonale, Fourniret n'était encore que soupçonné.

Mais ce même 30 juin, à 8 h 45, le commissaire Jacques Fagnard, assisté d'un inspecteur principal de son service, se faisait amener Michel Fourniret qui allait, lui aussi, s'exprimer longuement.

Il n'était pas dupe de ce qui lui arrivait.

« J'ai entendu à la radio ce matin que mon nom était cité dans le cadre de plusieurs enlèvements ou meurtres de jeunes filles ou de jeunes femmes. Vous m'expliquez que cela est consécutif à plusieurs déclarations que mon épouse, Monique Olivier, a faites à vos services, ou à M. le juge d'instruction ces derniers jours. »

Et Fourniret va être beau joueur avec sa femme, jusqu'à l'excuser et la couvrir : « Une des qualités de mon épouse est qu'elle ne triche pas. Les pressions que vos services ont exercées sur elle depuis le début de l'enquête l'ont amenée à faire ces déclarations, qui sont en quelque sorte libératoires pour elle, libératoires à mon égard, vis-à-vis du despotisme tyrannique que je lui ai imposé depuis que nous vivons ensemble. » Bien plus tard, devant un expert psychiatre venu l'examiner, il dira, au sujet des aveux de sa femme : « Monique, qui n'a jamais rien créé, a eu la possibilité de détruire. Elle a détruit le radeau que nous avions improvisé. C'est elle qui fait des aveux. Elle a vidé son sac. Elle a aussi vidé le capital d'or qui était enterré », évoquant sans doute ce qui leur restait du butin des « postiches ».

Face aux policiers belges, il déclare être d'accord pour s'expliquer sur plusieurs meurtres qu'il avait bel et bien commis, tout en regrettant de ne pas pouvoir en réserver la primeur à son avocat belge, Me Castaigne.

Avant d'entamer la rédaction du procès-verbal d'audition, il dresse avec les policiers une liste des jeunes filles dont les noms sont apparus dans le dossier. Après avoir procédé à un premier tri, il désigne celles qu'il reconnaît avoir effectivement tuées.

Il va cependant tenté de résister à la pression, en refusant de porter la responsabilité des morts d'Estelle Mouzin, de Céline Saison et de Mananya Thumpong. Il nie également toute implication dans celle de la jeune fille au pair. La partie s'annonçait serrée pour les enquêteurs et les magistrats.

Fourniret commence par raconter avec force détails le rapt et la fin d'Élisabeth B., sans oublier d'indiquer que, ce jour-là, Monique était bien avec lui, ainsi que Sélim, bébé, et d'insister sur le fait que sa femme n'avait eu aucune participation active à l'affaire.

Il reconnaît aussi l'enlèvement et le meurtre de Natacha Danais, dans la région nantaise. Là encore, à propos de son épouse, il précise : « Monique s'abstenait de réagir devant une situation qui la contrariait. »

Ensuite, il évoque longuement la mort de Fabienne Leroy, près de Mourmelon.

Il s'attarde aussi longtemps sur la fin tragique d'Isabelle Laville, enlevée dans l'Yonne, peu de temps après sa sortie de prison, en 1987.

À chaque fois, il minimise le rôle de Monique Olivier dans chacune de ses opérations, sans jamais totalement l'écarter de la scène du crime : elle était souvent là, mais elle ne participait pas.

Les crimes, les tentatives de viol et les viols défilaient sur dix-sept pages d'aveux : Jeanne-Marie Desramault, Farida Hamiche, un voyageur sur une aire d'autoroute, entre Paris et Sens, dont il ne se souvenait même pas s'il l'avait abandonné mort après l'avoir détroussé ou si l'homme s'en était sorti. Au fil de son récit, les policiers belges s'aperçoivent que Fourniret prenait un malin plaisir à fournir des détails, parfois sordides, souvent morbides. Ce qu'il ne cessera de faire avec tous ses interlocuteurs – policiers, magistrats, experts –, au risque parfois de se contredire ou de se prendre les « pieds dans le tapis » qu'il tissait lui-même, patiemment, de comparution en comparution.

Le 1er juillet, la presse française tenait son tueur en série, et quel tueur ! Pour Alexandrine Bouilhet du *Figaro*, Fourniret devenait le « pervers des Ardennes ». Pour *France-Soir*, « l'ogre », « le "Dutroux français" a tué au moins dix fois ». *Libération* lui attribuait un crime de plus, et mettait l'accent sur celle qui l'avait dénoncé… sa femme.

Le 1er juillet 2004, Fourniret est présenté au parquet de Dinant, en présence de policiers et de magistrats français venus de Charleville-Mézières et de Reims. La nuit s'apprête à tomber sur le palais de justice rococo. À la lueur jaunasse de lampes de bureau, Fourniret tente d'en rester à ce qu'il a déclaré au commissaire Fagnard. Au milieu de la nuit, confronté à ses contradictions et surtout aux déclarations de sa femme, coup de théâtre, il avoue les meurtres de Céline Saison et de Mananya Thumpong !

Le samedi 3 juillet, le barnum médiatico-judiciaire se déplace à l'extérieur, Fourniret ayant expliqué à quel endroit approximatif il avait enterré les corps d'Élisabeth Brichet et de Jeanne-Marie Desramault, dans le parc du château du Sautou. Étant en territoire français, les autorités belges sont donc « invitées » par le procureur général de la cour d'appel de Reims, Yves Charpenel, à fouler la terre de cette propriété cachée au milieu de la forêt ardennaise.

Tout le monde s'accordait à cette date pour crier, haut et fort, que la justice européenne était enfin en marche ! Officiellement, tout se passait pour le mieux entre magistrats belges et français. Même si les premiers n'étaient pas encore prêts à « lâcher » Fourniret côté français de la frontière, pour y être jugé. Mais en pénétrant dans le périmètre de sécurité restreint, installé autour du déplacement de justice au Sautou, on a pu voir que la machine grippait de temps à autre.

En effet, quelques jours plus tôt, le procureur du roi de Namur, Cédric Visart de Baucarmé, avait demandé une faveur à son homologue de Charleville-Mézières, Francis Nachbar : « Le frère d'Élisabeth peut-il m'accompagner sur les lieux ? »

Le magistrat français n'y était pas opposé, à la condition expresse qu'il ne franchisse pas le cercle réservé aux policiers d'escorte, aux magistrats, à la défense et… à Fourniret, protégé comme un fourgon blindé de la Banque de France le jour du passage à l'euro. Parole de magistrat belge, il en serait ainsi.

Arrivé au Sautou avec le reste du dispositif, alors que les recherches s'éternisaient, Francis Nachbar est avisé par un de ses enquêteurs de la présence d'un homme au côté de son homologue dinantais, à quelques mètres de Michel Fourniret engoncé dans son gilet pare-balles. « Vous savez qui c'est ? » demande le policier au magistrat. « C'est le frère de la petite Brichet… »

Colère retenue du procureur de Charleville qui intime à son homologue belge d'éloigner celui qui l'accompagnait de trop près, sous peine d'interrompre immédiatement les fouilles. « Même avec son gilet, Fourniret n'était pas à l'abri d'une balle dans la tête, commente un homme de la PJ. Et il avait à côté de lui un garçon qui n'avait plus de nouvelles de sa sœur depuis dix-neuf ans ! Et qui était susceptible d'en voir apparaître les restes d'un moment à l'autre. Même pour lui, c'était plus que limite ! »

Ce jour-là, pourtant, à aucun moment Fourniret ne s'est départi d'un sang-froid remarquable. Il a donné force détails pour faciliter les opérations. Les fouilles, entreprises à l'aide d'une pelle mécanique allaient durer de longues heures. Fourniret n'était plus très sûr du second endroit. Tandis qu'Yves Charpenel suggérait d'abandonner, au moins provisoirement, Francis Nachbar, le procureur de Charleville, tentait d'obtenir plus de précisions encore de la bouche du tueur. Et il allait gagner la partie !

Le soir du 3 juillet 2004, les restes des deux malheureuses sont découverts, mettant un terme à quinze ans d'enquête. Fourniret reste de marbre. Monique Olivier lâche une larme – la seule qu'on lui verra jamais verser –, puis en désignant ses menottes elle regarde le procureur Nachbar. Celui-ci commentera plus tard : « Elle semblait s'apitoyer sur son sort. »

Les semaines suivantes, Monique Olivier allait être de nouveau interrogée, notamment sur ses révélations inédites concernant l'assassinat de Natacha Danais, en Loire-Atlantique. Le 13 juillet 2004, les enquêteurs de la police judiciaire de Nantes, arrivaient à Dinant pour clore une enquête qui durait depuis quatorze ans, et qui avait bien failli se terminer par un non-lieu à l'instruction, faute de recherches fructueuses.

Après avoir donné sa version des faits à la police belge, Monique allait la répéter devant les deux officiers de police judiciaire bretons. Débutée à 14 heures, son audition se terminait à 20 h 50. Les policiers belges n'ont pas perdu de temps. Dès le lendemain, Fourniret répétait ses aveux au sujet de ce meurtre devant les deux enquêteurs venus de France.

Le 20 juillet 2004, les enquêteurs nantais descendent dans le sud de la France, pour interroger, le jour suivant, Sélim, le fils du couple Fourniret-Olivier. Les deux policiers espèrent récupérer l'outil qui avait pu servir à tuer Natacha Danais, à proximité d'une plage de l'Atlantique, en novembre 1990. Ils savent que Fourniret avait offert sa trousse à outils à son fils.

En quittant la Belgique pour rejoindre ses demi-frères – les deux premiers fils de Monique Olivier –, Sélim l'avait emportée. Il la remet aux officiers qui ne saisissent qu'un outil, un poinçon muni d'une lame de 19 cm sertie dans un manche de plastique rouge orangé de 13,5 cm.

Une fois l'objet sous scellés, les deux enquêteurs essaient de savoir si l'adolescent se souvenait de l'expédition de ses parents en Loire-Atlantique, ceux-ci ayant déclaré que l'enfant était avec eux. Sans succès. Sélim avait un peu plus de deux ans, il ne se rappelait rien. Les policiers lui demandent aussi à quoi ressemblait sa relation avec son père. Il n'en dit rien de positif : « Il ne s'intéressait à moi que pour me réprimander quand j'avais des mauvaises notes à l'école et pour me faire travailler dans son intérêt, du jardinage, l'entretien de la propriété. Les moments sympas avec lui étaient rares. » En revanche, Sélim déclare ne jamais avoir été battu : « Il était d'un naturel sévère. Il m'a quelquefois giflé, mais je n'ai jamais eu à me plaindre de maltraitance physique avec lui. »

Et comment se comportait Fourniret avec son épouse, en présence de leur enfant ? « Comme avec moi, aussi dirigiste et donneur d'ordres. Il se mettait souvent en colère contre tout le monde, elle comme moi. » Il ne se souvenait pas non plus de menaces de son père à l'encontre de sa mère. Il l'a vue pleurer une seule fois, un jour où Fourniret, mécontent de la façon dont elle avait classé des dossiers à sa demande, lui avait fait de vives remontrances.

L'après-midi, c'est au tour d'André, le premier mari de Monique Olivier, d'être entendu comme témoin. Durant trois heures, il raconte sa vie avec Monique, puis les menaces qui ont pesé sur lui à une époque et, enfin, le saccage de son « patrimoine artistique » par le couple Fourniret, en décembre 1987.

À la question : « Monique Olivier savait-elle mentir ? » André Michaut répond : « Pas trop », ajoutant plus tard : « C'est une femme qui avait une sensibilité intérieure, mais elle ne la montrait pas. »

En Belgique, l'enquête continue sans désemparer. Fin juillet 2004, Michel Fourniret qui avait admis facilement avoir tué Isabelle Laville quatorze ans plus tôt, dans l'Yonne, refusait toujours de donner plus de précisions sur l'endroit où il avait abandonné son cadavre. Ses souvenirs étaient-ils assez précis pour que de sérieuses recherches soient entreprises ? La gendarmerie d'Auxerre s'apprêtait cependant à faire elle aussi le voyage initiatique jusqu'à Dinant.

Les parents de la malheureuse espéraient que Fourniret allait coopérer, mais ils se méfiaient de la justice. À l'époque de la disparition de leur enfant, le dossier avait été classé, moins de un mois après les faits. Ces actes avaient pourtant été perpétrés à proximité d'un village où, trois mois plus tôt, un condamné pour agressions sexuelles, tout juste sorti de prison, s'était installé. « Comment a-t-on pu laisser cet homme sans suivi judiciaire ? » s'interroge la famille. À Reims, le procureur général Charpenel n'en pense pas moins : « Il est vrai qu'à l'époque, les gendarmes n'ont pas été au meilleur de leur forme… » commente-t-il de son humour parfois sarcastique.

Dans le même temps, la France lançait le premier mandat d'arrêt européen pour récupérer Fourniret. Et voilà son dossier transformé en banc d'essai pour un espace judiciaire encore balbutiant, malgré les grandes déclarations de principe. Fourniret a refusé cette procédure, et la balle s'est retrouvée dans le camp de la justice belge.

Fin juillet 2004, une juge d'instruction d'Auxerre, Pauline Flauss, se signale auprès de ses collègues de Charleville. Depuis le 8 juillet 1988, les autorités judiciaires de son ressort, et les gendarmes qui se sont succédé sur l'enquête, n'ont jamais réussi à élucider la disparition de Marie-Angèle Domèce. Vite refermé, le dossier a été confondu avec une autre affaire, celle des disparues de l'Yonne. Émile Louis a été condamné sans jamais s'expliquer sur nombre de points obscurs. Si longtemps après, on n'était plus à une disparue près. Alors, à défaut d'Émile, pourquoi pas Michel ?

Et pour faire bonne mesure, Me Didier Seban, avocat très médiatique de plusieurs familles des « disparues de l'Yonne », ajoute une affaire à celle-ci : le meurtre de Joanna Parrish. Certes, ceux qui cherchaient avec Fourniret les réponses à des affaires jamais élucidées n'avaient peut-être pas tort. Sauf que l'on ne pouvait pas tout vouloir et son contraire.

Une association de familles de victimes des tueurs en série se constituait à l'époque pour réclamer que Michel Fourniret soit jugé en une seule fois, pour tous ses crimes, et dans un délai maximal de deux ans... Mais, à chaque fois qu'une affaire s'ajoutait aux instructions déjà en cours, on risquait de provoquer la confusion, et surtout de retarder les échéances. Fort heureusement, les magistrats ardennais, le procureur Francis Nachbar en tête, ont pris une sage décision. Il y avait désormais suffisamment de choses à reprocher à Fourniret dans l'enceinte d'une cour d'assises pour aller jusqu'à un premier procès, quitte à en ouvrir un second si des éléments venaient à se présenter dans d'autres dossiers.

À l'été 2004, la justice française a donc décidé de regrouper définitivement l'instruction des crimes de Fourniret et de Monique Olivier en un seul lieu, le tribunal de Charleville. Les deux juges d'instruction, qui avaient déjà commencé à travailler, se voyaient confirmés dans leurs responsabilités. Le parquet de Nantes, saisi du meurtre de Natacha Danais, et celui d'Auxerre, pour les crimes de l'Yonne, étaient invités à transmettre leurs procédures dans les Ardennes.

En septembre, l'extradition de Fourniret de Belgique n'était pas encore à l'ordre du jour, et des familles commençaient à se demander si un procès serait un jour ouvert. « Quand les Belges en auront fini avec lui, nous ferons venir Fourniret chez nous », rétorquait Yves Charpenel, le procureur général de Reims dont dépend le parquet de

Charleville-Mézières. « En attendant, les enquêteurs et les magistrats vont régulièrement l'interroger en Belgique. »

Le 23 septembre 2004, de nouvelles fouilles étaient entreprises aux alentours de Sart-Custinne pour tenter de retrouver une trace de la jeune fille au pair. En vain.

En octobre, Fourniret, d'abord emprisonné à Dinant, puis détenu à Nivelles, était transféré à la maison d'arrêt de Forest, au même titre que tous les prisonniers dangereux enfermés là. Et pour cause : trois jours plus tôt, une triplette de condamnés parmi les moins tendres s'était fait la belle. Deux mois auparavant, un autre criminel s'était évadé dans des circonstances similaires de cette même prison de Nivelles.

Le 8 novembre 2004, nouvelles fouilles à Floing. Un voisin et ami de Fourniret, Gérard C., a en effet fait part à la justice de ses doutes sur ce que celui-ci avait bien pu dissimuler sous une dalle de béton, coulée à proximité de la maison, sans raison apparente.

Il le connaît bien Fourniret, Gérard C. ! Durant des semaines, il a même fait croire à la presse internationale qu'il avait été son témoin de mariage. Une invention qui lui a permis, cependant, de négocier à prix d'or une vidéo cassette où l'on aperçoit le pervers entamant la danse des canards, au cours d'une réunion d'amis. Mais, à l'heure où les autorités belges creusaient chez lui, ce n'était plus la même musique. « Pour moi, cette dalle ne sert à rien. C'est plus une tombe qu'une dalle », avançait Gérard C., péremptoire. « Je suis presque sûr qu'ils vont trouver quelque chose. » Raté ! « Ils » ne trouveront rien !

Mais si dans l'un de ses cahiers retrouvé à Sart-Custinne, Fourniret a décrit minutieusement ses occupations au jour le jour, il n'y évoquait ni ses agressions, ni ce qu'il faisait des cadavres. « Les travaux entrepris par M. Fourniret présentent un caractère absurde et nous devons vérifier », confiait le procureur général de Reims, Yves Charpenel. De nouvelles recherches étaient faites avec précautions, afin ne pas abîmer les lieux où se dérouleraient, ultérieurement, d'incontournables reconstitutions. Elles n'ont donné aucun résultat. Pas plus que celles engagées à Clairefontaine, dans les Yvelines, pour tenter de récupérer la dépouille de Farida Hamiche.

Courant novembre, on apprenait que le VRP, attaqué et laissé pour mort par Fourniret, à la fin des années 80, sur une aire d'autoroute près de Fontainebleau, était vivant… et bien vivant ! Monique Olivier ayant dénoncé son assassinat, un gendarme retraité avait mis ses collègues sur la trace du défunt. L'affaire, classée une première fois, le serait-elle à nouveau ? Fourniret n'était plus à un chef d'inculpation près !

À la même époque, la prescription qui menaçait le dossier sur l'assassinat de Fabienne Leroy était levée, après un tour de passe-passe judiciaire. La justice venait en effet de s'apercevoir que la notification du non-lieu prononcé au cours de l'instruction, en 1992, n'avait jamais été envoyée aux parents de la victime. La chambre d'instruction de Reims allait donc conclure que la procédure n'était pas close… « La fin justifie les moyens ! » a confié alors en substance le procureur général Charpenel. La défense ne s'en offusquera pas trop.

Le 30 novembre, l'horizon s'obscurcissait pour la femme du tueur. La justice belge organisait la reconstitution du rapt et de l'assassinat d'Élisabeth B., commis sur son territoire. D'abord, Fourniret a refusé de participer. Il ne voulait pas endosser la responsabilité d'un autre viol, commis en Belgique et passé un peu inaperçu. Alors il se montrait peu accommodant. Amené presque contre son gré, il s'est ravisé et a donné quelques indications.

Mais, pour Monique Olivier, l'affaire allait mal tourner. À l'issue des opérations, le procureur du roi, Cédric Visart de Baucarmé, expliquait que « si elle n'a pas participé directement aux faits, Mme Fourniret savait ce qui allait se passer, et c'est aussi grâce à son aide que cela pouvait se passer ! ». Monique Olivier venait d'entrer définitivement dans une nasse dont elle ne sortira plus.

Fin novembre 2004, les juges Anne Devignes et Pascal Préaubert s'apprêtaient à se déplacer de Charleville à Dinant pour officiellement signifier ses mises en examen à Fourniret, dans le cadre des assassinats d'Isabelle Laville, de Fabienne Leroy, de Jeanne-Marie Desramault, de Natacha Danais, de Céline Saison et de Mananya Thumpong.

En décembre, malgré la désignation de la seule police judiciaire pour enquêter sur les activités criminelles de Fourniret, on apprenait que, depuis l'été, une cellule spéciale, baptisée « plate-forme Fourniret », avait été activée par la gendarmerie nationale. Six militaires de la section de recherche de Dijon étaient détachés à plein temps par leur haute hiérarchie, pour tenter d'effectuer des rapprochements entre le tueur et d'autres crimes non résolus. Et ces gendarmes n'étaient pas contents, car ils n'avaient pas trouvé un magistrat pour offrir un cadre juridique officiel à leur enquête. Autrement dit, ils travaillaient dans le flou le plus complet, sans aucune délégation de la justice. Côté police judiciaire, un responsable déplorait dans *France-Soir*, cette « course à l'échalote ». Depuis Reims, le procureur général Charpenel a mis fin à ces errements : « La police travaille sur une première série de victimes dont les assassinats ont été avoués par Michel Fourniret. Pour le reste, libre aux juges d'instruction de désigner localement la gendarmerie pour effectuer des recoupements. »

Deux jours avant Noël 2004, les hommes de la police judiciaire de Nancy allaient procéder à une opération dont certains se seraient bien passés, en cette veille de fêtes. Le procureur de Verdun, Fabrice Belargent, a fait rouvrir une enquête lancée en mars 1989.

À cette époque, le corps d'une inconnue âgée de vingt à quarante ans avait été repêché dans la Meuse. Ayant séjourné plusieurs semaines dans l'eau, il n'avait pu être identifié. Les causes de la mort étaient demeurées mystérieuses, les restes de l'inconnue, inhumés dans une fosse commune. Le magistrat Belargent réclamait de nouveaux examens, en premier lieu de la denture. Il n'avait comme maigres indices que quelques vêtements de marque italienne. Mais courant 1989, Fourniret avait agressé deux femmes dans la région, en leur réclamant de l'argent. Il avait écopé de quinze mois de prison, dont six pour tentative de vol et voie de fait avec arme. Monique travaillait à l'époque pour la Société de presse et de propagande (SPP), près de Nancy justement… Pourquoi ne pas chercher de ce côté-là ?

De son côté, Fourniret, depuis sa cellule de Nivelles, puis de Forest, allait entreprendre une démarche à laquelle nous ne nous attendions pas, malgré la « bénédiction » de l'un de ses avocats belges, Me Bernard Castaigne : il allait nous écrire, beaucoup nous écrire. Et nous allons à nouveau replonger du côté pile du tueur. Côté ombre, côté noir… le plus noir, le plus insondable.

21

Et Michel Fourniret commença à nous écrire

« Monique Olivier est hautement coupable de son innocence, d'avoir espéré renaître et revivre après m'avoir rencontré [...], de sottise, de peur, de désarroi, d'obéissance aveugle et terrorisée... »

Dans la lettre que Fourniret nous envoie le 27 décembre 2004, il continue à défendre Monique Olivier. Voilà pourquoi ce courrier est sans doute l'un des plus importants. Dix mois plus tôt, sa femme a pourtant fait prendre un tournant décisif à l'enquête, en le dénonçant. Et lui tente encore de la protéger !

Une lettre de Michel Fourniret peut être un mélange de charabia difficilement compréhensible, de grandiloquence ésotérique et prétentieuse. Il peut indifféremment évoquer « sa guerre d'Algérie », sa première épouse et son dernier fils, en implorant leur pardon et en les appelant – un peu tard – à tenter de comprendre les affres dans lesquelles il se débat désormais. Il est capable de prier, magnifier son amour du beau et du travail bien fait, faire des semblants de dessins aux traits enfantins pour Sélim, son plus jeune fils, déclamer un improbable poème à la gloire des Ardennes.

Pendant plusieurs mois, il nous a abreuvé de sa prose en se servant de son outil favori : la citation d'auteur. Michel Fourniret écrit beaucoup, mais lit tout autant.

Du coup, il ne se privait pas de recopier des pans entiers d'œuvres de toutes sortes, non sans les commenter au passage. Constatant qu'une de nos missives lui était parvenue très rapidement, pour un courrier envoyé à un détenu, il analysait ainsi notre rapidité à lui écrire : « Et l'on voit de la flamme aux yeux des jeunes gens, mais dans ceux du vieillard, il y a de la lumière. » De toute évidence, la flamme était pour nous, la lumière pour lui…

Sans doute, pensant que son interlocuteur était incapable de références, il se devait donc de commenter : « Dans ces mots, Hugo suggère une grande intensité d'émotion, je crois… » Si quelqu'un lui répondait si vite, c'est que cet échange lui avait procuré une « émotion » sans pareille…

Mais Michel Fourniret n'aime pas beaucoup les gens de presse : « Mon détachement à l'égard de la médiocrité, y compris la vocation seconde des médias, n'est pas du mépris mais, comme écrivait Bernanos, "*[elle]* exècre seulement". » Nous apprendrons ainsi que celui qui va se surnommer, au fil de nos échanges, « LMDA », « le monstre des Ardennes », en référence aux nombreux reportages qui le présentaient comme tel, se passait de télévision avec grand plaisir. Sans hésiter une seconde, il posait cette question : « Si Flaubert avait eu la télé, aurait-il écrit *Madame Bovary* ? » Et il apportait aussitôt la réponse, parce que Fourniret a toujours une réponse, même quand on ne lui pose pas de question : « Je ne le crois pas. Peut-être eût-il joué au PMU, allez savoir ? »

Très vite, il s'est mis en tête que nous voulions écrire – un jour ou l'autre – sa biographie, autorisée ou pas. Ce qui, pour lui, était inenvisageable : « C'est ma sueur, ma perle de pur cristal, que je ne crois pas pouvoir partager... » Il y avait une autre raison à ce refus de voir raconter son histoire par des inconnus : il a commencé à l'écrire lui-même. « *Le Faubourg des enclos* pourra être publié dans une paire d'années [...], le titre n'est rien, il s'est imposé voici peu de temps, quand l'inspiration du demi-sommeil m'a montré comment relier les chapitres. »

On savait désormais qu'il ne dormait que d'un œil... même si le remords n'était aucunement à l'origine de ses insomnies. Et ce jour-là, il nous quittait sur un : « Il doit être tard. La nuit est silencieuse. Bon voyage à travers les champs de la nuit. »

Le 23 octobre 2004, à travers nous, il s'est adressé à sa première épouse : « Amour d'enfance ? Souvent intense... Amour d'absence ? Transcendance... » Suivait une longue digression, plus ennuyeuse qu'académique, sur ses années de service militaire, avec force rappels des lettres que lui envoyait à l'époque sa « fiancée »...

Quelques semaines plus tard, en décembre, peu avant Noël, il allait nous demander de jouer les « petits télégraphistes ». Il avait plusieurs lettres à poster, dont une à Annette R., sa première femme. C'était surtout un moyen de faire des économies : « Pour le même coût d'affranchissement, je peux envoyer cela à votre adresse, charge à vous de réexpédier. Cela vous procurera quelque lecture... »

Pingre, Fourniret peut aussi être très versatile. Deux mois plus tôt, il ne voulait pas entendre parler de « biographie ». Plus tard, il nous confiait avoir couché soixante-six pages de sa vie sur le papier, depuis sa prison dinantaise, entre 2003 et 2004. Saisi lors d'une fouille, le « manuscrit » avait été rendu à son épouse, encore en liberté à ce moment-là.

Dans la lettre qu'il nous a adressée pour nous en parler, il nous présentait rapidement le début de son livre, « plus au cœur de l'âme sedanaise et du contexte social. Ce que j'ai ressenti dans mes tripes est fort différent des tableaux brossés par Simone Weil dans son ouvrage *La Condition ouvrière*, que j'ai lu en 1968, me semble-t-il ? ».

Voilà que Fourniret se présentait comme un « humaniste »… Les familles de ses victimes apprécieront ! Il ajoute qu'à l'époque où il a découvert l'ouvrage de Simone Weil, il en rédigeait un lui-même qu'il avait intitulé *Ouvrier, mon ami*. Mais celui-ci étant resté dans l'oubli, il ne savait pas où il avait bien pu passer : « Savoir ce que ces lignes saturées de passion sont devenues ? » nous indique-t-il dans un courrier. Bon prince, il nous faisait cadeau de l'œuvre rédigée dans sa cellule de Dinant, à condition que nous la retrouvions…

Mais Fourniret se veut aussi « penseur ». Aussi, rédige-t-il des « pensées »… Nous avons compris leur étroitesse et l'ampleur de son problème, à la lecture de quelques-unes d'entre elles. Selon lui, il s'agissait de phrases positives à répéter chaque matin, à raison d'une par semaine. Sur l'amour : « Si tu veux aimer, tu partages. Et si tu partages, tu chantes. » Sur le bien et le mal : « […] Il faut offrir le bien, le mal disparaîtra. » Et encore : « En affirmant le bien, j'élimine le mal. » Que n'a-t-il pas mis cela en pratique personnellement ? « Paix, amour et harmonie sont en moi et autour de moi. » En voilà une qu'il va devoir se répéter plus d'une fois par semaine, s'il veut s'en persuader…

Mais c'est essentiellement la lettre dans laquelle il évoquait les aveux de Monique Olivier aux policiers belges qui a retenu le plus notre attention. Fourniret montrait là son vrai visage : celui d'un pervers manipulateur. Il avait compris que sa compagne était responsable de ce qui lui arrivait. Mais, officiellement, il ne voulait pas se départir de la magnanimité qu'il s'est toujours efforcé de laisser paraître.

Cette lettre-là avait un titre : « À nous deux ! » La première partie se présentait comme une recette de « cuisine ». Fourniret y décrivait longuement comment il imaginait que Monique Olivier avait fini par craquer, et pourquoi.

« Prenez une mère de famille dodue de cinquante-cinq piges, bien apeurée et en complet désarroi. Vous l'aurez préalablement sélectionnée en fonction des critères suivants : ne pas avoir cassé quatre pattes à un canard, ni pissé le Danube. Être surnommée par les enquêteurs : “la pâte à modeler”. Impressionnabilité et aptitude aux tremblements. Infantilisme (demain est loin). Subsidiairement : gentillesse, nullement envieuse, désintéressement ataraxique. » Suivaient ses différents soupçons sur ce que le commissaire Jacques Fagnard et ses collaborateurs avaient pu faire subir à sa moitié.

« Harcelez en secouant sèchement, jusqu'au point de désarroi complet. Relayez-vous afin d'assurer la constance du maintien sous pression. Projetez, sur un sombre écran noir et blanc, le film pathétiquement annonciateur de la chorale d'une institution pour enfants abandonnés, livrés à eux, face à *La Loi des rues* ou des *Hauts Murs* (seuls écrits valables d'Auguste Le Breton). Placez à mijoter sur un carré bétonné de neuf mètres carrés. Agrémentez de claquements de verrous aux tours de clé grinçants. »

Michel Fourniret aurait sans doute souhaité que les enquêteurs qui tentaient de le confondre prennent des gants, et n'usent pas de stratagèmes vieux comme la « vraie » police, la seule qui vaille, celle qui fait craquer les plus endurcis... Mais ce n'est pas un voleur de poules que le commissaire Fagnard essayait de coincer. Il lui fallait prouver ce qu'il subodorait depuis l'interpellation de Fourniret : à savoir, qu'il avait entre les mains un abject assassin multirécidiviste et, qui plus est, un pervers sexuel dont certaines des victimes étaient encore des enfants.

Quant à Monique Olivier, la suite de l'enquête allait montrer qu'elle aussi ne méritait pas des égards. La saisie à Sart-Custinne des lettres qu'elle avait échangées avec le prisonnier Fourniret en 1987, et leur contenu sans ambiguïté quant à leurs intentions criminelles, allait finir de persuader la police et la justice qu'elle méritait bien le piège qui lui avait été tendu. De ceux que l'on réserve aux pires assassins. Ce qu'elle était devenue, elle aussi, aux dires des enquêteurs et des magistrats.

22
Un prisonnier pas comme les autres

« La prison, c'est une maison de repos. J'ai transformé l'expérience de négatif en positif. En plus, on y rencontre de vrais hommes. »

À l'heure où il prononce ces paroles, face à un expert qui l'examine pour la première fois, Michel Fourniret sait qu'il ne ressortira sans doute jamais de cellule. D'abord incarcéré à Dinant, transféré ensuite à Nivelles, il allait être bientôt accueilli dans une maison d'arrêt à sa mesure. Les deux premiers établissements pénitentiaires étant jugés peu sûrs – il en va des prisons belges comme de certaines de leurs homologues françaises –, le tueur était transporté jusqu'à Forest, l'une des vingt communes de la métropole bruxelloise, plus connue pour ses concerts monstres que pour sa prison.

Même pantalon gris foncé, même veste gris clair et souliers noirs que les autres prisonniers, si l'on s'en tenait à l'uniforme, Fourniret serait un détenu comme les autres. Là s'arrête cependant la comparaison. Passé le numéro 1000, chacune des cellules de Forest accueille deux, voire trois personnes. Lui est seul dans la sienne. Au rez-de-chaussée de l'établissement pénitentiaire, les deux premières grilles franchies, tout de suite à l'entrée de l'aile D, à droite, il est enfermé juste à côté du chef de quartier. L'aile D s'élève sur trois niveaux. Peinte en brun foncé, la porte de la cellule a été fabriquée sur place, en acier massif. Pas question que quiconque puisse attenter à la vie de Fourniret ! À hauteur d'homme, un judas muni d'un clapet permet au responsable des lieux de s'assurer vingt-quatre heures sur vingt-quatre qu'il ne tente pas de se suicider. Car tout le monde y pense à ce suicide !

Dans la pièce de neuf mètres carrés, les angles morts ont été réduits au minimum. En entrant, à gauche, juste avant l'évier en demi-lune, on bute directement sur les toilettes. Une chaise et une table de pin clair bon marché lui permettent d'écrire et de regarder la télévision, fournie par l'administration pénitentiaire belge. Le long de l'autre mur, blanc et lisse, parsemé de taches brunâtres, un lit et une armoire à étagères ont été disposés.

Contrairement aux autres cellules, la fenêtre de Fourniret, un rectangle de quatre-vingts centimètres sur un mètre vingt, fermé de barreaux de trois centimètres sur trois scellés dans la maçonnerie, ne s'ouvre pas. Pour le protéger des crachats et des jets d'excréments… Elle donne sur un préau de promenade auquel il n'a pas accès. Au-delà des barreaux, un ultime grillage assombrit encore un peu plus l'endroit.

S'il veut se dégourdir les jambes, seul, et seulement s'il le veut, le prisonnier particulièrement surveillé a droit au « camembert », une courette ronde découpée comme des parts de fromage, et couverte d'un grillage.

À Forest, comme dans toute prison, les journées sont rythmées par les heures de lever, de repas et du coucher.

Mais ici, on n'est pas tenu de faire son lit... Debout vers 7 heures, Fourniret reçoit son petit déjeuner avant 8 heures : café ou eau chaude pour le thé, tranches de pain, beurre, et confiture... une fois par semaine. À 12 heures, on sert le déjeuner. Souper vers 17 heures.

Il n'a de contacts qu'avec le chef de quartier et les surveillants. Quand il reçoit la visite d'un de ses avocats, le parloir est installé près de la direction, et tous les autres détenus doivent avoir rejoint leur cellule, avant que Fourniret ne quitte la sienne. Une des rares fois où certains d'entre eux ont réussi à s'approcher de lui, c'était le 6 février 2004, et ce fut la ruée. Les insultes, les crachats, les coups ont fusé avant que des surveillants n'interviennent... mollement.

C'est pour échapper à cette vindicte carcérale que ce prisonnier « pas comme les autres » n'est transporté qu'en Mercedes blindée, protégé par un gilet pare-balles, des lunettes de skieur opaques sur les yeux pour l'aveugler, les poignets menottés par-devant, la chaîne reliée aux menottes lui entravant aussi les pieds. Transféré dans un fourgon cellulaire ordinaire, le pédophile assassin serait rossé par ses compagnons de voyage.

À ses interlocuteurs – matons, magistrats, policiers –, Michel Fourniret donne du « monsieur ». En échange, il réclame que tous fassent preuve de la même marque de respect. « La prison a le mérite de me supporter. J'y mène une vie fantastique ! J'ai des livres de bibliothèque, j'étudie les styles des grands auteurs, j'écris mes pensées qui prendront une autre forme. Je suis seul, je ne veux pas voir de psychologue. »

C'est pourtant à l'un des premiers d'entre eux venu l'examiner qu'il déclare son intense satisfaction, face à l'enfermement… D'une écriture élaborée, dans un style réfléchi et maniéré, qu'il qualifie lui-même de « raffiné », Fourniret a décidé de coucher ses pensées sur le papier. Il espère pouvoir être édité. À un expert, il dira de son « œuvre » en gestation : « Mes enfants pourront dire : "Il a été capable d'écrire ça !" Ils seront fiers ! » Il expliquera même à un autre expert qu'il est en train de « revisiter la littérature française ».

Sans aucune gêne, il a fait ses propres corrections sur un chapitre du *Grand Meaulnes*, d'Alain-Fournier : « Je fais un travail de démontage du style des écrivains, je recopie le bouquin et je recorrige le style. » À la page 143 de l'ouvrage, l'auteur décrit une mère qui ne cesse de sortir devant sa porte, en regardant du côté de la gare, la main en visière, pour voir si son fils mort ne revient pas. Eh bien, Fourniret commente le style de l'écrivain de façon négative et fort peu amène…

Il dit à tous qu'il est en bonne santé en prison, même s'il a visiblement pris un coup de vieux, largement souligné par la barbe blanche qu'il s'est laissé pousser. Il ne se plaint que lorsqu'on ne lui administre pas les soins dentaires qu'il réclame, ou qu'il ne bénéficie pas de l'aide sociale à laquelle il prétend pour subvenir à ses besoins de produits d'hygiène. Cette pseudo-adversité lui permet de se présenter comme un « combattant » permanent : « Plus on m'attaque, plus je me défends », a-t-il coutume de confier. Il fait quotidiennement des exercices physiques et vocaux, pour garder la forme. Il dort entre huit et dix heures par jour, en plusieurs cycles. Il semble préférer dormir le jour, « parce que la nuit, la maison est silencieuse, et que le silence est plus propice à la réflexion ».

Mais l'année 2005 qui commençait n'allait pas lui laisser beaucoup de loisirs. Déjà trahi, dix-huit mois auparavant, par Monique Olivier, il allait la découvrir sous un jour nouveau. Non seulement, elle allait encore le charger, mais, durant les premiers mois de cette *annus horribilis*, elle allait lui ravir la vedette... En fait, le premier trimestre 2005 sera un trimestre Olivier, Fourniret ployant sous les accusations répétées et parfois impossibles à vérifier. Tout cela ne l'a pas empêché d'organiser sa défense.

Fin 2004, il avait demandé l'aide d'un avocat français. Me Philippe Jumelin, bâtonnier des Ardennes cette année-là, avait désigné un collectif. Mes Pierre Blocquaux, Thierry Bourbouze, Charles Rahola et lui-même allaient s'occuper du « cas Fourniret ». Très vite, Me Rahola abandonnait : sa fille avait été le professeur de Céline Saison... Pour Yves Charpenel, le procureur général de Reims, cette affluence de robes n'avait rien à voir avec une quelconque attirance pour ce qui s'annonçait comme un procès hors normes. Il s'agissait de « ne pas personnaliser la défense, à la lumière de l'affaire Dutroux, après laquelle son avocat principal avait été conspué par la population ». Comme le résumait Me Blocquaux : « Plusieurs avocats ont été commis d'office, d'abord pour se partager les tâches matérielles, mais surtout pour qu'aucun ne soit seul à se faire tatouer : "avocat de Fourniret". Ni pour une mise à l'index, ni pour une quelconque gloire. Il faut répartir le poids psychologique de ce dossier et éviter de se faire instrumentaliser. »

Le 25 janvier 2005, le nouveau bâtonnier de l'Ordre, Jean-Paul Delgénès, annonçait que Mes Richard Delgénès, Jacques Deslandes et lui-même allaient assurer, de leur côté, la défense de Monique Olivier. Les fêtes passées, ils se rendaient, le 28 janvier 2005, à la maison d'arrêt de Namur, pour la voir. Le lendemain, les avocats de Michel Fourniret rendaient visite pour la première fois à leur client. Les choses sérieuses allaient alors commencer.

Au début de la semaine du 31 janvier au 5 février 2005 un véritable marathon judiciaire débutait. À chaque rendez-vous avec les magistrats de Charleville, qui se déplaçaient pour l'occasion jusque dans le bureau du juge belge de Dinant, Bernard Claude, les deux époux ont subi un nouvel interrogatoire sur le fond. Dans la foulée, ils allaient s'entendre signifier leur mise en examen dans le cadre de six dossiers français.

La première est tombée le 31 janvier 2005. L'assassinat de Mananya Thumpong ouvrait la séance, suivi de celui de Natacha Danais. Michel Fourniret était officiellement accusé des enlèvements, des séquestrations arbitraires et des meurtres des deux enfants, ainsi que de ceux de Jeanne-Marie Desramault, d'Isabelle Laville, de Fabienne Leroy. À chaque fois, Monique Olivier a été inculpée de complicité active, assortie de non-dénonciation de crimes pour Cécile Saison et Mananya Thumpong.

Le 3 février 2005, avant même que son interrogatoire de première comparution ne commence, Michel Fourniret a tenu à faire une déclaration liminaire : « Du besoin de fuir le médiocre, on en arrive à dresser autour de soi, pierre après pierre, le mur de la solitude, sans vouloir accepter de réaliser que, dans cette thébaïde mentale, peuvent naître, cohabiter, se développer le sensé autant que l'extravagant. Sur la clé de voûte de ce mur peut se trouver, bien visible aux yeux de tous, l'inscription : “À chacun sa vérité mais, en dedans du matériau, que vit l'âme de la pierre ?” » Tout le monde a noté, mais personne n'a semblé impressionné.

Puis, Monique Olivier était entendue sur la tentative de viol d'une jeune Marocaine, prénommée Fathia. L'épouse de Fourniret a décrit la victime comme étant de « forte corpulence ». L'agression se serait déroulée à la sortie du village de Ville-sur-Lumes, à la fin de 1998, à moins que ce ne soit de 1999. La tentative avait avorté, la jeune fille était repartie vivante. Mais la justice était bien ennuyée, car aucune plainte n'avait été portée. Au fil des mains courantes de la police ou des carnets de déclarations faites à la gendarmerie, aucune trace de l'affaire n'a été retrouvée. Pour Yves Charpenel, il pouvait, une fois encore, s'agir d'un épisode du « jeu pervers de la vérité », auquel se livraient les deux complices. Mais la sœur de Fourniret habitant l'endroit, on allait interroger Monique Olivier.

« Et au lieu de cela, voilà qu'elle demande à faire des déclarations spontanées pour, une fois encore, soulager sa conscience », rapporte le procureur de Charleville, Francis Nachbar. Et patatras ! Enregistré par un policier du SRPJ de Reims, M. Bourgard, d'une seule traite, la femme de Fourniret, confirmant ainsi les doutes des avocats des familles de ces deux victimes supplémentaires l'accusait des meurtres de Marie-Angèle Domèce et de Joanna Parrish !

Après ce nouvel épanchement de sa femme, Fourniret a accusé le coup. Interrogé à son tour, il déclarait sobrement : « Je suis perplexe. » On le serait à moins… Puis, il ajoutait : « Ces déclarations m'indiffèrent. »

Mais, au fil des jours, il allait se montrer pour la première fois agressif. Au cours d'une audition par les magistrats français, Fourniret a chargé Monique, expliquant qu'elle avait elle-même menacé Fabienne Leroy d'une arme, le jour de la mort de celle-ci, le 4 août 1988. Les époux se déchiraient. Michel Fourniret niait avoir enlevé, violé et tué Marie-Angèle Domèce et Joanna Parrish.

Alors, Monique Olivier disait-elle la vérité, comme elle l'avait toujours fait depuis le jour de juin 2004 où elle avait commencé à tout « balancer » ? Ou, comme l'imagine Yves Charpenel, « veut-elle se présenter sous son meilleur jour, avant d'arriver en France pour le procès ? ». Un autre magistrat était sûr de la véracité de ses propos concernant ces deux crimes. Mais il imaginait qu'elle se rétracterait devant les juges d'instruction…

Ce coup de théâtre n'était pas le dernier. Le 21 février 2005, Monique Olivier allait accorder une faveur aux policiers belges. Elle accusait son mari de trois nouveaux meurtres en Belgique. Ses déclarations étaient accueillies avec réserve par les hommes du Service judiciaire d'arrondissement de Dinant.

Les nouvelles victimes seraient encore des jeunes filles au pair. Monique Olivier expliquait qu'au début des années 90, elle aurait épluché les petites annonces pour trouver des baby-sitters loin de leurs familles. Elle ne précisait ni les noms ni les prénoms de ces jeunes filles. Elle ne disait pas de quelle région belge elles étaient originaires, et encore moins les endroits où auraient été abandonnés leurs corps. Fourniret s'en serait débarrassé sans elle.

Le parquet de Dinant, en la personne du procureur du roi, Arnoud d'Aspremont Lynden, a pris, lui, très au sérieux ce nouveau rebondissement. Il annonçait que de nouvelles investigations étaient déjà en cours. Des recherches sont effectuées pour récupérer les petites annonces évoquées par Monique.

Officiellement, il ne déplairait pas à la justice belge de combler le trou de dix ans, sans meurtre, dans le parcours criminel de Michel Fourniret. Et que la justice française n'imagine pas un seul instant que la Belgique cherche à garder Fourniret plus longtemps... Ou lui trouve plus de crimes qu'il n'en a commis sur son territoire, afin de l'y juger d'abord, avant de le laisser aux Français... Ce serait, bien entendu, malvenu...

« Pour ce qui concerne la toute première baby-sitter évoquée voici quelques mois par Monique Olivier, et le cas Domèce, les déclarations de la femme de Fourniret semblent crédibles. Pour le reste, nous manquons cruellement de détails. Ne préférerait-elle pas être jugée en Belgique ? Serait-elle manipulée ? » osait un magistrat français pas très politiquement correct. Pour Me Richard Delgénès, l'un des défenseurs de Monique Olivier, sa cliente « n'a pas imaginé faire du suspense. Elle a beaucoup de mal à parler. Elle se libère peu à peu de l'emprise de Michel Fourniret. Mais cela s'accompagne, il est vrai, d'une certaine confusion mentale. » L'un des avocats français de Fourniret, Me Philippe Jumelin, regrettait pour sa part : « Nous n'avons rencontré Michel Fourniret qu'une seule fois, en prison, au début de l'année. Depuis, sa femme n'arrête plus, mais nous n'avons pas encore demandé à notre client son avis là-dessus. »

Du côté de la défense belge du tueur présumé, on était plus lapidaire. Me Bernard Castaigne ne se prononçait pas et reconnaissait que Monique Olivier n'avait jamais menti. Mais il émettait des doutes sur ses nouvelles confidences : « Je suis étonné par ses nouveaux aveux. C'est bizarre qu'elle ne donne pas une seule identité des filles qui auraient vécu tous les jours avec elle, alors qu'elle a livré celles de victimes qu'elle avait seulement croisées. » Me Pierre Barthélemy, avocat dinantais de la femme de Fourniret, concluait : « Elle est loin de penser à cela. Elle est suffisamment perturbée par les multiples interrogatoires qu'elle a subis. »

Le 1er mars 2005, une réunion a été organisée à Paris, à la chancellerie. Magistrats, policiers et gendarmes se sont retrouvés pour faire le point. On allait aussi évoquer la possibilité de joindre, une bonne fois pour toutes, les dossiers Domèce et Parrish à ceux traités à Charleville. Au total, huit crimes « français » seraient alors reprochés à Fourniret. La justice indiquait vouloir l'extrader dans les six mois, et le juger avant mai 2006.

Dix jours plus tard, magistrats belges et français se rencontraient à Charleville. Cette fois-ci, il était question d'extradition, même si on savait que l'on n'y était pas encore. La France imaginait toujours un procès à un an.

On a reproché durant des décennies à la machine judiciaire d'être aveugle et sourde à la douleur des familles des victimes. Dans le cas de Fourniret, beaucoup d'entre elles ont commencé à se demander s'il allait répondre rapidement de tous ses crimes. Certaines craignaient même qu'une argutie juridique de dernière heure puisse provoquer l'abandon de leur dossier, pour vice de forme. À moins qu'il ne soit tout simplement devenu trop ancien.

Durant une autre semaine de travail intensif, à compter du 21 mars 2005, Fourniret allait reprendre la main. Il ne serait pas dit que Monique resterait seule sur le devant de la scène. Il déclarait vouloir collaborer aux recherches du corps d'Isabelle Laville, qu'il avait avoué avoir tuée la première, après sa sortie de Fleury-Mérogis, en 1988. Deux endroits avaient déjà été sélectionnés par les gendarmes de l'Yonne, au nord de ce département. Mais leurs cartes, qu'ils avaient soumises à l'examen sarcastique de Fourniret, n'étaient pas assez précises. « Nous allons en trouver d'autres, je ne doute pas de sa bonne volonté », avançait Francis Nachbar, le procureur de Charleville. « Fourniret doit nous accompagner sur place. Le terrain a évolué en dix-sept ans. Au Sautou, pour la petite Desramault et Élisabeth Brichet, il s'est trompé à trois mètres près, et on a failli passer à côté », notait un commandant de la PJ de Reims.

Le 12 avril 2005, retour sur l'enquête belge. Fourniret était interrogé à Dinant par le juge Bernard Claude, désireux d'en savoir plus sur les trois baby-sitters tuées, selon Monique Olivier. Des travaux de déblaiement étaient déjà en cours à Sart-Custinne, afin de préparer de nouvelles fouilles le lendemain.

Quatorze habitants du village wallon avaient déclaré avoir vu l'une des jeunes filles, à l'époque où elle était au service du couple. Mais son identité n'a pas été déterminée. Selon les témoins, elle était blonde et s'exprimait en français... Maigre, très maigre.

Ce nouveau déplacement des magistrats dans la dernière demeure de Fourniret était le troisième en deux ans. Et le terrain allait finir par devenir un grand trou entouré d'un peu de terre et bordé par une bâtisse de pierres grises. Cette fois-ci, les magistrats belges avaient vu grand. Les recherches étaient annoncées pour durer deux ou trois semaines. D'abord la maison, ensuite les alentours. Une quinzaine d'hommes de la DIV, la cellule d'identification des victimes, avaient été engagés.

« Michel Fourniret a retourné beaucoup de terre à la pelleteuse, chez lui. Ces fouilles peuvent ne pas aboutir, mais nous ne pouvons pas nous permettre de ne pas chercher... » expliquait, avec un humour assez hermétique pour certains, le procureur d'Aspremont Lynden. Et, le 17 avril, il ajoutait : « Si on ne trouve rien cette fois-ci, on pourra dire que le gros de l'enquête belge est terminé. » Fourniret sera-t-il bientôt en France ?

Le suspense était à son comble. Les médias s'en donnaient à cœur joie. Dans ce contexte, une petite information allait presque passer inaperçue, en France, en tout cas. Telle qu'elle était rendue publique, elle arrangeait plutôt Fourniret. Mais elle ne faisait ni les affaires de la presse, ni celles de Monique Olivier. Et elle ne confortait pas les espoirs des magistrats belges. Voilà que l'on apprenait que Marguerite, une des jeunes filles employées au pair par Fourniret, avait été retrouvée en Pologne. Elle serait bientôt interrogée par la police belge qui allait se rendre sur place, commission rogatoire internationale en poche. Quoi qu'il en soit, Marguerite était vivante, et c'était la seule bonne nouvelle qui importait.

Le 22 avril 2005, dix jours de fouilles se terminaient à Sart-Custinne, sans aucun résultat, comme les précédentes... Pas de cadavre, pas de trace. Fin de l'opération ! Le procureur d'Aspremont Lynden s'est accroché encore un moment : « Il n'y a aucune raison de dire que Monique Olivier ment. Se serait-elle alors trompée ? Elle sera réentendue. » Apparemment, il ne pouvait imaginer que, pour une fois au moins, Fourniret dise peut-être la vérité...

Dans la foulée, les Belges ont annoncé qu'ils se prononceraient en juin sur le transfert des dossiers à Charleville. Le volet belge se refermerait alors sur le meurtre d'Élisabeth Brichet, un attentat à la pudeur et trois tentatives de rapt. « On ne va pas empêcher les autorités françaises d'organiser un procès, sous prétexte de vagues fouilles. Et puis, Michel Fourniret peut aussi être prêté à la France », concédait le procureur de Dinant. Mais, avec lui, on savait que cette prise de position pouvait être très provisoire... Quant au « prêt » de Fourniret à la France, il n'ignorait pas que ce serait un prêt à très long terme... et sans intérêts.

Le 27 avril 2005, Michel Fourniret était à nouveau interrogé par le service régional de police judiciaire de Reims sur la mort d'Isabelle Laville. Le détenu se disait toujours prêt à coopérer pour chercher le corps. Il donnait même quelques explications complémentaires, mais ne se souvenait toujours pas de l'endroit exact où on pourrait le trouver.

Un des responsables de l'enquête en était déjà persuadé : « Michel Fourniret sait parfaitement où il a jeté le cadavre d'Isabelle Laville. » Même certitude chez l'un de ses avocats français, Me Blocquaux. Encore faudrait-il qu'il arrive à le faire dire par son client...

Dans le même temps, Fourniret était aussi sollicité pour éclaircir la mort de Farida Hamiche. Il a raconté encore une fois le vol du magot d'Hellegouarch et l'assassinat de sa femme. On a posé également des questions à Monique Olivier. Analysant les réponses de cette dernière, un des enquêteurs confiait : « C'est Monique Olivier qui fait amie-amie avec Farida. La disparition de celle-ci a lieu entre le 13 et le 14 avril 1988, entre deux parloirs avec Jean-Pierre Hellegouarch. Monique Olivier est présente quand Michel Fourniret la tue. Cela a dû se passer dans la voiture. Ensuite, elle aussi a fait semblant d'effectuer des "recherches" dans les hôpitaux de la région, pour retrouver une femme qu'elle savait morte et enterrée. Et elle n'a pas seulement fait cela en présence de Michel Fourniret ! Elle a pris des initiatives pour tromper les proches de Farida… »

Le lundi 20 juin 2005, les autorités belges creusaient toujours… mais ailleurs. Sur leur versant des Ardennes, un témoin digne de foi a vu, un jour, quelqu'un faire un trou à un endroit précis… C'est le substitut dinantais Morandini qui allait prendre l'affaire en main. Peut-être parce que son procureur avait expliqué, plus tôt et un peu vite, qu'on arrivait au bout du processus. Morandini, lui aussi, s'accrochait à ce dossier…

Et, en effet, de nouveaux ossements étaient découverts. Disséminés à proximité de l'endroit où avaient été retrouvés les restes de Mananya Thumpong en 2002, au milieu de la forêt de Nollevaux, il y avait bien des chances qu'ils appartiennent à son squelette. On imagine la douleur de sa mère et de son beau-père, à l'annonce de cette nouvelle…

Le mercredi 21 juin 2005, les justices belge et française saluaient l'espace judiciaire européen, enfin grand ouvert, grâce à leur « excellente coopération » dans ce dossier. À l'issue d'une réunion conjointe à Dinant, les magistrats des deux pays annonçaient le regroupement à Charleville-Mézières de leurs dossiers respectifs. La France disait prévoir le procès pour juin 2006... Michel Fourniret et Monique Olivier seraient extradés d'ici à la fin octobre 2005...

Dans un grand numéro médiatique, aux accents diplomatico-judiciaires un peu forcés, Cédric Visart de Baucarmé et Yves Charpenel, l'un procureur général à Liège et l'autre à Reims, allaient se succéder devant les caméras, les micros et les appareils photo. Chacun s'efforçait de ne pas en dire plus que l'autre, afin de ne pas froisser son homologue... Deux ans seulement pour une mise en accusation, « c'est un exploit », notait le procureur belge. « Il est important que nos systèmes puissent fonctionner dans le cadre d'une vraie Europe judiciaire », renchérissait le procureur français, ajoutant que le rassemblement des dossiers s'effectuait « dans un souci de rapidité et de cohérence ». Car, pour le magistrat belge, cela devait se faire « afin que les jurés aient une vision la plus exacte possible des faits commis par le couple Michel Fourniret-Monique Olivier ». Lequel des deux aura le dernier mot ? En tout cas, ils ne sont pas allés jusqu'à prononcer en chœur la dernière phrase de ce discours si policé...

À l'époque, le magistrat français était dans l'attente d'un poste de procureur général à la Cour de cassation, « une marche vers la chancellerie » commentaient ses amis comme ses adversaires. Il a donc essayé de parler le dernier, en ajoutant : « Cela va nous permettre de faire, dans un an, le premier véritable procès franco-belge »...

Mais, pendant les effets de manches, les affaires continuaient. Deux jours après, le 23 juin, gendarmes, plongeurs et pelleteuses étaient mobilisés dans l'Yonne et l'Aube pour chercher les corps d'Isabelle Laville et de Marie-Angèle Domèce. Ces déplacements se sont soldés par des procès-verbaux de vaines recherches... À compter du 29 juin, les reconstitutions de la partie belge des assassinats de Céline Saison et de Mananya Thumpong allaient être prises en charge par le palais de justice de Dinant.

À chaque déplacement de Fourniret, de ce côté-là de la frontière, le scénario était le même. Les Belges transportaient Michel Fourniret sur les lieux où ils opéraient à toute allure. L'itinéraire du convoi était tenu secret jusqu'à moins de deux minutes de son arrivée. Là, il était communiqué aux autres participants, par téléphone mobile ou par radio.

Le 1er juillet 2005, les parties civiles étaient reçues par les magistrats instructeurs et le procureur, à Charleville, pour avoir droit à un résumé des instructions en cours. Et puis, on allait leur présenter l'état d'avancement des projets de travaux du palais. Il fallait, en effet, réaliser des aménagements en vue du procès, toujours annoncé pour mai ou juin 2006. À cette époque, les devis s'élevaient déjà à 1,2 million d'euros, d'abord pour désamianter, puis transformer, aménager... Le ministère de la Justice allait devoir casser sa tirelire... Autant de temps perdu !

Le même jour, les familles des victimes apprenaient aussi que les avocats de Fourniret trouvaient un peu « tirées par les cheveux » les arguties du parquet général rémois pour éviter la prescription des meurtres d'Isabelle Laville, de Fabienne Leroy, de Jeanne-Marie Desramault et de Natacha Danais. Afin qu'aucun de ces dossiers ne soit classé, le procureur Charpenel et ses conseillers ont dû, à chaque fois, trouver des failles pas toujours très claires aux yeux de la défense. Si cette dernière se lançait dans une telle course, les juges d'instruction auraient à se prononcer, puis la cour d'appel et, enfin, la Cour de cassation. On n'en était pas là, mais les familles se demandaient si le délai imparti pour clore l'instruction n'était pas déjà dépassé, sans qu'on le leur ait avoué...

L'année 2005 allait se terminer, et Fourniret n'acceptait pas de collaborer plus avant aux recherches du cadavre d'Isabelle Laville. En fait, Michel Fourniret boudait. Selon lui, le juge belge Bernard Claude le lui aurait promis : les dernières fouilles terminées dans la maison de Sart-Custinne, on réparerait les dégâts. Fourniret destine la propriété à son fils Sélim, et il ne supporte pas que son patrimoine soit dévalorisé. Et, d'après lui, le magistrat se moquerait comme d'une guigne de ce détail... N'est-ce pas tout simplement parce qu'il sait que la maison n'ira jamais à la descendance de Michel Fourniret ? La justice s'en saisira, sans aucun doute, même si elle est déjà au nom de l'adolescent.

Monique Olivier, de son côté, s'est adjoint un défenseur supplémentaire, celui de Michelle Martin, la femme de Dutroux, qu'elle côtoyait en prison, à Namur. L'avocate est férue de psychanalyse et de psychologie, ce qui l'aide sans aucun doute à toujours chercher la part d'humain dans tout accusé. À ses yeux, Monique Olivier était une femme sous influence, passée sous la coupe de Fourniret. Elle était terrorisée par son mari, alors qu'elle l'adulait dans les lettres qu'elle lui envoyait, à la fin des années 80, quand il était encore emprisonné en région parisienne. Mais, quand elle dressait le portrait de Monique Olivier en femme soumise, tremblant devant son maître, Me Sarah Pollet avait-elle déjà lu tous les courriers de Monique à son « homme », et plus particulièrement ceux dans lesquels elle échafaudait des plans macabres avec lui ?

Pour la défense française de Monique Olivier, avoir choisi cette consœur était une très mauvaise stratégie. Un brin pervers, un des membres du barreau des Ardennes n'hésitait pas à livrer une anecdote : le mari de l'avocate de Dutroux a divorcé et, depuis l'affaire Fourniret, il est suivi au plan psychiatrique…

À Namur, Monique Olivier ne se plaignait pas de ses conditions d'incarcération. Les surveillantes et le directeur de la maison d'arrêt se montraient attentifs et bienveillants. Elle prenait des cours de néerlandais pour rester à niveau. Une jeune femme, dont elle avait fait la rencontre lors d'une séance de formation destinée à aider à la réinsertion des prisonniers, était devenue son amie et la visitait régulièrement. Et puis, Monique Olivier correspondait souvent avec ses trois fils. Elle ne connaissait pas de problème particulier avec ses codétenues, au moment des activités en commun. Cependant, elle affirmait être plus méfiante : « J'ai peur de me retrouver seule… Certaines m'effraient. » Dans sa cellule, elle était seule et sous surveillance spéciale, jour et nuit. Elle dormait facilement, rêvait, mais faisait parfois des cauchemars. Elle suivait un traitement anxiolytique quotidien, et mangeait de bon appétit…

Monique Olivier allait être la première à rejoindre la France, en décembre 2005. Un transfert discret. Pour les Belges, toujours des voitures rapides. Un fourgon moins glorieux mais tout aussi blindé, côté français. Un échange de bons procédés de chaque côté d'une frontière qui n'existe plus officiellement, mais qui reste encore difficile à franchir pour les besoins de deux justices, pourtant si proches l'une de l'autre…

Monique a été enfermée à Laon. Et là, son séjour carcéral a changé… Ce n'est pas une prison pour femmes, elle est la seule à y être enfermée. Certes, l'administration pénitentiaire a isolé un étage pour elle… Mais elle dort mal, car souvent, la nuit, les détenus du sexe opposé se relaient pour l'empêcher de trouver le sommeil. Afin de se distraire, elle regarde la télévision et lit des romans à l'eau de rose, elle à qui les psychiatres et les psychologues ont trouvé un quotient intellectuel bien plus élevé que la moyenne, plus encore que celui de Fourniret. Encore un détail qui n'a pas dû plaire à son complice, lui, l'« intello ».

Pour ce qui concernait l'extradition de Fourniret, la justice française avait vu un peu court. Il allait encore passer un Noël et un jour de l'an dans sa cellule bruxelloise, avant d'être livré aux Français, le 9 janvier 2006. Une heure… Les formalités dureront une heure, au poste frontière de Gué-d'Hossus, à cheval sur ces Ardennes qu'il connaît si bien. Encadré par des policiers belges en civil, il a attendu que tous les papiers soient signés. Le procureur de Dinant a ensuite prononcé quelques mots, et les personnes présentes ont compris qu'il « faisait maintenant confiance à la justice française pour clore le dossier ».

Le prisonnier a été conduit jusqu'au palais de justice de Charleville-Mézières. Là, après trois heures et demie de comparution devant les juges d'instruction et le procureur, il s'est entendu à nouveau signifier ses diverses mises en examen pour six meurtres. Cinq de ceux commis en France, un autre en Belgique, et trois dossiers belges de moindre importance.

Puis, il est conduit à la maison d'arrêt de Châlons-en-Champagne, où il est incarcéré. Plus tard, beaucoup plus tard, le dossier belge parviendra aux magistrats français. À lui seul, il compte quarante-neuf volumes qui remplissent une armoire complète…

L'avant-dernière ligne droite judiciaire, avant le renvoi devant la cour d'assises et le procès, commençait ce jour-là, pour Fourniret et Monique Olivier. Ils allaient devoir encore répondre aux questions des juges, et recevoir aussi la visite de policiers qui tentaient d'élucider d'autres affaires. À la Direction centrale de la police judiciaire, la directrice, Martine Monteil, a fait ressortir quatre-vingts dossiers (!) de crimes à caractère sexuel, non élucidés. Tous comportaient des indices biologiques. Les hommes de l'Office central de l'atteinte aux personnes ont demandé à la chancellerie de pouvoir effectuer les comparaisons nécessaires. Et puis, Michel Fourniret et Monique Olivier allaient être tenus de participer aux reconstitutions des faits qui leur étaient reprochés. À cette date, la justice avait encore des velléités d'inscrire leur procès au calendrier 2006. Qui peut le plus, peut le moins…

Mais, cette affaire n'ayant vraiment rien d'ordinaire, il aurait été surprenant qu'elle ne compte pas un épisode rocambolesque de plus. Le 18 janvier 2006, *Le Soir*, de Bruxelles, annonçait que, depuis quelques semaines, les enquêteurs belges avaient alerté leurs homologues français de la présence de Fourniret dans les Bouches-du-Rhône, à l'époque où y débutait un fait divers qui devait devenir retentissant : l'assassinat d'une fillette de huit ans, Marie-Dolorès Rambla. Pour ce crime, Christian Ranucci avait été condamné à mort et guillotiné le 28 juillet 1976. Des décennies durant, l'affaire du « pull-over rouge » défraiera la chronique, jusqu'à inspirer un film et plusieurs ouvrages.

Alertés par la presse nationale, les journalistes de *La Provence*, quotidien marseillais qui avait suivi toute l'affaire, plongeaient dans leurs archives photographiques. Et ils déclaraient avoir trouvé un cliché sur lequel un homme, dans le public du procès Ranucci, ressemblait fort à Fourniret. Ils l'ont même envoyé au parquet de Dinant, sous le sceau du plus grand secret, et en réclamant qu'on ne leur « casse » pas leur exclusivité. À Charleville, on s'en souviendra longtemps !

Le procureur Francis Nachbar n'a pas apprécié que les Belges aient été, pendant un temps, les seuls à détenir ces photos. Selon lui, le type photographié au procès Ranucci a certes un petit air de Fourniret à l'époque : « Mais, de face, je suis sûr à 300 % que ce n'est pas lui ! » Consciencieux, le magistrat a envoyé ces pièces au Service d'identité judiciaire de Reims, à fin d'expertise.

Me Blocquaux, l'un des « commis d'office » pour assister Fourniret, se montrait plus direct et plus cruel envers ceux qui croiraient à cette hypothèse : « Fourniret et l'affaire Ranucci ? Oui, exactement ! Comme c'est lui qui a tué Kennedy ! »

Interrogée, la seconde femme de Fourniret apportait de l'eau à son moulin, l'inconnu photographié étant imberbe : « À l'époque, mon mari portait un collier de barbe ! Il ne l'a coupé qu'à sa sortie de prison, en 1987. Nos vacances, nous les passions plutôt dans les Ardennes, où j'ai moi aussi des racines, en Bretagne ou en Alsace. Et quand mon époux faisait une escapade, ce n'était pas pour plusieurs jours… »

La défense de Monique Olivier, elle, aurait bien demandé une analyse du « pull-over rouge » de Marie-Dolorès Rambla. Prouver que Fourniret avait déjà assassiné, avant de s'acoquiner avec celle qui devait devenir sa troisième femme et complice, c'était démontrer qu'il n'avait pas eu besoin d'elle pour penser à tuer. Les avocats ont donc demandé que les photos de *La Provence* soient montrées à leur cliente. Des vérifications qui pourraient être intéressantes, à condition que la photo soit bonne… L'un des tenants de cette hypothèse s'appelle Me Jacques Deslandes. Sa ligne de défense était simple : Monique Olivier n'était qu'une complice manipulée. Impossible de la faire passer pour le « mauvais génie » de Fourniret, comme l'accusation tentait de le démontrer depuis qu'elle avait reçu des rapports d'expertises psychiatriques dans ce sens.

Grand et mince, blazer bleu marine sur un pantalon de flanelle gris, quel que soit l'environnement dans lequel il évolue, Me Deslandes se déplace posément. Difficile de chercher sur son visage la moindre expression susceptible de trahir sa pensée. Au visiteur, l'homme préfère offrir un masque derrière lequel il cache une discrétion à toute épreuve. Cet avocat, coutumier des procès d'assises, affiche toujours un calme olympien.

La désignation d'office de Me Jacques Deslandes, comme défenseur de Monique Olivier, n'était pas gagnée d'avance.

L'avocat est d'abord un père. Or, cruelle coïncidence, son fils avait été copain de classe avec l'une des victimes de Fourniret : Céline Saison. Me Jacques Deslandes a donc soumis son choix à la volonté de son fils. Tout au long de l'instruction, il a évidemment été amené à rencontrer le tueur présumé. Les « dernières longueurs » lui auront été humainement insupportables. « C'est terrible… Je ne peux plus l'entendre », lâche-t-il tout simplement.

Tel est donc le portrait de l'un de ceux qui ont assisté Monique Olivier et Fourniret à chaque fois qu'ils allaient refaire, ou non, les gestes criminels qu'ils avaient commis, au cours d'un sinistre et sanglant tour de France, quatorze années durant !

Extradé, Michel Fourniret aurait bien voulu maîtriser le calendrier de l'instruction. En France, celle-ci allait trop vite à son goût. Cela ne l'a pas empêché de devenir l'acteur principal d'un théâtre macabre, celui des reconstitutions de ses meurtres. Il allait à chaque fois occuper toute la scène. On en aurait presque oublié Monique… amenée en banal fourgon cellulaire.

Certains rapts ayant eu lieu en pleine ville, des tireurs d'élite, postés en haut des immeubles, veillaient à ce que personne ne puisse s'attaquer au couple diabolique. Au fil des étapes douloureuses de chaque crime, enlèvement, viol et meurtre, une longue cohorte de voitures véhiculant les enquêteurs, magistrats, avocats, familles, gendarmes et détenus, roulait à tombeau ouvert. À chaque arrêt du convoi en rase campagne, des gendarmes traquaient les photographes de presse. Les accès aux différentes scènes de crime étaient barrés et solidement gardés. Quand les reconstitutions étaient publiques, des barrières de sécurité tenaient les nombreux journalistes à distance. Michel Fourniret décidait alors de participer aux actes d'instruction s'il était d'accord avec les griefs qui lui étaient adressés. Il pouvait s'y refuser quand les magistrats ne voulaient pas accéder à ses revendications. Mais, dans ce dernier cas, racontait l'un d'entre eux, « tel un acteur qui se priverait lui-même de son meilleur rôle, Fourniret a du mal à ne pas parler… ».

Cependant, les juges d'instruction étaient loin de s'en réjouir. Ils connaissaient parfaitement leurs propres faiblesses, et essayaient de faire en sorte que le dossier n'en pâtisse pas. « Dans ces moments-là, eh bien, nous attendons que Fourniret consente à parler… » expliquait l'un d'entre eux. Là encore, la plupart du temps, c'était le suspect qui menait le bal. « Dans chaque récit de ses meurtres, par exemple, il glisse à dessein une ou deux erreurs. C'est sa façon d'évaluer son interlocuteur. C'est un jeu à la con ! » s'emportait le procureur de Charleville-Mézières.

Souvent, au lieu de faire les révélations que tout le monde attendait, le tueur cynique « corrigeait ses déclarations précédentes, car il aime ça… ». Il dictait des dizaines de pages aux greffières, jusqu'aux virgules. Tout en cabotinant, il cherchait à séduire ses interlocutrices et ergotait avec ses interlocuteurs au cours de mascarades pseudo-intellectuelles. Après chaque question des juges d'instruction, Michel Fourniret laissait s'écouler des minutes de silence, insupportables pour ceux qui attendaient. Et quand il se décidait à parler, il racontait alors lentement sa version des faits, sur un ton clinique, avec force détails sordides.

Ou bien, quand il choisissait de se taire, il lâchait un sec et tristement pompeux : « Réponse en différé. »

À la différence de son compagnon, Monique Olivier a toujours participé aux reconstitutions. Mais, selon Francis Nachbar, la mémoire lui faisait systématiquement défaut, dès qu'il s'agissait d'expliquer son propre rôle. « Je sais plus... » murmurait-elle avec des airs effarouchés... Tout juste racontait-elle, comme l'aurait fait une enfant monstrueusement appliquée, les « toilettes intimes » des victimes, les « fellations » faites à Michel Fourniret avant qu'il ne les viole.

En revanche, et fort curieusement, elle se rappelait parfaitement ce qu'avait fait Fourniret. Voilà qui était heureux pour l'instruction, mais humainement éprouvant pour les magistrats et pour ses avocats.

Il est arrivé bien des fois au procureur Nachbar de s'emporter : « Je suis désolé mais, quand Monique Olivier caresse Fourniret pour qu'il viole, elle devrait quand même s'en souvenir ! Ce ne sont pas des faits anodins ! » Me Blocquaux résumait ainsi le sentiment général de la défense : « C'est bien simple, quand on entend Monique Olivier s'exprimer, on a envie de lui coller des gifles ! » Les défenseurs de l'épouse de Fourniret n'étaient pas dupes du jeu de leur cliente. Mais leur fonction les obligeait à mesurer leurs commentaires, qui se résumaient souvent à : « Depuis le tout début de l'instruction, notre cliente n'a jamais varié dans ses déclarations. » C'était oublier un peu vite que beaucoup de reconstitutions avaient réservé leur lot de révélations, à l'initiative de... Monique Olivier !

Le 20 février 2006, une bien triste nouvelle nous parvenait : Marie-Hélène Fourniret, l'une des jumelles nées du second mariage de Fourniret, s'était donné la mort la veille. Nous n'allions plus jamais recueillir les confidences de celle qui était devenue une amie… Elle venait pourtant de recevoir le dossier qu'elle avait tant attendu, celui qui l'autoriserait à changer définitivement de patronyme. Aura-t-elle reculé une dernière fois, en comprenant qu'elle allait franchir l'ultime pas qui lui permettrait, peut-être, de s'éloigner définitivement de son père ? Elle avait perdu son travail, obtenu après une période de chômage trop longue à ses yeux. Et cela n'avait pas arrangé sa vie.

« Le jour de la mort de Marie-Hélène, j'ai téléphoné au directeur de la prison de Châlons-en-Champagne, pour que Michel Fourniret n'apprenne pas cela par la télévision, raconte Me Pierre Blocquaux. Je l'ai vu lors d'un interrogatoire, le lendemain ou le surlendemain, je lui en ai parlé. Il a accusé le coup avant de se reprendre. » Le procureur de la République, Francis Nachbar, ne se souvient, lui, d'aucune trace d'émotion sur le visage du prévenu lors de ce rendez-vous…

Marie-Hélène nous avait confié son histoire simplement et patiemment. Et, quoi qu'en pense et puisse en dire un jour celui qui fut son père, on ne peut s'empêcher d'imaginer que la douce Marie-Hélène aura sans doute été la dernière victime de Michel Fourniret…

Le 2 mars 2006, « le barnum Fourniret » se retrouvait à la gare de Charleville-Mézières, où Jeanne-Marie Desramault avait été enlevée. Vêtus de parkas, la capuche largement déployée pour dissimuler leur visage aux photographes, les époux Fourniret allaient tenter d'expliquer d'abord les circonstances de cet enlèvement. Les juges ont demandé à Fourniret de répéter les gestes qui l'avaient conduit à tuer la jeune fille.

Comme à son habitude, Fourniret pinaillait : « J'étais à soixante-dix centimètres, plutôt qu'à un mètre cinquante », faisait-il observer à l'un des magistrats. Puis, il dictait à la greffière, et insistait : « Si je peux me permettre, là, je mettrais une virgule. » « Le monstre des Ardennes » en oubliait presque la raison pour laquelle il avait été extrait de sa cellule, ce jour-là…

À l'écart, mais assez proche tout de même de son mari, sur le parvis de la gare de Charleville, Monique Olivier lui a fait remarquer qu'il était venu à cet endroit une première fois, pour attendre en vain Jeanne-Marie. Mais, lui, n'était pas d'accord ! « Michel Fourniret et son orgueil pathologique se sont alors mis en colère, rapporte une source proche du dossier. "Ça fait deux ans et demi que je la protège !" » criait-il en direction de Monique Olivier.

La reconstitution s'est poursuivie, et sa femme a participé. La justice allait reprendre le sinistre fil du scénario du crime. Il sera revu, amélioré, voire corrigé, par ses deux auteurs présumés. Au fur et à mesure, les heurts allaient se multiplier.

À Floing, dans la triste bâtisse en parpaings où Jeanne-Marie Desramault avait d'abord été conduite, Monique Olivier a fait une révélation supplémentaire. Elle n'était plus à cela près. Voilà qu'elle prétendait que l'assassin s'était livré à des caresses *post mortem* sur le corps de la petite. Michel Fourniret, qui niait le viol, est alors entré dans une rage folle. Il « pète les plombs », rapportent des policiers.

Il s'est adressé à sa compagne : « Dorénavant, je ne te ferai plus de cadeau, je vais te balancer ! » Et, plantant son regard dans celui de Monique, il criait : « Regarde-moi dans les yeux ! » Sa femme n'a pas cédé. Mieux – il est temps ! –, elle a rétorqué, très calme, à un Fourniret suffoquant de colère : « Je n'ai plus peur de toi ! » Et lui, de lui assener : « Arrête de dire des c..., car sinon je dis toute la vérité ! » Face à une épouse impassible, il lâchait, jouant les ignobles redresseurs de torts : « C'est dégueulasse ce que tu dis là... » Le ton a monté encore d'un cran, suffisamment pour que le procureur Francis Nachbar s'interpose. Au grand regret de Me Blocquaux qui assistait Fourniret : « Si seulement il ne s'était pas manifesté... Le débat aurait eu un intérêt certain. »

Les relations entre Michel Fourniret et Monique Olivier, même quand elles sont oragcuses, restent énigmatiques. Fourniret voulait-il à tout prix continuer à atténuer la responsabilité de son épouse ? Sur la mort de la petite Desramault, il a soutenu, par exemple, qu'il l'avait tuée seul. Comment expliquer alors qu'il ait pu, sans l'aide de sa femme, maîtriser une victime qui se débattait violemment, découper de l'Élastoplast, le scotcher en croix sur le visage de celle-ci, puis l'étrangler ?

En dépit de ce qu'a maintenu Monique Olivier, Fourniret, après le meurtre, lui aurait dit, selon ses propres déclarations : « Le corps est mort, file dans la voiture ! » Le procureur de Charleville-Mézières – c'est assez rare pour le signaler – est tombé d'accord avec Me Didier Seban, l'avocat du père de Jeanne-Marie. Ce dernier parlait d'un « crime à quatre mains ». D'ailleurs, dans ce dossier, Monique Olivier a été mise en examen pour coaction.

Les 15 et 16 mars 2006, les enquêteurs français ont reconstitué les circonstances du meurtre de la jeune Natacha Danais, assassinée le 21 novembre 1990, en Loire-Atlantique.

Malgré des déclarations contraires, les époux diaboliques ne se sont pas heurtés. Fourniret était dans un bon jour, Monique Olivier restait égale à elle-même. En dépit de la collaboration, inespérée, de Fourniret, le chemin où il avait cherché à violer la petite ne sera pas retrouvé.

Pourtant, la mémoire ne semblait guère faire défaut à l'ogre des Ardennes. Selon lui, Monique Olivier était au volant, ce qu'elle a contesté. Et ses défenseurs, les premiers, l'ont crue. C'est pourquoi, pour ce crime, ils ont demandé une requalification des faits pour lesquels leur cliente était poursuivie : « non-dénonciation de crime », au lieu de « complicité d'assassinat ».

Fourniret n'en avait cure. Dès le premier jour de la reconstitution, il se sentait si bien qu'il dictait dix-neuf pages à la greffière, avant de relire, sans sourciller, ses déclarations insurgées : « Non ! Ce n'est pas avec un simple tournevis que j'ai tué la petite, mais avec un cruciforme. » Même les avocats de Fourniret étaient poussés à bout de leur résistance nerveuse.

Le lendemain, sur la plage vendéenne de Brem-sur-Mer où avait été retrouvé le corps de la malheureuse victime, Fourniret refusait le papier et le crayon que lui tendaient les enquêteurs pour déterminer comment il avait positionné la dépouille. Il déclarait, sans faillir : « Je préfère faire un schéma sur le sable… pour bénéficier des reliefs. » C'en était décidément vraiment trop ! Et, cette fois, lorsque leur client voulut entamer la relecture des déclarations qu'il venait de faire, ils lui assenèrent un sec et irrévocable : « C'est bon, vous signez, point ! »

Le 4 avril 2006, Fourniret avait décidé de ne pas collaborer à la reconstitution du meurtre de Céline Saison, commis le 16 mai 2000. Seulement voilà, il adore les détails « techniques », tout particulièrement s'il s'agit de la position des corps de ses victimes.

Alors, Fourniret en a rajouté, ergotant cyniquement et faisant durer son plaisir. « Il a au moins passé un quart d'heure à expliquer comment le corps de Céline était disposé quand il l'a tuée… » relatait, encore atterré, un des avocats de la défense. « Tout ça pour démontrer que la petite ne le regardait pas avant de mourir », décodait Francis Nachbar, le procureur de Charleville.

Car, comme la plupart des tueurs en série, Fourniret s'entête à mentir, en refusant obstinément de reconnaître que c'est justement lorsque ses victimes passent de vie à trépas qu'il jouit. C'est lui-même qui, à chaque fois, a décrit ce qu'il nomme « la décomposition des visages » de ses victimes.

De toutes les reconstitutions de ses crimes, celle du meurtre de la jeune Mananya Thumpong, qui s'est déroulée le 6 avril 2006, fut incontestablement la plus « spectaculaire ». La logistique sécuritaire entourant les déplacements du couple infernal était à son comble. Et pour cause, les enquêteurs travaillaient en plein centre-ville de Sedan. « J'ai cru que nous retrouverions le Fourniret peu coopératif de la reconstitution précédente, puisqu'il est obsessionnel… Or, tout d'un coup, toujours complètement imprévisible, il a participé ! » se souvient le procureur de Charleville-Mézières.

Fourniret allait même révéler, froidement, qu'il avait attendu trois heures durant Mananya devant la médiathèque, le

5 mai 2001, jour où il l'avait enlevée... Encore une fois, les parents de la victime, qui ont toujours tenu à être confrontés au tueur, ont subi. Encore une fois, ils sont restés très dignes. Même si, selon Francis Nachbar, « les larmes perlaient sur leur visage... ».

Quel pacte morbide a donc toujours lié Monique Olivier à Michel Fourniret ? La « rébellion » de cette femme semblait bien tardive... mais tangible. Elle allait se manifester une nouvelle fois, le 11 avril 2006, lorsque les magistrats instructeurs ont essayé de reconstituer l'assassinat de Fabienne Leroy, tuée le 4 août 1988.

C'est en fait à une pitoyable scène de ménage qu'ils allaient assister. En effet, cette fois encore, les versions des époux meurtriers divergeaient. Ils se permettaient même d'ergoter, elle s'entêtait, lui s'emportait. Les magistrats instructeurs commentent : « Fourniret ne se trompe jamais, il n'est capable d'aucune autocritique... Alors, ça a encore fait des étincelles ! Fourniret a hurlé sur Monique Olivier. Tout le monde a entendu. »

Une déclaration de Fourniret était, cette fois-ci, l'objet du « litige ». Il affirmait que Monique Olivier avait entendu gémir Fabienne Leroy. « Elle a nié, déclare un des participants. Je suis de son avis, ça semble impossible. Fabienne Leroy a, en effet, été abattue d'un coup de fusil en plein cœur. Le médecin légiste a estimé que la mort était intervenue en dix secondes. »

Fourniret, n'en démordant pas, s'est adressé alors à sa femme : « Tu te rends compte, Monique, les familles sont là ! Ne rentre pas sale à la maison d'arrêt ! » On le savait odieux, mais il poussait là ses indécents et mensongers chipotages jusqu'à l'horreur absolue. Car, avant de massacrer sa pauvre victime, il lui aurait imposé de l'implorer à genoux. Les faits sont là, têtus : il y avait des traces de boue sur les genoux de la jeune fille... Michel Fourniret ne se souvient pas non plus l'avoir entravée. Or, le corps de Fabienne Leroy a été retrouvé les mains liées dans le dos.

Avec une morgue insoutenable, Fourniret a maintenu n'avoir utilisé que « la persuasion psychologique », pour obtenir quoi que ce soit de la part de la jeune fille. Me Blocquaux a rapporté que celle-ci avait une trace de piqûre sur le bras. Fourniret persistait, à aucun moment, il n'avait « été violent » avec elle !

Comment le croire alors même qu'il a soutenu que Sélim était avec sa mère, pendant qu'il « persuadait » Fabienne Leroy. Seulement voilà, en août 1988, Sélim n'était pas encore né ! Cette information-là était imparable et, pourtant, il affirmait : « Ce n'est pas fréquent quand c'est une erreur de ma part. »

La litanie des reconstitutions allait prendre fin pour la justice, le 21 avril 2006, avec celle du meurtre d'Isabelle Laville. Ce jour-là, Fourniret s'est montré pressé d'aider la justice à retrouver, en premier, le corps de sa victime.

Au palais de justice de Charleville-Mézières, un homme s'était juré qu'il y arriverait... Il n'avait qu'un désir : clore le dossier Fourniret, puis tourner le dos à Charleville-Mézières et demander sa mutation dans un autre tribunal... Il n'avait qu'une obsession : retrouver les restes de la première victime de cet assassin hors normes. Francis Nachbar l'explique lui-même : « Je me suis donné comme objectif de retrouver le corps d'Isabelle Laville, même si, en tant que procureur, je n'en ai pas besoin pour que Fourniret soit condamné. »

Installé à son bureau, dès qu'il entend frapper, Francis Nachbar se lève, comme un hôte qui respecte son interlocuteur. Costume noir sur un pull ras du cou de la même couleur, l'homme se déplace d'un pas décidé. À l'entrée de son vaste bureau, une infime partie du dossier Fourniret occupe la totalité d'une table basse et ronde.

Personne ne sortira indemne de l'affaire Fourniret. Les familles des victimes les premières, sans aucun doute. Certains des observateurs les plus assidus, non plus. Il en va de même pour quelques auxiliaires de justice, enquêteurs, avocats et magistrats, même parmi les plus aguerris. Le procureur Francis Nachbar ne fait pas exception…

De ce fait, jusqu'à ce que l'instruction du volet français de l'affaire, confiée aux juges Anne Devignes et Pascal Préaubert, soit close, il n'a plus eu qu'une idée en tête : retrouver l'endroit où, en 1987, Michel Fourniret a jeté le corps d'Isabelle Laville. La reconstitution du meurtre de la jeune fille le permettra-t-elle ?

Dès le premier jour de ce déplacement de justice dans l'Yonne, l'épouse du « monstre des Ardennes » allait à nouveau voler la vedette à son mari, et ce à plusieurs reprises. Elle allait réussir à le faire sortir de ses gonds. Les magistrats avaient prévu quarante-huit heures pour que le couple reproduise l'enchaînement des séquences de cette affaire.

Au cours de la première journée, Michel Fourniret est resté totalement muet. « Il fermait même les yeux ! Et il a conservé cette attitude jusqu'au soir ! » raconte le procureur Nachbar. Cette fois, la remise en état de sa propriété de Sart-Custinne, creusée de toutes parts par la justice belge, n'était pas le seul motif à son blocage… « En fait, il avait reçu, le 12 avril, un courrier de Me Castaigne, son avocat belge, daté du 3… » poursuit Francis Nachbar. « Ce délai de neuf jours lui était insupportable. J'ai appris un peu plus tard qu'il soupçonnait que cette lettre était passée à la censure ! *[ce qui n'est pas légal]* Et quand Fourniret est énervé, il ne dit rien ! »

Pourtant, si rien ne le laisse présager, selon un enquêteur, « un tournant décisif est pris ». La juge Anne Devignes a continué à poser les questions nécessaires au bon déroulement de son instruction. Monique Olivier évoquait des repérages que Fourniret aurait faits pour préparer l'enlèvement de la petite Laville. C'était un élément nouveau. Le magistrat a demandé sa version à Michel Fourniret, qui a démenti cette dernière assertion. Il a craché alors violemment par terre, en direction de sa femme qui a commenté calmement : « Ça, c'est pour moi… » De toute évidence, Fourniret était contrarié.

Aucunement déstabilisés, les magistrats instructeurs ont poursuivi leur travail, Fourniret n'avait plus les rênes en main. Et Monique a continué de se souvenir : la cordelette utilisée pour maintenir Isabelle ; les calmants administrés à la jeune fille sur ordres de Fourniret ; la sinistre évaluation des effets de ceux-ci en la faisant compter puis décompter… ! Tout le monde comprenait ce jour-là quels sommets pouvait atteindre la perversion du criminel !

Monique Olivier a maintenu sa collaboration avec la justice. Nouvelle révélation, nouveau coup de théâtre : la victime dans la voiture, le couple aurait fait le plein d'essence pour rentrer à Saint-Cyr-les-Colons. Un des magistrats s'interroge encore : « Je n'arrive pas à déterminer si c'était une erreur de Fourniret ou si cela faisait partie de sa stratégie d'excitation... Parce que c'est avant tout de soumettre psychologiquement ses victimes qui le faisait jouir ! Il n'a jamais tiré grande satisfaction sexuelle de leur viol... ou tentative. »

Le premier soir, Francis Nachbar allait jouer son va-tout : « J'ai demandé à Me Behr, l'avocat des Laville, que le père d'Isabelle, seul parent présent, s'adresse directement à Fourniret. J'estimais qu'on n'avait qu'une chance sur dix pour que ça marche, mais qu'il fallait la tenter. »

Jean-Pierre Laville, au cours d'un face-à-face aussi surréaliste que poignant, s'est donc adressé à Fourniret : « Si vous savez où est le corps de ma fille, dites-le, monsieur Fourniret, je vous en supplie ! » Le procureur de la République avait pris soin de l'exhorter à ne pas commencer à discuter avec lui, certain que l'assassin allait tenter d'engager une conversation plus élaborée. Ce qui n'a pas manqué d'arriver, mais Jean-Pierre Laville avait déjà tourné les talons !

Le deuxième jour, Fourniret a retrouvé l'usage de la parole. Il évoquait une nouvelle fois sa demeure wallonne et les remises en état que la justice devrait y entreprendre, si elle voulait obtenir sa collaboration.

Francis Nachbar avait conscience de l'inconfortable position dans laquelle tous se trouvaient. « La situation était ubuesque : Fourniret supplié par le père de sa victime ! » Le procureur s'est tourné vers le détenu : « "Je vais vous la retaper votre ruine !" Et j'ai demandé à signer un procès-verbal de transport chez lui, pour y effectuer les travaux qu'il réclamait. »

Dès qu'il a lu cette pièce qu'il exigeait tant, Fourniret a demandé une carte au 1/25 000, ainsi qu'une loupe. « J'ai retrouvé le Fourniret coopératif des recherches du Sautou, jouissant que tout le monde soit suspendu à ses lèvres... » Le magistrat précise : « Là, quand, penché sur les cartes, il faisait : "Hmm ! Hmm !" tout le monde retenait sa respiration... »

Fourniret a accepté ensuite d'aller jusqu'à la maison de Saint-Cyr-les-Colons, pour terminer la reconstitution, cette fois-ci, en y participant. Il a décrit l'endroit où il avait jeté le corps d'Isabelle Laville. Puis, il a déclaré qu'il dirait ultérieurement, plus précisément où se trouvait le corps de la petite Laville.

« J'ai ordonné qu'on vérifie le soir même quelques endroits susceptibles de correspondre aux anciens repérages », poursuit le procureur Nachbar. Vainement...

Tout au long des deux jours qu'aura duré la reconstitution de ce crime, la dernière d'une éprouvante série, le magistrat aura donc tenté d'obtenir plus de précisions de la bouche du tueur. Son seul objectif : retrouver les restes d'Isabelle Laville afin que ses parents puissent faire leur deuil, une bonne fois pour toutes !

Tentative réussie pour Francis Nachbar. Mais peut-on compter sur Fourniret ? Selon le procureur, oui. Il se plaît à croire qu'il avait renoué le dialogue avec le tueur en série : « Il a de nouveau plaisanté avec moi. Je lui ai fait observer qu'il essayait souvent de nous piéger et que, de la même façon, il allait me balader pour les recherches du corps d'Isabelle Laville. Il m'a assuré que non. Il a même mis un point d'honneur à retrouver le puits, le premier... » Sourire forcé, avant d'ajouter : « Je lui ai promis un café... »

Le magistrat s'est tout de même réservé des portes de sortie. Ainsi a-t-il lancé une sorte d'appel à témoin sur France 3, au cas où des autochtones reconnaîtraient la description des lieux, quelque dix-neuf ans plus tard ! En une semaine, la gendarmerie allait recevoir quarante appels qui pouvaient se révéler fructueux.

Dès lors, Francis Nachbar décidait de mettre une grande salle du palais de justice de Charleville à la disposition de Fourniret. « Je lui ai laissé un jour, deux s'il le fallait, pour qu'il ausculte les cartes topographiques. » De son côté, il essayait de se procurer la carte des transformateurs de la région même si celui que recherchaient les enquêteurs avait sans doute disparu depuis... Retourné au fond de sa cellule, Michel Fourniret a mesuré combien sa collaboration aux recherches des restes de la petite Laville pouvait être précieuse. Il en a joui... au point de l'écrire au procureur de Charleville : « Le 21 avril 2006 a été arrêtée la décision de suspendre les recherches hasardeuses sur sites au profit d'une recherche par ciblage cartographique incluant la diffusion éventuelle de données aux services détenteurs de mémoires. »

Dans cet épisode-là du dossier, Michel Fourniret allait perdre la main. Dans cette triste course aux restes d'Isabelle Laville, il s'est fait dépasser. D'abord, parce qu'un retraité EDF a fourni à l'instruction une carte des transformateurs en service dans les années 80. Celle-ci permettait de circonscrire les éventuels sites à creuser.

Après avoir vidé, en vain, une vingtaine de puits, les enquêteurs allaient porter leur attention sur celui de Bussy-en-Othe, dans l'Yonne.

Puis, Fourniret a été définitivement pris de vitesse. Selon une source proche du dossier, à son grand désespoir, ce n'est pas lui qui allait aiguiller définitivement les magistrats, mais le maire de la commune, Bernard Rativeau. Le 23 avril, cet élu était tombé sur un article évoquant Fourniret et les recherches dans le cadre de l'affaire Laville.

« La description du puits recherché correspondait exactement à celui qui existait sur notre commune, raconte Bernard Rativeau. À la fin des années 80, pour empêcher qu'un enfant ne tombe dedans, on avait coulé une dalle de béton. L'année suivante, nous l'avions racheté à une usine fermée depuis le milieu des années 50, et jeté dedans le transformateur. » Troublé par ce qu'il vient de découvrir dans la presse, le maire de Bussy-en-Othe rédigeait une lettre à l'attention du procureur Francis Nachbar : « J'ai peur d'avoir trouvé chez nous l'endroit que vous cherchez. »

Le 30 juin, des fouilles étaient entreprises. Bernard Rativeau les a suivies dès le début, « avec le sentiment que le corps d'Isabelle Laville se trouvait dedans ». Évoluant dans un boyau d'un mètre de diamètre, les gendarmes ont remonté plus de trois mille seaux de gravats.

Dans la soirée du 10 août 2006, le procureur de Charleville-Mézières faisait savoir aux parents d'Isabelle que les recherches pourraient avoir abouti. D'une voix blanche, sa mère nous confiait le soir même : « Je vais pouvoir dire adieu à ma fille, même si je ne l'oublierai jamais. » Puis, pensant aux parents des autres victimes : « C'est vrai qu'ils avaient tous retrouvé le corps de leur enfant... »

Le lendemain matin, Jean-Pierre Laville arrive seul au hameau de La Ramée, partagé entre « une joie et une tristesse difficile à décrire », comme il nous le confiait ce jour-là. Épaulé par le procureur Nachbar, il a reconnu les bottines que son enfant portait le 11 décembre 1987, le jour où elle avait été enlevée, puis violée et tuée par son ravisseur. « J'étais obligé de venir », a soufflé cet homme aux cheveux poivre et sel, en étouffant ses sanglots. « C'est un soulagement. Il va me falloir quelque temps avant de réaliser. »

Ce matin du 11 août 2006, Bernard Rativeau a serré la main du père de l'adolescente : « Je suis désolé de faire votre connaissance dans ces circonstances, mais très heureux que vous l'ayez retrouvée… » Le père d'Isabelle Laville répondait en esquissant un sourire. La découverte des restes de sa fille n'était « qu'une étape ». La prochaine, serait le procès de Michel et Monique Fourniret.

Pourquoi le tueur aura-t-il montré quelques signes de bonne volonté au cours des recherches lancées pour retrouver le corps d'Isabelle Laville ? Pour ajouter à la confusion dans l'instruction ? Il avait depuis longtemps démontré qu'il laissait peu de place au hasard.

En fait, il a très peu collaboré aux reconstitutions de ses meurtres en France. Les enquêteurs le croyaient même capable, au cours de son procès, de demander au président de la cour d'assises de déplacer celle-ci sur les lieux où il s'était montré si peu disert. La théorie le permettait. Mais ce magistrat a présidé le procès Blanche, un autre violeur en série, et sa pratique des débats difficiles devrait l'interdire.

23
Portraits de tueurs

« Je cherche à établir une domination, c'est incontestable. S'il y a un dialogue courtois, il n'y a pas d'échec, et le rituel est idéal », a expliqué Michel Fourniret à un expert psychiatre venu l'examiner en prison. Le rituel, c'est le viol et la mort, quel que soit le moyen choisi par le tueur pour mettre fin aux jours de sa victime.

Qui sont donc Michel Fourniret et Monique Olivier ? Qui le dira vraiment, une bonne fois pour toutes ? Parviendra-t-on à le savoir un jour ? Forment-ils ce couple d'assassins liés par le sexe et le sang, unis l'un à l'autre par le pacte criminel qu'ils passèrent dans leurs lettres enflammées, quand Fourniret purgeait sa peine à Fleury-Mérogis ? Fourniret est-il l'homme qu'il décrit complaisamment, frustré de cette virginité jamais rencontrée chez les femmes qu'il a épousées ? Est-il celui qui, pour trouver cet hymen incompréhensible et si précieux à ses yeux, a été le chercher en tuant et en se débarrassant de jeunes filles et d'enfants qu'il avait d'abord enlevés ? Ou bien est-il seulement attiré par la mort, pourvu qu'elle soit brutale, qu'elle passe par l'épouvante des victimes tombées entre ses sales pattes ? Qui est cet homme qui livre régulièrement quelques clés aux policiers, aux magistrats, aux experts psychiatres et psychologues, et aux avocats qui le visitent dans ses différentes prisons ?

Entre 2005 et 2006, il était à nouveau examiné par des médecins, susceptibles de répondre à toutes ces questions. Dans les années 80, alors que se déroulait l'instruction qui devait le mener dans le box de la cour d'assises de l'Essonne, Fourniret était déjà passé entre les mains d'experts. Ceux-ci avaient prévu la récidive, personne ne les avait écoutés. Mais ignoraient-ils que l'homme passerait rapidement la vitesse supérieure, pour aller de l'agression sexuelle, au viol, puis au meurtre ?

Les Drs Michel Dubec, Alain Maurion, Michel Henne, Yves Benoît, André Bricout et le psychologue Philippe Oudy qui, d'Évry à la Belgique, ont examiné Fourniret, ont tous perçu chez lui « une certaine vulnérabilité »... Vingt ans plus tard, pour les derniers médecins commis, force est de constater qu'il n'y avait « plus rien de tel aujourd'hui ».

Depuis plusieurs décennies, le monde judiciaire s'emporte contre les erreurs grossières, les rapports bâclés, les conclusions hâtives des experts en tout genre. Certains d'entre eux font tant de figuration dans les salles d'audience, qu'on les retrouve beaucoup plus présents sur les plateaux de télévision qu'à la barre des témoins... On en a même vu tenir des rôles de spécialistes de la police technique et scientifique dans des téléfilms ! Histoire, sans doute, de se frotter à une vérité de terrain, bien plus réelle et parlante que leurs grilles de lecture habituelles...

Nombreux sont les procès aux assises où, régulièrement, un psychiatre ou un psychologue se fait éreinter par les avocats de toutes les parties. Il arrive même qu'un représentant du ministère public, ou un président de cour, abasourdi par trop d'approximations, rejette leurs conclusions.

Que dire enfin de ces spécialistes de « l'âme des criminels », dont certains ont participé au naufrage d'Outreau ? Dans cette affaire, quelques-uns étaient pourtant sûrs de la parole des enfants, forcément crédibles, d'après leurs analyses. Pour Michel Fourniret et Monique Olivier, il faudra bien faire avec, une fois encore. Mais on n'oubliera pas, non plus, le bon sens des enfants, parents, amis, collègues, anciens condisciples de Fourniret, ni les conclusions de quelques enquêteurs, magistrats et avocats qui, à force d'écouter, d'entendre et de voir évoluer le tueur présumé, évoquent la personnalité de celui-ci sans être experts pour autant.

Ainsi, c'est Jacques D., l'homme avec qui Fourniret avait voulu un temps s'associer, à l'époque où il vivait dans les Yvelines, qui nous explique : « Tout ce qu'il faisait, il le faisait d'une façon maniaque. Maintenant, je crois qu'il faisait les choses aussi parfaitement dans le mal que dans le bien. D'un côté, il construisait, de l'autre, il démolissait. Il y a deux hommes en lui. Si vous me coupez en deux, il reste mon copain. Mais dorénavant, je ne sais plus quoi penser. Est-ce que j'aurais pu faire quelque chose, déceler qu'il avait le mal en lui, sa partie sombre ? Cela me hante. »

Michel Fourniret écrit beaucoup à Me Blocquaux, l'un de ses avocats, qui, en 2006, l'a rencontré à plusieurs reprises, au fil des figures imposées de l'instruction que sont les reconstitutions, mais aussi dans sa cellule. Et, pour l'avocat, la personnalité de son client est tout sauf anodine. « Quand vous rencontrez Michel Fourniret, c'est un homme d'une exquise courtoisie et d'une remarquable urbanité », résume-t-il, jubilant visiblement de la pertinence de sa formule. Me Blocquaux oublie « la brutalité grossière et criminelle » de son client, évoquée à juste titre dans l'un des rapports d'expertise.

Cet homme va donc rencontrer la cohorte de spécialistes commis pour l'examiner. Ils ne disent de lui ni plus ni moins que son avocat : « Quand nous l'avons visité, Fourniret était le plus souvent souriant, détendu, calme, dès le début de l'entretien. Et il sera resté le même durant toute la durée des examens. »

Jusqu'au tournant du 25 mars 2006... Ce jour-là, les Drs Daniel Zagury, Michel Dubec et Francis Boquel, derniers psychiatres à l'examiner, rapportaient que Michel Fourniret n'avait pu s'empêcher d'inscrire l'entretien dans un rapport de forces. Son monde, expliquent-ils, se partage entre dominants et dominés. Dès lors, il refuse d'emblée de s'asseoir comme ses interlocuteurs l'invitent à le faire. Il s'y résoudra quand il comprendra sans doute que l'entretien peut constituer un bien meilleur terrain de jeu pour engager la lutte.

Michel Fourniret a mis alors en place ce qu'il nomme lui-même une « stratégie relationnelle ». Il tente d'inverser les rôles, jouant à « expertiser l'expert »... Puis il les flatte, exerçant ainsi le pouvoir d'être celui dont on attendrait l'appréciation. Ou bien encore, il essaie de leur imposer une « connivence culturelle », espérant transformer l'expertise en conversation littéraire. Toutes ses tentatives de manipulation échoueront les unes après les autres.

Renvoyé dans les cordes, Michel Fourniret a dû se résoudre à se laisser expertiser une nouvelle fois. Qu'importe, dans ce domaine, c'est plutôt un patient facile, il s'est déjà livré tant de fois ! Il connaît tellement la musique, que rares sont les questions auxquelles il ne répond pas. Même si, de longues heures durant, il cherchera sans cesse à reprendre le dessus.

Pourtant, face à ces ultimes assauts du printemps 2006, il allait encore être pris à son propre piège. Selon les experts, il s'est enivré à s'écouter parler, à « s'épater lui-même », à « pérorer », y compris quand il s'est livré à la description glaciale de ses crimes. « Michel Fourniret use volontiers du subjonctif et se montre pompeux, sentencieux, ampoulé, contourné, grandiloquent, emphatique, pédant, prétentieux, pontifiant, autosatisfait, vantard... » tranche le Dr Zagury. Emporté par le plaisir non dissimulé de parler de lui, de raconter son parcours personnel, de peaufiner le détail de ses récits, Michel Fourniret, « au milieu d'un fatras verbeux, finit tout de même par livrer des informations criminologiques d'une qualité exceptionnelle ».

Et le médecin souligne que « les réponses de Fourniret sont d'une précision millimétrée », que ce dernier « a le même souci du détail lorsqu'il évoque son extraordinaire notoriété professionnelle que lorsqu'il raconte le projet et la commission de ses meurtres, puis qu'il argumente leur justification ». Pour chacun de ses crimes, son souvenir est resté intact. Il se rappelle parfaitement ce qu'il avait l'intention de faire avant de passer à l'acte, les moyens qu'il a déployés pour s'emparer de sa victime, la façon dont il l'a fait. Il n'a rien oublié de l'agression sexuelle proprement dite, ni du meurtre qui a suivi.

Il décrit tout avec froideur et précision, parfaitement conscient que son discours est difficilement supportable pour son interlocuteur. Il ne cache même pas qu'il sait avoir accompli, à chaque fois, un acte strictement interdit par la loi des humains. Mais Michel Fourniret s'en moque. Dans un langage intentionnellement emprunté, il revendique même la validité de ce que le Dr Zagury nomme sa « forteresse autoréférente » : il ne s'en remet qu'à ses propres valeurs, en les défendant bec et ongles. En tout état de cause, le face-à-face avec Michel Fourniret est « étrange, car la discordance entre la sérénité du sujet et les motifs de la détention est inhabituelle, énigmatique », avait noté un précédent expert.

En résumé, le tueur en série reçoit, converse, raconte, discourt, comme un comptable qui serait tombé pour blanchiment d'argent sale ou pour escroquerie. Sauf que la calculette qu'il a dans la tête sert à additionner les cadavres...

Quoi de plus normal, dès lors, qu'il n'exprime aucun remords, pas plus que de sentiment de culpabilité, allant même jusqu'à déclarer qu'il mérite une peine de mort depuis longtemps abolie. Fourniret pourrait éviter cette manœuvre, mais il est décidément incapable de s'abstenir de ce genre de provocation ! Il se glorifie même d'être un assassin hors du commun... Du coup, il peut se montrer grand seigneur et, durant des mois, protéger sa femme de tout acte qui pourrait lui être reproché directement : « Monique n'a pas eu d'autre choix que d'obéir. Elle n'a pas pris conscience des réalités, tout comme moi. »

Pourquoi se gêner ! Pourquoi Fourniret ne tenterait-il pas de se trouver les mêmes excuses que celles qu'il avance pour atténuer la responsabilité de sa complice ! « L'action se déroule et vous en êtes le spectateur, vous êtes spectateur de l'enchaînement des choses », avait-il expliqué à un psychiatre en 2005. Et celui-ci d'ajouter, à l'époque : « Fourniret a cependant conscience de ce qui doit durer et de ce qui doit cesser : "J'étrangle mes victimes, mais je ne ressens rien. J'ai hâte de terminer, à la fois pour qu'elles ne se rendent pas compte de ce qui leur arrive, mais aussi pour assurer mon impunité." » C'est bien là que le bât blesse !

Quelle est la vraie nature de la perversion de Michel Fourniret ? S'attaque-t-il à des gamines ou à des jeunes filles, parfois à des jeunes femmes, pour tenter de découvrir chez les plus juvéniles d'entre elles la fameuse virginité qu'il recherche vainement depuis si longtemps ?

Le jour où un médecin évoque l'expression « chasse aux vierges », Fourniret intervient : « Non, c'est une chasse aux pucelles. Mais ce mot, c'est de la provocation. » Et n'allez pas lui opposer que son obsession de la virginité est un « fantasme aberrant », comme l'avaient écrit les premiers psychiatres ! Car alors, Fourniret enrage, opposant à ses interlocuteurs un flot d'arguties destinées à rationaliser ses actes.

Son problème, explique en substance le Dr Zagury, est que lorsqu'il tente, en vain, de violer des jeunes filles vierges, il se retrouve seul face à son impuissance. Il suffit qu'il parvienne à les pénétrer, pour qu'elles soient « souillées » à ses yeux. Peu importe qu'il soit à l'origine de la salissure, même s'il doute de celle-ci, puisqu'il n'est jamais sûr de les avoir pénétrées... Et si les malheureuses ne sont déjà plus vierges, elles sont forcément des « putains ».

Mais où trouve-t-il les moyens de réitérer ses horreurs ? Dans la répétition de sa déception, sa quête de virginité butant, à chaque fois, sur une aporie, signalent les médecins. « Obsédé par cette membrane, Michel Fourniret, dès qu'il capture une proie, reprend par le menu les phases d'une entreprise vouée irrémédiablement à un échec personnel. » Alors, il recommence le massacre. Le Dr Jean-Luc Ployé avait déjà relevé que Fourniret se fermait complètement quand on lui posait la question. Visiblement, celle-ci le gênait : « Je vous ai déjà dit que je tuais parce que ce qui se passe me paraît insoutenable. En plus, j'abrège les souffrances des victimes. »

Et quand on lui demande s'il se sent coupable de ses actes, il répond : « Oui et non. En fait, je veux que les volontés de la nature soient respectées. C'est affaire de métaphysique. L'existence d'une membrane n'est pas le fruit du hasard. Et si certains transgressent, ce sont eux les responsables ! » Et voilà Fourniret le « justicier » jetant bas le masque ! Dans tous les cas, ses victimes sont donc définitivement coupables... De là à imaginer qu'elles doivent être condamnées, il n'y a qu'un pas. Mais, bien entendu, pour elles, c'est la peine capitale. Et de justicier, Fourniret devient bourreau !

N'est-il pas tout simplement un pervers sexuel, qui ne recherche des relations qu'avec des proies qu'il sent vulnérables ? Les conclusions du Dr Philippe Herbelot, un des premiers psychiatres a avoir examiné Fourniret, n'ont pas été démenties par ses confrères. Le Dr Zagury ne partage pas cette hypothèse : « Au sens classique de la quête de satisfaction génitale, ses motivations sexuelles sont quasiment nulles. La recherche et l'obtention du plaisir sexuel tiennent une place peu importante dans la vie de Michel Fourniret. » De plus, on pourrait se contenter de ranger ce dernier au rayon des perversions sexuelles, s'il ne tuait pas ses victimes. Car pourquoi les tue-t-il ? Pour la simple raison qu'elles n'existent pas à ses yeux ! « Il les a chosifiées. Alors, après les avoir sexuellement agressées, elles l'embarrassent. » C'est donc pour cela qu'il les élimine.

Ne serait-il pas plutôt un de ces tueurs dont les États-Unis ont le secret, et que la France a rarement rencontrés, à cette échelle en tout cas ? Pour les derniers experts désignés, « l'évolution criminelle de Michel Fourniret correspond exactement à celle des tueurs en série ». Tout au long de leur parcours, remarque le Dr Zagury, c'est « comme si les premières ébauches et tentatives constituaient le brouillon des crimes à venir, comme si quelque chose se frayait un chemin ».

Jean-Luc Ployé, dans son rapport de juillet 2005, le résumait ainsi : « Fourniret se situe dans la problématique du tueur en série qui ne peut s'arrêter, compte tenu du plaisir qu'il ressent au moment de tuer… »

Le Dr Zagury n'est pas de cet avis ; ce qui, le moment venu, n'arrangera pas l'accusation qui penche, elle aussi, pour cette vision des choses. Si l'on se range à l'analyse du psychiatre, Fourniret se serait, à chaque fois, débarrassé rapidement de ses victimes, sans chercher à prolonger leur agonie. Il n'aurait pas pris de plaisir propre à tuer. En elle-même, la mise à mort n'est plus qu'une formalité. Ce qui est sûr, c'est que dépeindre Fourniret sous les traits d'un assassin multiple le comble et équivaut à entrer dans son jeu. Et cela pose bien plus d'interrogations.

Ainsi, pour le procureur Nachbar : « Michel Fourniret est un pervers moral, bien davantage qu'un pervers sexuel... De plus, il a bien du mal à violer ses victimes. Il parle d'ailleurs de son sexe comme d'un petit truc qui pend... »

Alors, que recherche Fourniret, si ce n'est le plaisir du sexe ? « La domination... la vision des derniers instants de la personne qu'il tue », poursuit le magistrat. Car, même s'il prétend prendre ses victimes par surprise, pour les supprimer, il explique aussi, avec une satisfaction non dissimulée que, lorsqu'il met un sac plastique sur la tête de sa victime, « c'est alors interminable ». C'est bien avant tout l'exercice de sa toute-puissance qui le satisfait.

Pour le Dr Zagury, il « transformerait sa détresse d'autrefois en triomphe d'aujourd'hui ». Fourniret le dit lui-même : il veut dominer sa victime, c'est incontournable. Et si tout se passe « courtoisement », comme il le déclare sans vergogne, il a réussi son coup. Le rituel est parfait. Le Dr Zagury décrypte : c'est avant tout la « cérémonie » du crime qui procure du plaisir à Fourniret ; c'est la terreur qu'il a inspirée à ses victimes, l'humiliation qu'il leur a fait endurer, qui le fait jouir. Fourniret l'explique lui-même : « Plus la victime est terrorisée, plus l'agresseur est tout-puissant, plus elle est rabaissée, plus l'agresseur prend de la hauteur. » C'est à ce moment qu'il décide d'ôter la vie, qu'il goûte la saveur de l'instant.

Le tueur serait-il sadique ? Certains experts l'avaient écrit. Devant le Dr Zagury, Fourniret s'est insurgé : « J'ai cherché dans *Le Petit Larousse*, et je ne me reconnais pas dans cette définition. » Mieux, devant le médecin, il soutient « qu'il se sent incapable de brutalité ». Daniel Zagury maintient que, si ses crimes sont sadiques, Fourniret ne l'est pas. Ce serait en effet accorder encore trop d'attention à ses victimes…

Fourniret serait-il paranoïaque ? En juin 2005, les Drs Dufossez et Delvèze indiquaient dans le rapport qu'ils rendaient à la justice : « L'hypertrophie du moi, la mégalomanie, l'autoritarisme despotique, la surestimation de ses qualités, le maniérisme du langage et de sa mimique, le sentiment de toute-puissance, la sociabilité de façade sont caractéristiques de la personnalité paranoïaque. » Et ils concluaient, pour répondre à certaines questions posées par les juges d'instruction : « Le sujet est très dangereux, du point de vue criminologique. L'organisation de sa personnalité – c'est un pervers sadique – le rend très dangereux. Le sujet a conscience d'avoir commis des fautes extrêmement graves qui méritent, selon lui, une lourde sanction. Mais celle-ci n'aura aucun effet sur le risque de récidive. Le sujet n'est ni curable ni réadaptable. »

Le travail du Dr Jean-Luc Ployé conclura à l'identique : « Compte tenu d'un diagnostic que nous rencontrons très rarement, le risque de récidive chez Michel Fourniret est très important, et nous ne voyons pas quelle prise en charge pourrait faire évoluer l'organisation psychique et criminelle de ce personnage. »

Les conclusions générales du psychologue Philippe Herbelot sont, elles aussi, sans appel, et rejoignent celles de ses confrères : « L'ancienneté, l'intensité et la complexité de sa structuration psychique font de Michel Fourniret un sujet incurable. Il l'est d'autant moins qu'il n'exprime aucune forme de sentiment de culpabilité authentique ou de regrets. Toute tentative visant à le soigner ou à le réadapter risquerait de se trouver emportée aveuglément et dangereusement par sa perversité. Étant donné son niveau d'intelligence, même après un temps d'incarcération très long et même à un âge avancé, il pourrait être capable d'actes criminels s'il se retrouve dans des conditions de vie normales. » À cela, Fourniret apporte une réponse, qui pourrait surprendre si elle ne venait pas de lui : « Je sais que je suis différent de la norme, mais c'est la norme qui n'est pas normale. »

Le Dr Ployé a aussi évalué le niveau intellectuel de Fourniret. Il est bon, et même au-delà : « Dans la zone forte de la normalité, avec un quotient intellectuel de 124. » Et, lorsqu'il se sent en difficulté face aux questions qu'on lui pose, il « met en place des mécanismes de défense où il se sert d'un humour bien particulier ».

Et le Dr Ployé de citer Fourniret, se cachant derrière ces quelques mots, au cours d'un entretien : « Même en cent ans, je n'aurai pas le temps de tout faire. Des millions de siècles, c'est bien trop court, même en courant. » Pour l'expert, la phrase est sibylline, donc intéressante. Pourtant, il semble que Fourniret ait tout simplement paraphrasé une chanson de Michel Fugain. Le Dr Ployé paraît ne pas l'avoir saisi…

Ce genre de raté pose la question de la crédibilité du même expert, quand il examine une autre réflexion de son sujet : « Avec une grande détermination dans son regard, M. Fourniret précise : “Je suis exigeant dans tout. Vous voyez très bien ce que je veux dire…” À ce moment précis, il évoque certainement ses modes opératoires criminels. » Ou sa dextérité de tourneur-fraiseur…

Mais parfois, le Dr Ployé se méfie du discours de Fourniret. Il met alors en garde quiconque se laisserait « balader » par l'assassin au long cours : « Compte tenu du personnage, et notamment de sa facilité à s'exprimer, mais également de ce besoin de séduire et de manipuler tout interlocuteur, il y a lieu de rester prudent et vigilant dans l'écoute du discours abondant de Michel Fourniret ; en effet, celui-ci risque d'emmener son interlocuteur dans des fausses analyses. »

Pour Me Blocquaux, l'un de ses défenseurs, Fourniret n'est pas un tueur multiple classique, pour une raison technique incontournable : il change trop souvent de modes opératoires.

Au regard des expertises successives, peut-on penser qu'il avait un destin de tueur en série ?

Les derniers spécialistes mesurent le cataclysme que la non-virginité de sa première épouse, Annette, dont « le monstre des Ardennes » se dit aujourd'hui toujours amoureux, a pu produire dans son organisation psychique. Ces derniers experts se méfient hautement des hypothèses simplistes. Ils refusent cependant d'affirmer formellement que, si cette première épouse lui avait offert sa virginité, Fourniret serait devenu un tueur multirécidiviste.

Quand on lui reproche de tuer pour le seul plaisir de donner la mort, il se rebiffe. Un autre sujet provoque, chez lui, le déni, tant il est tabou : l'inceste maternel. À l'été 2005, un autre psychiatre, Philippe Herbelot, va soulever dans son travail sur le prisonnier la « représentation problématique de l'image maternelle [...], et, de façon centrale, un problème incestueux lié à la retranscription de cette dernière ». Pour Fourniret, selon le psychiatre, celle-ci est « très tôt entachée d'un soupçon d'infidélité et de relation adultère avec ses employeurs allemands, lorsqu'elle travaillait à la kommandantur. Certains éléments de l'entretien laissent même penser qu'il ait pu, à partir de ce soupçon, échafauder le fantasme d'être, lui-même, un enfant né d'une telle relation ». Et c'est cette représentation de sa mère qui aurait provoqué en lui des désirs incestueux.

Mais cette projection ne colle pas avec certaines de ses explications. N'a-t-il pas un jour décrit comment, quand il était encore un garçonnet, sa mère l'avait fait venir dans son lit, et la façon dont elle lui avait fait découvrir les prémices d'une éducation sexuelle jamais évoquée au sein de leur famille ? Personne n'est obligé de le croire. Mais on ne peut pas, non plus, ne pas l'écouter...

Le procureur Nachbar met un bémol à cette histoire : « Michel Fourniret ne reconnaîtra jamais que sa mère lui a fait subir des attouchements. Ce n'est pas établi, c'est juste possible... » Le Dr Daniel Zagury va plus loin que Philippe Herbelot. Selon lui, le simple fait pour Fourniret d'imaginer être issu d'une relation sexuée de sa mère avec son père lui est, inconsciemment, proprement insupportable. C'est bien à l'incarnation de la virginité de sa mère qu'il tient plus que tout. Sans aucun doute, ce chapitre fera débat le jour du procès.

Et Monique Olivier dans tout cela ? Sale temps pour l'ego de son homme ! Dans l'attente d'une contre-expertise, la voilà plus intelligente que lui ! Elle est meilleure à ses premiers tests de QI, avec une note de 131. Ce qui la range dans la catégorie des surdoués, ceux dont le niveau est « très supérieur ». Mais cela ne constitue pas forcément un avantage pour elle. Comment en effet, avec un tel résultat, n'a-t-elle pas pu se sortir du guêpier où, selon elle, Fourniret l'a fourrée ?

La réponse est simple : d'abord parce qu'à un moment, elle lui a bel et bien proposé une association qui ne pouvait être que criminelle. Ensuite, pour de nombreuses raisons que les médecins vont proposer à la justice.

Selon eux, il n'y a chez cette femme, ni haine ni amour, quand elle répond aux questions qui lui sont posées. Elle n'est pas non plus impulsive, instable ou agressive. Mais si elle ne s'apitoie pas sur elle-même, devant les médecins, elle oublie aussi de le faire sur les victimes.

Très vite, sa part de responsabilité a intéressé les magistrats. Là encore, les expertises leur ont ouvert la voie. Désormais, on ne parlera quasiment plus de complice de Fourniret mais le plus souvent de coauteur. La défense de Monique Olivier n'est forcément pas d'accord. Ses avocats tenteront de lire le dossier d'instruction entre les lignes, pour en tirer profit. Ils feront la même chose avec les rapports d'experts, pourtant peu amènes avec leur cliente, pour tenter de sauver les meubles.

Quand elle reçoit un médecin, Monique Olivier est dans le même état que lorsqu'elle répond aux questions des enquêteurs : « Les soupirs, les hésitations, les imprécisions, fréquentes dans son discours, donnent à son récit une allure assez hésitante », explique l'un d'entre eux. Elle se décrit comme une femme « suggestible », à la sensibilité exacerbée, sous influence, et que la dépression guette. Pourtant, lorsque les experts tentent d'approfondir leurs questions, elle sait se réfugier dans une bouderie enfantine, à visée stratégique : éviter la poursuite de l'expertise.

Certes, Fourniret lui-même, explique : « Je la domine en la manipulant dans le sens romanesque. » Mais, dans le même temps, il ajoute une réflexion qui ne peut en aucun cas servir son épouse : « Un jour, en Belgique, elle m'a dit : "Tu as vu les beaux petits lots ! Tu veux laquelle ?" C'est devenu un jeu. Elle connaissait l'objet de ma recherche. »

Colette Provost et Hélène Bongrand, les dernières psychologues à l'avoir interrogée, ne sont pas tendres. Quand Monique Olivier, cherchant des explications à sa conduite, déclare : « Michel Fourniret était soi-disant en recherche de virginité, je ne pouvais pas lui offrir la mienne », elles pointent du doigt la syntaxe de sa réponse. Si elle dit « soi-disant », c'est, concluent-elles, « qu'elle n'était pas dupe de ce stratagème ». Mais voilà, poursuivent-elles, « elle a besoin de faire semblant ». Et si, par inadvertance, elle n'y arrive pas, c'est simple, elle ne se souvient de rien qui puisse la mettre en porte-à-faux !

Les experts ont donc cherché la raison éventuelle de cette amnésie bienvenue. La réponse médicale est claire : « Aucune pathologie mentale, neurologique ou psychiatrique ne peut expliquer cette pseudo-lacune amnésique. »

Monique Olivier, depuis ses premiers aveux, ne cessera de vouloir apparaître comme la victime de Fourniret. « Mais elle est également actrice » des crimes de celui-ci, rapportent les expertises.

À l'image de son mentor, joue-t-elle sur le registre de la perversion, que ce soit socialement ou sexuellement ?

Rien ! Les experts n'ont rien trouvé de tangible dans ce domaine. Au plan social, elle est d'une affligeante banalité. Sexuellement, c'est encore pire. Cependant, il existe peut-être une manière de contourner le problème. En mettant en parallèle sa personnalité d'une platitude déconcertante, les experts ont noté sa distance, sa froideur, à l'évocation des violences subies par les victimes. « Jamais elle n'est émue en décrivant les faits pourtant insupportables, cruels, auxquels elle a assisté. Jamais elle ne parle de la douleur parentale », écrit l'un des spécialistes désignés par la cour d'appel de Reims.

Mieux, Monique Olivier sourit, soulignent les derniers psychologues à l'avoir interrogée, en racontant la mise en scène qui devait conduire Isabelle Laville à la mort : « Je vais me mettre en tenue de travail, avec un jerrican, et faire semblant de faire du stop. » Elle s'enfonce très clairement en déclarant : « À aucun moment je n'ai essayé de m'opposer. » Dans ces conditions, cette conclusion d'experts peut paraître ambiguë, mais ne laisse pas insensible : « Cette attitude nous conduit à évoquer des tendances perverses masquées, non avouées. »

Ainsi, Monique Olivier s'entête à taire la réalité, quand celle-ci ne lui convient pas. Elle n'avouera donc jamais qu'elle savait pertinemment que Fourniret avait été condamné par la cour d'assises d'Évry, pour viol. Pourtant, une chose est certaine, elle a parfaitement conscience de la gravité des faits. « Je ne sortirai pas de prison… Tout le monde me traitera de monstre, je le sais. Je vais mourir en prison. C'est bien fait pour moi ! »

Qu'oppose Monique Olivier à ceux qui mettent l'accent sur son adhésion totale et spontanée aux agissements de son mari ? D'abord, elle se plaint de Michel Fourniret à ses interlocuteurs : « Il a réussi à m'avoir », gémit-elle. Aurait-elle été soumise, comme s'en vante son époux, et contrainte par la peur ? Les derniers médecins à l'avoir examinée la soupçonnent surtout d'avoir été « flattée » du rôle qu'il lui demandait de jouer. En acceptant de se soumettre à ses fantasmes, elle obtenait enfin l'attention d'un homme, ce dont l'avait toujours privée son père.

Selon d'autres examens, cette personnalité, qui se présente comme dépendante, parvient « à se positionner en tant qu'égérie dans sa relation à Michel Fourniret. La force et le secret de Monique Olivier, c'est de savoir provoquer et utiliser la perversité des hommes à leur insu », lit-on dans un rapport assassin. À quelles fins ? Il y aurait chez elle une certaine complaisance à vivre des expériences limites, au regard de la norme, peut-être même une certaine fascination.

Personnalité falote, en quête constante de sa propre structuration mentale, elle trouverait un bénéfice certain à s'identifier à son mentor. Ne serait-ce que pour réparer la longue liste de ses échecs existentiels et pour se désigner en héroïne d'une histoire, même criminelle ! Une justification de plus à sa participation passive aux crimes commis par Fourniret. Une explication supplémentaire au fait qu'elle ne l'ait pas dénoncé plus tôt, qu'elle soit restée avec lui toutes ces années…

Le Dr Philippe Herbelot s'essaie à une autre interprétation. N'aurait-elle pas été soulagée, en s'identifiant aux victimes, en constatant ce qu'elles subissaient, de trouver la garantie, par procuration, qu'elle serait protégée d'éventuelles attaques de son mari contre elle-même ?

Le rapport d'expertise de Mmes Provost et Bongrand fait état d'hypothèses beaucoup plus cruelles à son égard. Monique Olivier, selon ces psychologues, aurait voulu, elle aussi, exercer le pouvoir au sein de son couple. En adoptant une attitude docile à l'égard de Michel Fourniret, en volant même à son secours lorsque celui-ci montrait des défaillances, elle l'aurait excité, exerçant ainsi sur lui une emprise tangible. Dans une optique indulgente, et particulièrement raccourcie, il était sans doute plus rassurant pour elle de le voir décharger ses pulsions perverses et sadiques sur de jeunes victimes, plutôt que sur elle… Ce qui lui permet de déclarer à la fois des choses aussi affligeantes que : « À dire franchement, le viol, c'est pas mortel, dans d'autres pays, les fillettes violées, c'est presque normal », et de conclure provisoirement : « Je pouvais accepter cela, mais pas tout le temps. C'était comme si je les lui offrais, et après c'était terminé… » Non seulement elle n'a aucune empathie à l'égard des victimes, mais elle les oublie sans sourciller.

Alors, pourquoi ne pas avoir quitté Fourniret ? Elle en a bien eu l'idée fugace, mais elle l'a vite ravalée. Là encore, les conclusions des experts ne sont pas tendres. Même si elle dit avoir eu de plus en plus de mal à participer à toutes ces horreurs, malgré le fait qu'elle était définitivement devenue la complice de Fourniret dans des crimes d'une gravité exceptionnelle, seul « son opportunisme et son souci de l'intérêt immédiat ont pu la mouvoir », écrivent les spécialistes.

Au début, Michel Fourniret a été « sa bouée de sauvetage pour la sortir du marasme socioprofessionnel et affectif dans lequel elle se trouvait, même si elle n'a jamais été amoureuse de lui ». Il le lui rendait bien d'ailleurs, et son compagnon en convient : « Dire qu'il a un jour aimé Monique Olivier serait abusif. » Comparé à André, son premier mari, Fourniret avait cependant l'immense avantage de se montrer « gai, amusant ».

Et après, pourquoi ne pas avoir pris ses cliques et ses claques ? « Pour aller où ? » oppose-t-elle. Peut-être trouvait-elle tout simplement son intérêt... à conserver son statut de vedette du mauvais film que Fourniret mettait en scène. Jeune fille, elle avait su s'opposer à son père qui avait sapé ses ambitions professionnelles. Pour lui résister, elle avait tout bonnement refusé de se présenter à ses examens de fin d'études de secrétariat... Elle aurait donc pu tenter d'affronter Fourniret.

Plus tard, comme il lui semblait impossible de le quitter, elle n'a pas voulu non plus le dénoncer. Monique Olivier décrit précisément l'apparition rapide, dans leur relation, des sautes d'humeur de son mari. Voilà qui lui permet de justifier la peur qu'il lui inspirait. Mais, là aussi, des experts invalident partiellement cette excuse : « L'intensité de la peur éprouvée n'était pas constante dans la durée, et la menace que faisait peser Fourniret pouvait être moindre à certaines périodes. »

Elle n'aurait craint que l'état d'agitation dans lequel il sombrait après avoir tué une de ses victimes. En outre, le même argument aurait pu suffire à justifier sa fuite, mais elle a toujours réussi à supporter la gravité des faits qu'elle a mesurée dès le départ. On peut alors se demander si ses dénonciations tardives ne relèvent pas du fait qu'elle ait senti Fourniret devenir de plus en plus dangereux, pour elle et pour Sélim aussi. Mais, là encore, elle réécrit l'histoire à sa guise.

Au fil de ses discussions avec les psychologues, la réponse à une question centrale s'est profilée. Pourquoi, en juin 2004, finit-elle par aller voir les policiers belges pour tout raconter des crimes de Fourniret ? Cette année-là, Sélim grandit depuis un an loin de son père.

Selon Monique Olivier, c'est son fils qui l'aurait suppliée d'empêcher le retour de ce dernier au foyer familial ! L'information est de taille ! Opportuniste, elle aurait immédiatement compris que, dans le jeu du « qui va dominer qui » avec son époux, elle pouvait reprendre la main. La supplique de son fils lui aurait donc montré où se situait son intérêt personnel.

Mais les dernières expertises versées au dossier l'accablent sur ce point : « Monique Olivier ne se soucie pas de ses enfants, et elle ne souffre pas de leur absence. » Elle n'avait donc aucune raison d'écouter Sélim, à moins d'y trouver son compte… Ce qui n'empêche pas de s'interroger sur les motivations qui ont conduit l'adolescent à s'opposer au retour de son père.

En effet, on tremble pour lui quand Fourniret dit aujourd'hui que, « s'il ne se souvient pas de sa présence à la maison lors des crimes », il reconnaît malgré tout que, pour ce dernier fils, « ce fut un immense gâchis ». Voilà qui laisse planer bien des questions sur la réalité des scènes auxquelles Sélim a pu assister…

Monique est donc catégorique, elle a parlé « pour éviter que Fourniret ne ressorte. Je l'ai dénoncé pour me protéger. » Et de trouver alors un arrangement avec elle-même et avec l'histoire : « Si je l'avais fait plus tôt, j'aurais pu épargner des vies ; mais, en le faisant maintenant, j'en sauve d'autres. »

Sentiment de culpabilité un peu tardif ? avanceront certains. Attente de reconnaissance pour tenter de s'exonérer de l'ensemble de ses responsabilités antérieures ? diront les moins compréhensifs.

Au final, la plupart des expertises effectuées autour de la personnalité de Monique Olivier lui offrent, au plan judiciaire, une porte de sortie, laquelle n'a même pas été entrouverte pour Fourniret. Selon les conclusions de Philippe Herbelot, au plan criminel, elle ne présente qu'un danger relativement faible, pas d'agressivité ni de sadisme. « Malgré son âge et la complexité de son psychisme, c'est un sujet curable. » Et, si elle était dangereuse au contact de Michel Fourniret, désormais seule, elle ne semble plus pouvoir l'être : « En conséquence, Monique Olivier nous paraît tout à fait réadaptable. » À une condition cependant, aux yeux de Mmes Provost et Bongrand : celle de ne pas envisager le processus thérapeutique comme une distraction.

Dans leur rapport, elles ont en effet relevé que, si Monique Olivier a déjà demandé à consulter un psychologue – elle était alors incarcérée à Namur –, c'était pour meubler ses journées sans visite...

Aux yeux de certains, le couple Fourniret aura été longtemps complice, bien plus que ne le prévoient les textes du Code pénal. Le procureur Francis Nachbar, s'adressant à une partie civile, résume bien ce que pensent les parties impliquées dans le dossier de cette association de malfaiteurs à plus d'un titre : « Entre Michel Fourniret et Monique

Olivier, il y a un jeu de domination réciproque. Et il existe aussi un jeu dans le jeu, les gamines. Quelque part, Monique Olivier est jalouse d'elles. Quand elles sont tuées, elle est vengée ! De plus, c'est elle qui donne à Michel Fourniret les moyens intellectuels, et parfois matériels, pour qu'il viole, tue et ne se fasse pas prendre. »

En février 2006, après six heures d'entretien, Mmes Provost et Bongrand démontaient le mécanisme propre à Monique Olivier dans ce jeu d'emprise mutuelle. En s'identifiant à « son maître », elle cherchait à lui devenir indispensable. De Michel Fourniret, elle voulait donc tout savoir, « ses sentiments, sa façon de penser et d'agir ». Aujourd'hui encore, ces psychologues démontrent que non seulement elle poursuit la partie sordide qu'elle a engagée depuis si longtemps avec Michel Fourniret, mais qu'elle entame aussi, avec des airs de sainte-nitouche, un bras de fer avec les magistrats instructeurs : « Il faut noter qu'elle semble garder l'emprise sur tous, en laissant planer le doute sur ce qu'elle pourrait encore révéler. »

Michel Fourniret et Monique Olivier ont besoin l'un de l'autre pour se sentir exister. Lui l'épate et elle est fière d'avoir fait ce qu'il fallait pour qu'il l'épate… Tous les deux se servent mutuellement de faire-valoir.

En juin 2006, l'instruction et la préparation matérielle du procès se sont déroulées à la cadence que leur impulsait le parquet de Charleville-Mézières. Michel Fourniret continuait à vouloir mener le dossier à sa guise, en s'écoutant de plus en plus parler. De son côté, Monique Olivier devenait de plus en plus pénible au fil des interrogatoires. « Elle tremble, elle a peine à répondre… Et, dès qu'on ne parle plus des faits, elle évoque sa coupe au carré, elle plaisante… et elle ne tremble plus du tout ! » racontait un auxiliaire de justice.

À l'été 2006, la date de l'audience en cour d'assises, audience qui s'annonce déjà exceptionnelle, n'était pas fixée. On l'avait programmée pour la fin du printemps, et celui-ci s'est achevé sans que rien ne se soit passé. On allait évoquer l'automne, mais des contingences matérielles sont venues brouiller les cartes. Il y aurait un mois de retard, voire une quinzaine de jours de plus, pour la mise en œuvre effective des travaux du palais de justice.

Plusieurs appels d'offres avaient été déclarés infructueux, les devis dépassant le montant maximal autorisé. Une nouvelle procédure de mise en concurrence avait donc été lancée. Et, même en l'accélérant, quarante-cinq jours étaient perdus ! Finalement, les aménagements allaient commencer en septembre. Selon un responsable du tribunal de grande instance de Charleville, interrogé en juillet : « Il devient de moins en moins envisageable de tenir les délais. » Plus personne ne veut annoncer officiellement de date, et les familles des victimes seront les premières à la connaître. « Il ne faut pas qu'elles l'apprennent par la presse. Le procès fin 2006, c'est encore possible, expliquait le même magistrat, mais cela paraît quand même de moins en moins envisageable. Vraisemblablement, ce sera début 2007… » Me Blocquaux, l'un des défenseurs de Fourniret, trouvait que « le parquet ne devrait pas annoncer des dates hasardeuses, ne serait-ce qu'à l'égard des victimes. C'était d'abord mai, puis novembre 2006. On ne pouvait qu'être sceptique… » D'autant que l'administration de la justice peut parfois dépendre de critères que l'on a peine à imaginer.

Par exemple, en janvier, ce n'était pas le genre de dossier que l'on évoquait, pas juste après les fêtes... En février, les conditions climatiques rendaient les déplacements difficiles, pour les détenus surtout... Alors, pourquoi pas le printemps 2007 ? Et puis les rumeurs ont au moins cet avantage qu'elles peuvent préparer psychologiquement les parties civiles à un retard important, puisqu'on leur avait annoncé que Fourniret serait devant ses jurés fin 2006-début 2007.

Certes, les familles ont fini par dire qu'elles n'étaient pas à trois mois près, si cela permettait de compléter le dossier afin de le juger dans les meilleures conditions, sans laisser de questions en suspens. Mais les parties civiles auraient peut-être préféré en finir plus vite ?

La défense de Monique Olivier souhaitait, de son côté, ne pas la voir juger avant août 2007, « pour ne pas mettre mon cabinet en l'air », déclarait un avocat. De leur côté, les techniciens de la procédure prévoyaient deux jours pour la lecture de l'ordonnance de renvoi. En novembre 2006, on annonçait la clôture de l'instruction pour le mois suivant. L'arrêt de renvoi pourrait alors être prêt avant Noël. En fait, il ne le sera qu'à la mi-mars suivante. Le procès était alors envisagé pour octobre-novembre 2007, jusqu'à ce qu'il soit définitivement fixé au printemps 2008.

Certains considéraient alors que Fourniret était capable de provoquer la surprise en avouant d'autres crimes. Il le laissait d'ailleurs entendre, dans le procès-verbal de confrontation avec son épouse, dans le cadre du dossier d'assassinat de Natacha Danais. Mais là, tous en étaient pour leurs frais. Quoi qu'il puisse arriver, rien ne pouvait repousser l'échéance.

« Énorme, ce procès sera énorme ! » annonçait un magistrat, début 2007. Les experts sont du même avis : « La demande d'explication, dans sa bouche, ne pourrait que redoubler l'horreur. Quant aux excuses, quand elles sont formulées, elles ne pourraient témoigner que d'un surcroît de perversité. » En revanche, pour ce qui concerne d'éventuels aveux spontanés sur des cas inédits, les mêmes qui les attendaient avant l'ouverture des débats imaginaient que Fourniret pouvait les faire en public.

Depuis sa prison, l'accusé n'hésitait pas à exposer les conditions favorables à sa participation : ni journalistes, ni dessinateurs – de vulgaires « parasites » –, ni avocats – qu'il qualifie « d'abjection avec des micros » ou, plus synthétiquement, de « tas de merde ». Michel Fourniret ne peut envisager, au nom de la dignité, qu'il soit débattu de « sujets intimes » au sein d'une salle d'audience. À moins qu'il ne craigne une nouvelle humiliation, comme lors du procès des assises d'Évry ?

Dans sa cellule de Châlons-en-Champagne, il continuait à lire et à écrire, après avoir tant parlé. Toute sa vie, et même après avoir été définitivement mis hors d'état de nuire, il a parlé, beaucoup parlé… Comment pourrait-il résister à le faire encore, devant le jury de la cour d'assises des Ardennes, pour tout raconter dans le moindre détail ?

Si ces jurés, venus du peuple dont il est lui-même issu, veulent se faire une opinion sur les discours de celui qu'ils auront à juger, ils pourront toujours se reporter à l'une de ses « pensées ».

Quatre lignes tapées sur l'ordinateur, depuis sa maison de Sart-Custinne, et envoyées à l'un de ses vieux copains, en lui précisant qu'il s'agissait d'un « proverbe chinois » de sa création : « L'homme qui parle beaucoup, à force de parler, manque de parole », avait écrit Michel Fourniret. Dont acte !

Nessa, Paris, février 2008

Épilogue
In memoriam

Dans la profonde forêt des Ardennes, sur la frontière franco-belge, il existe un endroit que personne ne peut connaître. Un endroit qui ne voit le jour, chaque année, qu'au début de juillet.

Pendant longtemps, en dépit du soleil d'été, lorsque les silhouettes des deux seules personnes à savoir ce que représentait précisément cet endroit se profilaient sous les pins, il faisait le plus souvent sombre dans le sous-bois. À peine les brindilles craquaient-elles sous les pas des parents de Mananya Thumpong, quand ils pénétraient, côté Belgique, dans la sapinière de Nollevaux, à deux pas de la frontière française que rien ici ne matérialise.

Cela, Michel Fourniret le savait quand il est venu y abandonner les corps de ces deux dernières victimes, à quelques dizaines de kilomètres l'un de l'autre. Pendant des années, il aura joué à saute-frontière, comme un voyou endurci et conscient, ainsi, de pouvoir échapper à la justice.

À l'abri des arbres, le couple a érigé un autel : un Bouddha de bronze, deux colombes en plastique, des bougies et des fleurs blanches. Selon les aveux du tueur, c'est sur ce talus qu'il a dissimulé le corps de leur fille de treize ans, sous des branchages. Depuis juin 2004, les parents de Mananya peuvent enfin mettre un nom sur celui qui a enlevé leur enfant, le 5 mai 2001. « Mananya n'est pas morte ! À la maison, il y a toujours eu un verre d'eau et une coupelle de nourriture pour elle. Elle mange avec nous, boit en notre compagnie », explique Kanyarat, sa maman. « À chaque rentrée scolaire, nous lui avons acheté des vêtements, des fournitures scolaires. Ensuite, nous les donnions à ceux qui pourraient les porter en pensant à elle, ou à des nécessiteux. Toute la journée, je la vois, même quand je fais la cuisine. Je me réveille en pensant à elle, quand j'arrive à m'endormir. Quand la justice nous rendra ses objets personnels, et ce qui a été placé sous scellés, comme ses cheveux, nous serons un peu plus légers. Quand nous saurons définitivement ce qui s'est passé, nous pourrons organiser le rituel de sa crémation. Elle va partir sur le chemin où elle doit aller. Alors, peut-être pourrai-je vivre à nouveau. » Jusque-là, selon les rites bouddhiques, Mananya partage toujours la vie de ses parents.

Assise dans son séjour, au premier étage de la maison située au-dessus du restaurant thaï qu'elle gère avec son compagnon, à Sedan, Kanyarat Thumpong est intarissable quand elle parle de sa fille disparue. C'est une belle femme de trente-neuf ans. Elle parcourt des yeux la grande pièce rouge et blanc, où un ancien bar a été transformé en un autel permanent, dédié à l'adolescente. Une photo dans un cadre entouré d'un fil blanc, des fleurs blanches, des bougies et des bâtonnets d'encens attestent de sa présence auprès de ses parents. Kanyarat sort une page cartonnée sur laquelle Mananya lui a écrit un poème en français et en thaï pour la fête des Mères, un bouquet de fleurs est dessiné au verso.

« Dorénavant, cette date est maudite pour moi : quelques jours après, elle m'a quittée. Vous savez, Mananya souffre depuis ce jour-là. Quand elle est partie, elle a souffert, je veux savoir comment, ce que Fourniret a réellement pu lui faire. Et lui seul le sait. Elle m'appelle de dessous la terre. Nous n'avons pas voulu partir de Sedan. Des images nous suivent, où que l'on soit. Même si c'est difficile de croiser tous les jours ses anciens camarades de classe, de revoir des lieux qui nous rappellent des souvenirs, des personnes qui se sentent obligées de montrer leur compassion. Nous n'avons jamais cru qu'elle ait pu être enlevée sur la place de la Halle, comme le croyaient les enquêteurs, il y a trop de monde. »

Alors, régulièrement, ses parents ont refait le chemin qu'aurait suivi Mananya, depuis la médiathèque où elle a été vue pour la dernière fois, à cinquante mètres de leur domicile. Trois heures après sa disparition, Kanyarat Thumpong avait commencé à distribuer des reproductions d'une photo de sa fille, dans les rues de Sedan, essayant de trouver des témoins de sa disparition. « Tout nous portait à croire que quelque chose de grave lui était arrivé. Les policiers nous ont pris pour des fous. »

Une réflexion de sa fille la hante encore : « Lorsque Céline Saison a été enlevée, elle m'avait dit : “Si cela m'arrive, maman, tu devrais jouer au Loto.” Cela me mettait en colère. Je lui répondais que c'est elle que j'aime, pas l'argent, mais elle ne cessait de me répéter cela. Et maintenant, je sais que cet homme l'a suivie durant des jours, si ce n'est des semaines. Fourniret avait déjà essayé de la faire monter dans sa camionnette. Tous les jours, elle suivait le même chemin vers la maison, sans s'arrêter. Elle ne sortait jamais le soir.

« Quand je pense à la femme de Fourniret à qui il a dit : “J'ai vu une belle petite Asiatique à Sedan…” Elle n'a rien dit, rien fait. Ce n'est pas une mère, je lui en veux peut-être plus qu'à lui. De toute façon, un homme comme lui, dans mon pays, il serait condamné à mort. »

Le père de Mananya, Brice Longhini, est restaurateur. Cet homme de quarante-neuf ans a, lui aussi, souvent prié devant l'autel, ses mains jointes serrant des bâtons d'encens. « Mon épouse pèse quarante kilos, mais il ne faudrait pas la laisser seule avec Fourniret, ne serait-ce que quelques minutes, il n'en resterait rien. Dès la disparition de Mananya, nous nous sommes jetés à fond dans le travail, au restaurant, dans des banquets médiévaux, au château de Sedan, et sur les marchés. C'était la seule façon de tenir. »

Quand il peut se distraire, Brice Longhini se plonge dans l'un des deux cents romans policiers de sa bibliothèque. Ce père vit au jour le jour, comme pour se persuader qu'il existe encore… Lorsqu'il parle de sa fille, il ne peut trouver les mots : « Cela a été une libération de pouvoir mettre un nom sur celui qui a enlevé Mananya. Mais j'ai besoin de connaître le maximum d'informations sur les circonstances de sa disparition. Lorsque tout sera fini, nous repartirons vivre en Thaïlande, au milieu de la forêt où nous avons acquis un terrain. » Ce jour-là, apaisés, ils pourront enfin faire le deuil de leur fille, après avoir accompli le rite bouddhiste ancestral. Dans cette attente, l'interpellation de Fourniret ne saurait apporter le repos aux parents de « la jeune fille aux trois beautés, le corps, l'esprit et le visage », Mananya en langue thaïe.

Un an avant Mananya, à Sedan, une première adolescente, Céline Saison, avait disparu un jour ensoleillé de printemps. C'était le 16 mai 2000. Depuis, ses parents, Marilyne et Jean-Pierre, ont quitté la région. Le couple ne supportait plus le « regard des gens », inquisiteur ou compassé. Ils ont laissé derrière eux famille, ville et maison, pour « tenter de survivre loin d'un lieu maudit ».

Quatre ans après la disparition de leur fille Céline, les aveux de son assassin, Michel Fourniret, les ont replongés dans leur désespoir. Deux ans qu'ils essayaient de « survivre » ! Deux ans qu'ils avaient pris la décision de quitter les Ardennes ! Avant de partir sans se retourner, ils s'étaient concertés avec le seul enfant qui leur restait, Loïc, âgé de quatorze ans au moment du drame. Céline était la grande sœur à qui il confiait ses petits tourments d'adolescent. Depuis sa disparition, il s'est muré dans un profond mutisme à plusieurs reprises, s'enfermant à clé dans sa chambre.

« Je ne pouvais plus croiser les regards des passants, même en faisant les courses à Charleville-Mézières, il n'y était question que de Céline », explique Marilyne Saison. Son époux, Jean-Pierre, acquiesce.

Si Marilyne, Jean-Pierre et Loïc Saison ont conservé une relation proche avec la famille restée dans les Ardennes, ils résistent surtout à huis clos. Dans la maison qu'ils louent à présent dans le sud de la France, seul un téléphone mobile les relie à l'extérieur. Ils filtrent tous les appels. Marilyne et Jean-Pierre forment un couple soudé dans l'épreuve, mais isolé. Chaque dimanche, ils s'obligent à effectuer des promenades au grand air.

Marilyne parle volontiers si on la questionne, mais seulement si on la questionne. Son visage que l'on croyait figé s'anime alors. C'est une jeune femme vive. Son mari, Jean-Pierre, ne peut masquer sa souffrance. Un voile de larmes couvre en permanence son regard, sans qu'aucune ne puisse plus couler. « Depuis qu'on est ici, on cherche à recommencer quelque chose », lâche-t-il.

Mais, depuis le dernier dimanche de juin 2004, avec les aveux de Michel Fourniret, les parents de Céline « repartent en arrière ». Ce matin-là, Jean-Pierre « ne se sentait pas bien ». Il s'était « forcé à prendre son VTT ». Il a chuté et s'est blessé. « C'est en rentrant qu'on a tout appris. » Flash-back, la famille retournait dans son cauchemar. À la télévision, dans la presse, elle met un visage sur le meurtrier de Céline.

« Savoir maintenant qui est Fourniret, c'est l'enfer. C'est un monstre, même pas un animal », déclare Jean-Pierre, les mots lui manquent pour décrire sa haine. Chez les Saison, « chacun sait ce qu'il en ferait de ce chasseur pervers ». Car on a conscience de tout ce que le meurtrier a détruit : « Fourniret n'a pas seulement assassiné Céline, il a ravagé toutes nos vies, il a tué tout le monde. »

Une nouvelle fois, des victimes pointaient du doigt les carences du système judiciaire. « Malheureusement, Fourniret est intelligent. En abandonnant le corps de notre fille en Belgique, après l'avoir assassinée en France, il a obligé deux polices à travailler en réseau. On a pu constater que c'était bien difficile, alors que croiser ces investigations respectives tombe sous le sens », affirme Jean-Pierre Saison. Et puis, la lenteur de la procédure pénale lui fait peur. Les détails sur les conditions du meurtre de sa fille aussi. Longtemps, lui et sa femme se sont demandé s'ils toléreraient de « tout entendre ». D'autant que, après la disparition tragique de la petite Mananya Thumpong, un an plus tard, dans la même ville, Jean-Pierre Saison redoutait par-dessus tout que les deux jeunes filles aient croisé la route d'un tueur en série. La réalité est pire : Fourniret est un tueur en série qui avait déjà été confondu mais qui n'a pas été suivi à sa sortie de prison, après avoir purgé la plus longue de ses peines.

Alors Jean-Pierre Saison s'insurge : « Les propositions de mesures contre les récidivistes, spécialement contre les délinquants sexuels, ne devraient pas relever du débat politique. Voir, entendre, lire les arguments des parlementaires qui discutent, ça me hérisse. Non, la récidive criminelle ne relève pas du débat politique. » Le père de Céline se dit adepte de « la castration », voire « du bracelet électronique » qui pourraient, « peut-être, convenir parfois ».

Et Monique Olivier, la complice de Fourniret ? Après un long silence, la mère de Céline s'exprime simplement : « Je ne comprends pas. Elle a pourtant eu des enfants ! » Jean-Pierre, lui, « n'arrive pas à imaginer la perversion d'une femme : je ne sais pas ce que c'est ».

Pour eux, parler de Céline est toujours douloureux : « Nous ne pouvons pas ! Et nous ne pourrons pas de sitôt. Surtout depuis les aveux de Fourniret. Nous savons seulement que nous ne retournerons plus dans les Ardennes. On résiste, mais surtout pas en catho. On ne l'était déjà pas beaucoup… Là, on ne l'est plus du tout ! »

Colette et Jean-Pierre Leroy, les parents de Fabienne, habitent un petit village sans commerce, dans une maison discrète, très bien entretenue. Des petits cœurs trouent les hauts volets d'un blanc immaculé. Un terrain herbeux taillé à l'anglaise court derrière la maison, au-delà de barrières toutes blanches, elles aussi. Sur le devant, le couple entretient un jardinet avec de multiples plantations : cyprès, soucis, roses pourpres, hortensias… L'ensemble n'est ni modeste ni luxueux, simplement charmant.

Quand il nous reçoit, Jean-Pierre Leroy est vêtu d'un pantalon de toile et d'un polo vert. Il porte des lunettes. Colette, son épouse, est habillée d'un pantalon de velours marron et d'un tee-shirt à manches longues couleur fuchsia. Elle aussi porte des lunettes. Quand leur fille a disparu, ils étaient instituteurs. Ils ont pris leur retraite en 2000. Ils ont travaillé onze ans en Côte-d'Ivoire, et leurs souvenirs du pays les entourent, des tentures africaines dans le salon, des défenses d'éléphant sur le bureau du salon. Jean-Pierre et Colette Leroy sont accorts et souriants.

Pour évoquer le souvenir de leur fille, ils s'installent dans un canapé de velours couleur bronze, très cossu. C'est Jean-Pierre qui va raconter la disparition de Fabienne. Et, dès le début de son récit, les larmes lui sont montées aux yeux. Une fois l'évocation de son enfant terminée, il discutera à bâtons rompus. L'émotion de Colette est moins palpable.

« En 1988, Fabienne finissait son année de biochimie à Reims. Comme l'imposait le programme, elle avait effectué un stage de fin d'année. Fabienne a eu l'opportunité d'effectuer un deuxième stage, chez Henkel, une entreprise de produits chimiques de nettoyage, à Châlons-sur-

Marne. L'objectif de notre fille était de se faire un peu d'argent de poche pour, surtout, passer son permis. La semaine, elle logeait donc chez sa tante maternelle, là-bas. Elle rentrait le week-end à Saint-Erme, où nous habitions alors. Elle était fiancée. La première semaine de stage s'est bien déroulée. Comme nous étions en juillet, nous sommes partis chez de vieux amis en Allemagne. Valérie, sa sœur jumelle, puis la gendarmerie de Châlons-sur-Marne nous ont contactés par téléphone pour nous annoncer sa disparition. Son collègue de stage est allé voir à son domicile. Puis, la gendarmerie nous a rappelés pour nous annoncer qu'un corps de jeune fille avait été retrouvé à Mourmelon. Oui, on nous a dit ça au téléphone... Un gendarme nous a décrit les vêtements qui restaient sur le corps. On nous a dit que la jeune fille devait avoir reçu un coup de couteau ou un coup de fusil... Nous avons répondu que ça pourrait être elle, et nous avons voulu prendre la route immédiatement. Nos amis nous ont imposé un chauffeur. »

À ce moment de son récit, Jean-Pierre Leroy semble avoir le souffle coupé et retient ses larmes. Il parvient à reprendre : « Ces vieux amis, nous sommes restés dix ans sans les voir de peur – irrationnelle – qu'il arrive quelque chose à nos deux autres enfants *[Valérie, trente-sept ans, et Sylvain, trente-trois ans]...* » Il reprend le cours de son récit : « Enfin, nous avons reconnu le corps le lendemain matin... Dans un premier temps, le collègue de stage de Fabienne a été lourdement inquiété. Il a fait trois semaines de prison. » Jean-Pierre Leroy précise que le jeune homme a été obligé de déménager, à cause de la rumeur, du fameux et exécrable dicton populaire : « Il n'y a pas de fumée sans feu. » Colette intervient de temps à autre, pour approuver les propos de son mari. « Nous, nous demandions seulement le coupable. » Jean-Pierre Leroy rit tout à coup nerveusement, les yeux à nouveau troublés : « Mais ça peut être dangereux ! » Malgré son immense douleur, il désire tenir des propos rationnels.

« En 2004, le commissaire Jacquemin, du SRPJ de Reims, de nouveau par téléphone et deux heures avant le journal télévisé, nous annonce qu'on avait trouvé le coupable : Fourniret. Oui, il n'y avait pas de cellule de soutien psychologique à l'époque… » soupirent de concert Jean-Pierre et Colette. « Que doit faire la justice de Fourniret ? La peine de mort n'existe plus, on ne va pas revenir là-dessus », lâche Jean-Pierre calmement, avant d'ajouter : « Il ne faut plus jamais que Fourniret ressorte, même s'il devait être malade, même quand il sera vieux ! »

Soudain nerveuse, Colette déclare à son tour : « Pour un type comme Fourniret, il faudrait qu'on rouvre les bagnes ! Et Monique Olivier ? Comment voulez-vous comprendre ça ? D'autant qu'elle a été à la fois enceinte et mère ! Qu'elle ait été soumise pour le premier crime… mais pas pour plusieurs ! » Après un silence, elle reprend : « Nous, encore, nous avons un endroit pour nous recueillir pour notre fille… »

Calmement, Jean-Pierre Leroy poursuit : « Dans ses auditions, Fourniret peut mentir. Si on le lui prouve, il le reconnaît. Fourniret essaie toujours de manipuler ses interlocuteurs. Les parents des victimes n'ont qu'une peur, c'est qu'il se taise. Qu'un enquêteur l'amène à son point de rupture ! » Puis, il revient sur la mort de sa fille : « L'année 1988, j'ai perdu ma mère, et ma femme, son père. Ensuite, nous avons perdu notre fille, Fabienne… Si

Mme Laville a dépensé une fortune chez des voyants pour retrouver le corps d'Isabelle, je vous confie que nous-mêmes sommes allés à un salon de la voyance, mais sans jamais donner d'argent. Je me souviens que des voyants m'avaient alors dit, une photo de Fabienne en main : "C'est froid, je ne sens rien..." Mais l'un d'eux a aussi déclaré : "C'est un Marocain !" pour désigner le meurtrier de Fabienne. Alors, les voyants... Heureusement, nous étions tous deux instituteurs. Après le meurtre de notre fille, nous avons repris notre travail au plus vite. Les gamins nous ont beaucoup aidés, ils sont gentils les gamins ! »

Et soudainement, les rires et les pleurs se mélangent, comme pour évacuer une bonne fois. « Maintenant que nous sommes en retraite, ce sont nos propres enfants et les petits-enfants qui donnent un sens à notre vie. »

« Qu'on le supprime, cela fera une place de plus en prison ! » Tassée au fond de son canapé, Marie-Jo Scullo-Danais contient difficilement son émotion. À son côté, la plus jeune de ses trois autres filles : « Natacha avait un caractère bien trempé. Elle obtenait tout ce qu'elle voulait de maman. Après sa disparition et la découverte du crime, pour moi, c'est devenu l'enfer. Au lycée, des professeurs me prenaient pour elle. Dans la cour de récréation, les autres enfants me hélaient : "Natacha, Natacha !" Très vite, c'est devenu intenable, invivable. J'ai changé d'établissement. »

Sa mère se tasse un peu plus encore : « Cette histoire lui a bouffé son adolescence... Et puis, j'ai eu si peur, qu'il n'était plus question pour elle d'avoir le moindre moment de liberté. Cinq minutes de retard en rentrant des cours, c'est à peine si je n'appelais pas le commissariat. Ce Fourniret a bousillé nos vies ! Ma seule peur, c'était de mourir avant de voir le type qui avait fait cela à ma fille, arrêté et jugé. »

Le jour de la disparition de Natacha, Christine, la sœur aînée, était aussi présente. Elle croit l'avoir aperçue monter dans une camionnette blanche. Durant toutes ces années, elle a culpabilisé de n'avoir rien pu faire. Et voilà qu'aujourd'hui la plaie se ravive, car Michel Fourniret a expliqué que ce scénario était bien le bon. « Je m'entendais bien avec Natacha. Qui sait ce qu'elle serait aujourd'hui ? Elle serait peut-être mariée, elle aurait peut-être des enfants… »

En découvrant les aveux de Fourniret dans la presse, Jean-Pierre Laville pleure sans honte. À son côté, Marie-Jeanne, son épouse, cache ses yeux bouffis de chagrin derrière des lunettes fumées. Dix-sept ans durant, ils n'ont pas su ce qu'il était advenu de leur fille. Jusqu'à ce que l'affaire Émile Louis éclate, ils espéraient encore. Ensuite, le couple a cru qu'Isabelle faisait partie de la longue liste des « disparues de l'Yonne ».

« Aujourd'hui, nous n'attendons plus qu'une chose de la justice », explique Jean-Pierre Laville, « connaître les circonstances de la mort d'Isabelle, et surtout pouvoir l'enterrer dignement. Bien entendu, il faut faire face à la fatalité. Mais nous avons toujours voulu que notre fille ait son enterrement rapidement. » Pour eux, la justice s'est trop trompée : « Une heure après la disparition d'Isabelle, les gendarmes avaient déjà entamé les recherches. Ils ont mis de gros moyens. La région avait été très secouée.

Guy Roux était venu nous soutenir, avec Zidane, Basile Boli... Nous avons été en contact régulièrement avec les gendarmes, qui n'ont pas cessé de produire des pièces de justice. Jusqu'à 2001, où une magistrate nous a appris que le dossier avait été clos "en l'état"... le 21 janvier 1988 ! Aujourd'hui, je pose la question : qui a classé le dossier d'Isabelle ? » Jean-Pierre Laville mime une épaisseur entre son pouce et l'index : « Il ne serait pas plus gros que cela ? Nous, nous n'avons jamais abandonné. Et pendant ce temps-là, la justice arrêtait tout, au bout d'un mois ! Quand on pense que Fourniret habitait à dix-sept kilomètres de chez nous, et qu'il était sorti de prison depuis seulement un mois et demi ! »

Jean-Pierre Laville pleure encore en triturant un morceau de papier entre ses doigts : « Si un juge avait été nommé, si on avait enquêté sur Fourniret, il n'en aurait pas tué d'autres ! C'est un immense gâchis ! » Son épouse, moins indulgente avec les enquêteurs, ajoute : « À l'époque de la disparition d'Isabelle, des enfants ont déclaré avoir aperçu une camionnette blanche avec une adolescente à côté, mais personne ne les a écoutés... »

« Je suis effondré par l'annonce de sa mort. » Henri Desramault avait quatre-vingt-trois ans quand il a appris la découverte du corps de sa fille, Jeanne-Marie, dans le parc du château du Sautou. « Je n'ai vécu toutes ces années que pour elle, pour son retour. Je voulais lui acheter une maison, lui laisser quelque chose... Pour moi, malgré les années, elle était toujours vivante. J'espérais toujours. »

Quand on évoque avec lui les premiers mois de la disparition de son enfant, le vieil homme ne tient pas en place.

« Je pense que les enquêteurs de l'époque ont cru à une fugue, à une disparition volontaire. Ils n'ont pas fait beaucoup de recherches, et pas longtemps… Mais ni mon épouse ni moi n'avons cru à une histoire de fugue. C'était une bonne fille, elle nous aimait tous les deux. Elle ne serait jamais partie sans nous le dire. Comme on n'a plus jamais eu de nouvelles d'elle, je me suis toujours dit qu'elle devait être retenue quelque part, contre son gré, par quelqu'un qui l'empêchait de se manifester. Mais j'étais certain qu'un jour elle parviendrait à s'échapper, à revenir… »

Henri Desramault ne peut retenir ses larmes : « Pour moi, maintenant, c'est fini. C'était ma fille unique. Sa mère est morte de chagrin, quatre ans après sa disparition. Je n'ai plus personne. Plus de famille, plus d'ami. La dernière chose qui me reste à faire, c'est de récupérer son corps pour qu'elle repose enfin dans le caveau familial, à côté de sa mère. »

Dans un autre recoin de l'Yonne, encore, le père d'une autre petite fille disparue au cours de ces années noires s'interroge : et si Fourniret était aussi l'assassin de Marie-Angèle ?

« Quand Marie-Angèle est née, en 1969, prématurée et un peu déficiente mentale, sa mère avait déjà quitté le domicile conjugal depuis six mois », se souvient Claude Domèce. L'ancien légionnaire, déjà père de quatre enfants, reconnaît volontiers qu'« il buvait sec et avait la main leste ». Claude Domèce nourrissait alors quelques doutes quant à sa véritable paternité. Mais à l'époque, il n'a guère eu le temps d'aller plus loin : atteint d'une sévère dépression, il était interné durant dix-huit mois en hôpital psychiatrique et en profitait pour se « faire désintoxiquer ».

Entre-temps, son ex-épouse est partie elle aussi à la dérive. Marie-Angèle a six mois lorsqu'elle est victime, avec sa mère, d'un grave accident de la route. À la sortie de l'hôpital, les services sociaux ont refusé de rendre l'enfant à sa mère, sans domicile, sans emploi, avec une vie quelque peu « agitée ». Marie-Angèle a été confiée à une nourrice de Migennes. Les quatre premiers enfants de Claude Domèce aussi. Celui-ci entreprend de « refaire sa vie » en retrouvant notamment du travail, sans plus se soucier de Marie-Angèle. « Je ne savais rien de tout cela. J'avais déjà bien assez à faire avec les quatre premiers. Et puis, je vous dis, Marie-Angèle, elle était née sous une mauvaise étoile… »

Bien plus tard, Véronique, la fille aînée de Claude Domèce, décidait de retrouver cette sœur qu'elle n'avait jamais connue. « Elle l'a véritablement adoptée. Elles se voyaient régulièrement, elles allaient même en discothèque ensemble. »

En 1988, Claude Domèce a reçu un appel téléphonique du foyer d'Auxerre, où Marie-Angèle résidait alors. La jeune fille avait disparu le 8 juillet, sur le chemin de la gare. « Quelqu'un l'a vue quitter le foyer, ce vendredi, avec un petit sac et puis, plus rien. Comme elle était majeure, les gendarmes ont cru à une fugue. Il n'y a pas eu véritablement d'enquête. Nous, on a voulu se battre pour connaître la vérité. On a pensé à Émile Louis, mais il était déjà parti pour Draguignan. On m'a parlé d'un couple avec qui elle aurait été aperçue près du foyer… J'ai longtemps pensé qu'elle était séquestrée quelque part. »

Le jour de l'arrestation de Michel Fourniret, une nouvelle piste s'est ouverte, tant la disparition de Marie-Angèle présentait des similitudes avec plusieurs de ses victimes, notamment Isabelle Laville et Jeanne-Marie Desramault. D'autant que Fourniret était installé non loin de là, à Saint-Cyr-les-Colons, dans une maison achetée par sa mère et l'homme avec lequel elle s'était remariée. « La grand-mère et la tante de Marie-Angèle habitaient Saint-Cyr. Fourniret a pu la repérer là-bas. » La tante de Marie-Angèle en est persuadée : « Fourniret a tué ma nièce, comme il a massacré Isabelle Laville. »

Claude Domèce, aujourd'hui, n'a qu'un souhait : offrir à sa fille « une sépulture décente, ne pas la laisser comme un chien ». Et pour cela, il ne pense qu'à une chose : « Il faut faire cracher la vérité à Fourniret ! »

Remerciements

L'auteur veut remercier tous ceux qui l'ont aidé à comprendre cette affaire et à la relater, encore plus justement pour cette seconde édition.

Les familles des victimes, d'abord, dont il faut saluer l'extraordinaire courage et la grande dignité et que les journalistes de l'agence de presse CREDO ont rencontré, au fil des années.

Les magistrats et les enquêteurs, belges et français ensuite, qui ont ouvert les portes de leurs bureaux et les différents lieux de l'instruction à ces journalistes, et les avocats de toutes les parties, qui les ont reçus dans leurs cabinets. Chacun de ces auxiliaires de justice l'a fait, en s'en tenant aux limites du secret de l'instruction et de l'enquête auquel ils sont astreints.

Nous voulons aussi remercier toutes celles et tous ceux qui ont côtoyé, de près ou de loin, Michel Fourniret et Monique Olivier, parfois de très longue date, et qui ont bien voulu nous confier leurs précieux souvenirs.

Enfin, un grand merci à tous les journalistes de l'agence de presse CREDO, sans exclusive, qui ont travaillé sur cette affaire criminelle hors du commun. Ce livre est aussi le leur.

Table

II
Un couple diabolique

Cet ouvrage a été achevé d'imprimer sur Roto-Page par l'Imprimerie Floch à Mayenne en mars 2008. Éditions du Rocher 28, rue Comte-Félix-Gastaldi Monaco. Dépôt légal : mars 2008. N° d'édition : CNE section commerce et industrie Monaco : 19023. N° d'impression : 70664.
Imprimé en France